후 회 없 는 삶 을 위 하 여 !

위대한 도전
100人

위대한 도전
100人

초판 1쇄 발행 2017년 3월 7일
2쇄 발행 2017년 7월 1일

엮 은 이	도전한국인운동본부 박희영 회장
발 행 인	권선복
편 집	천훈민
디 자 인	최새롬, 김소영
전 자 책	천훈민
마 케 팅	권보송
발 행 처	도서출판 행복에너지
출판등록	제315-2011-000035호
주 소	(157-010) 서울특별시 강서구 화곡로 232
전 화	0505-613-6133
팩 스	0303-0799-1560
홈페이지	www.happybook.or.kr
이 메 일	ksbdata@daum.net

값 20,000원

ISBN 979-11-5602-483-5   03990

도서출판 행복에너지는 독자 여러분의 아이디어와 원고 투고를 기다립니다. 책으로 만들
기를 원하는 콘텐츠가 있으신 분은 이메일이나 홈페이지를 통해 간단한 기획서와 기획의
도, 연락처 등을 보내주십시오. 행복에너지의 문은 언제나 활짝 열려 있습니다.

The Greatest Challenger 100

후 회 없 는 삶 을 위 하 여 !

위대한 도전
100人

도전한국인운동본부 박희영 회장 엮음

도서
출판 행복에너지

'위대한 도전 100인' 선정 및 책 출간 소개

'위대한 도전 100인' 인물은 업적과 도전정신을 중심으로 각 분야에서 내국인 50명, 외국인 50명으로 100명을 선정하였습니다. 이 책은 도전정신을 심어주는 위대한 인물 100명을 선정하여 도전정신을 배우고 이 시대의 시대정신을 삼는 멘토로 삼고자 하는 데 목적이 있습니다.

100인 선정은 분야별 전문가와 교수단을 통하여 세 차례에 걸쳐 대상자 발굴로 심사후보를 압축하였고 델파이 기법을 통하여 최종 확정하였습니다. 후보선정에 임하는 모든 심사단들은 어떠한 관계에 치우치지 않고 공정하게 심사 후 확정을 하였습니다. 심사단 이름의 명예를 걸고, 지속적으로 분야별 위대한 도전인을 발굴하는 계획도 가지고 있습니다.

주요 집필자들은 다양한 학교와 학과로 구성된 대학생, 고등학생까지 50명이 참여하였고, 엄선된 위대한 도전 100인 중 닮고 싶은 멘토로 우선 배정하여 글쓰기를 하였습니다. '위대한 도전 100인'이라는 의미 있는 이름을 대한민국 청소년들이 만들어가고 붙였습니다.

위대한 도전 100인 중에는 고인이 되신 분도, 현존하는 분도 계십니다. 현존하는 분들은 '위대한 도전 100인'에 선정되었다는 자부심과 명예를 소중하게 간직하고 앞으로도 멋지게 살아가길 소망합니다.

위대한 도전의 100인들은 천재성보다는 어려움 속에서도 좌절하지 않고 인간의 한계를 극복하여 많은 이들에게 '나도 할 수 있다'는 희망의 메시지를 전해주고 있습니다.

이 책은 '젊은이들에게 보내는 희망의 메시지'이며, 청소년, 청년, 도전과 희망을 꿈꾸는 성인에게도 유용한 가이드가 될 것입니다.

In this book, 'The Great Challenger 100', a hundred people (50 Koreans, 50 foreigners) were chosen focusing on their achievements and challenge spirits. This book is for readers to learn from those 100 people's spirits and have them as mentor. This is how 100 people were chosen; Experts and professors discovered nominees and screened them for three times. And then, condensed them finally into 100 people with Delphi Technique. The panel of judges evaluated nominees fairly, and impartially. We, judges, plight our honor that we will constantly prospect the great challengers in the different divisions.

Main authors of this book consist of 50 students of various backgrounds. They go to various universities/schools, and major in different studies. They wrote about the great man who they respect and want to be like in a list of selected people. Korea youth made and named 'The Great Challenger 100'.

The list of the great challengers includes both late people and living people. We hope the living people will treasure the pride and honor as the Great Challenger, and make lives extraordinary now and for ever.

The 100 Great Challengers overcome difficulties and inspire many people with a message 'You can do it, too!'

This book is a message of hope to youth of today. It will be a useful instructions to teenagers, the youth, and adults who challenge and hope.

과거의 도전에서 얻은 교훈을
미래를 향한 에너지로 바꾸자

박희영
도전한국인운동협회 회장
전국경제인연합회 최고경영자총동문회장

사단법인 도전한국인협회 박희영 회장입니다.

우선『위대한 도전 100인』출간을 축하드립니다. 또한 100인 선정부터 출판까지 모든 일을 가능하게 만든 도전정신에 박수를 드립니다.

오늘날, 공무원시험 학원은 청년들이 가장 많이 몰리는 곳이 되었습니다. 그중에는 참다운 공무원의 길을 향해 정진하고 있는 분들도 많을 것입니다. 하지만 대부분은 자신의 꿈을 잃고 쫓겨 온 안타까운 이들입니다. 새로운 분야를 개척하거나 자신의 분야에서 최고가 되려는 노력들은 점점 빛을 잃고 줄어만 가고 있습니다. 도전이 점점 사그라지는 시대가 되는 것만 같아 마음이 아프기만 합니다.

저는 이 책이 안타까운 시대에 도전정신을 일으키는 계기가 되었으면 합니다. 여기에는 많은 위인들의 이야기가 나오지만, 이 이야기들은 단순한 흥밋거리가 아닙니다. 아이들의 독서과제나 잡담거리로 끝나지도 않기를 바랍니다. 오늘의 세상이 어제의 세상과 조금이라도 달라지기 위해서는 누군가의 도전이 필요하다는 것과, 오늘의 내가 어제의 나보다 나아지려면 역시 무언가에 도전해야 한다는 것을 알려주는 계기가 되기를 간절히 바랍니다.

위인들의 이야기는 어릴 때 잠깐 읽고 묵혀두다 버리는 책으로 여기는 사람도 많습니다. 또 현대를 살아가는 우리와는 상관없는 이야기, 쌀도 옷도 안 나오는 이야기로 치부되기도 합니다. 물론 과거는 바꿀 수 없으며, 추억이나 한탄만 가지고는 아무것도 바뀌지 않는다는 말도 맞습니다. 하지만 세상에서 가장 수익성이 높은 투자는, 바로 과거의 도전에서 얻은 교훈을 미래를 향한 에너지로 바꾸는 것입니다. 과거는 지나갔고, 현재는 알아채지도 못할 짧은 시간 만에 과거가 되어버립니다. 하지만 우리 앞에는 영원히 이어진 미래가 있습니다. 한 치 앞도 내다보지 못할 미래에 우리가 들고 갈 수 있는 손전등은 과거의 위인들이 보여준 도전정신뿐입니다.

기존의 것을 넘어서기란 쉽지 않습니다. 위대한 업적에는 천재성이나 행운도 필요합니다. 하지만 어떤 위업도 그 밑바탕에는 불굴의 도전정신이 함께했습니다. 인류가 지닌 도전정신이야말로, 크나큰 가능성을 지닌 아이디어와 재능을 현실의 빛으로 바꿔낸 원동력입니다. 부디 이 책이 여러분의 도전에 작고도 큰 발판이 되어, 우리들의 삶의 모습을 조금씩 바꿔내는 전환점이 되기를 바랍니다.

이에 저희 도전한국인운동협회는 도전하는 위인들과 같은 분들과 건강한 네트워크를 함께 만들고자 합니다. 많은 사람들이 도전하다가 포기하고 쓰러지지만 이 책에 등장하는 분들은 결코 안주하지 않고 수없이 시도하고 마침내 극복하신 분들입니다. 그래서 저희는 건강한 네트워크로 유대와 연대를 통해 도전하는 한국인이 결코 외롭지 않게 하고, 그들이 다른 이들에게 얼마나 많은 힘과 용기를 주는지 일깨우기 위해 끊임없이 도전인을 발굴하고 선정하며 희망의 대한민국을 만들기 위해 노력하고자 합니다.

국내외 위대한 도전을 한 100인 중, 50명의 학생들이 닮고 싶은 멘토들을 우선 배정하여 글쓰기를 한 것도 큰 도전입니다.

주요 집필자로 참여한 학생들도 작은 도전을 통하여 결실을 이룬 것에 대해서 인생의 작은 체험이 될 수 있겠습니다.

오늘날 최고의 자리에 오른 글로벌 경영자들을 살펴보면 젊은 시절 사업의 실패를 딛고 끊임없이 도전해 성공한 사람들이 많습니다. 우리 사회의 최고의 자산은 바로 사람입니다. 우리가 전쟁의 폐허 위에서 세계 10위의 경제성장을 이룬 것은 모두 사람의 힘이었습니다. 그중에서도 한국인의 도전 정신은 세계에서도 인정해주는 바이며, 도전은 곧 성공으로 가는 첫발자국입니다.

가족을 위해 도전하고, 이웃과의 소통을 회복하기 위해 도전하고, 또 나 자신을 위해 도전하는, 그런 삶이 이 대한민국 땅에 가득 차길 바랍니다.

'나도 할 수 있다'는 용기와 희망의 메시지

정운찬
전 국무총리,
위대한 도전 100인 선정위원회 위원장

위대한 도전정신을 보여준 100명의 이야기, 『위대한 도전 100인』
의 출간을 축하합니다.

지금 우리 사회에는 도전정신이 필요합니다. 도전은 새로운 세상
을 만드는 첫걸음입니다. 도전하지 않으면 개인의 성공도 사회의 진
보도 꿈꿀 수 없습니다. 수잔 제퍼스는 『도전하라, 한 번도 실패하지
않은 것처럼』에서 "후회 없는 삶을 살기 위해서는 도전이 필수"라며,
성공할 수 있는 힘의 근원이 바로 이 도전정신이라고 강조합니다. 인
류는 지난 수만 년 동안 쉬지 않고 전진해왔습니다. 어린아이 한 명
이 무언가 배워가며 80년을 사는 것도, 수십 억 인류가 수만 년을 거
치며 살아온 것도, 그 하나하나가 끊임없는 도전이었습니다.

『위대한 도전 100인』에서는 불굴의 도전정신으로 인류의 위대한
성취를 이뤄냈거나, 모두를 놀라게 한 사람들의 생동감 있는 이야기
를 만날 수 있습니다. 일반 위인전처럼 읽기 편하게 위인들의 도전
과 일화에 초점을 맞춘 것이 이 책의 미덕입니다.

하지만 위인들의 도전이라고 해서 '천재들이나 해낼 수 있는 일들'로 여길 필요는 없습니다. 도전은 위인전에 박제된 것이 아닙니다. 평범한 이들과 관계없는 천재들만의 특권도 아닙니다. 도전이란 이 책장을 넘기는 순간 우리 앞에 맞닥뜨릴 현실이며 동시에, 우리들이 살아가는 매순간 언제든지 시작할 수 있는 작은 출발입니다. 더 나은 삶과 세상을 위해 새로운 것을 배우고 무언가를 만드는 모든 일들이 다 크고 작은 도전이기 때문입니다.

이 책이, 위대한 도전을 보여준 100인을 50명의 학생들이 닮고 싶은 멘토로 정해 글쓰기를 한 것도 큰 도전입니다. 이렇게 새로운 도전으로 결실을 거둔 경험은, 주요 집필자로 참여한 학생들에게는 또 하나의 배움이 될 것입니다.

마음에 큰 뜻을 품었던 적이 있습니까? 지금 이 순간 떠오르는 멋진 생각이 있습니까? 출발의 총소리가 울릴 때만을 기다리지 마십시오. 우리가 태어날 때 터트린 그 울음소리가 바로 출발 신호였습니다. 지금 무언가가 가슴에서 솟구친다면, 이 책은 잠깐 덮고 그 열정에 응답하길 바랍니다. 그러다 가끔 힘들 때 책갈피를 열면, 당신의 위대한 도전이 시작되었다는 것을 알 수 있을 겁니다.

우리의 미래 세대가 새로운 '도전'에 과감히 '응전'하여 자신에게 내재한 더 값진 삶의 정열을 끌어올리기를 바랍니다. 나침반은 끊임없이 흔들리면서도 한 곳을 가르키는 것을 포기하지 않습니다. 청년은 바로 우리 사회의 그런 존재입니다. 여러분들 존재 자체가 대한민국이 한걸음 더 미래로 진보하는 것을 의미합니다. 이 얼마나 가슴 뛰는 일입니까? 그렇게 퍼렇게 맥동하는 청년 여러분과 항상 함께 하겠습니다.

성공의 반대말은 실패가 아니라 도전하지 않는 삶이라고 합니다. 실패라는 자양분과 도전하는 정신이 성공을 낳습니다. 청년에게는 도전할 수 있는 시간과 기회가 많습니다. 도전은 여러분의 특권이기도 합니다. 실패는 '잠깐 멈춤'에 불과합니다. 잠시 호흡을 가다듬고 멋진 도전을 시작하십시오.

『위대한 도전 100인』은 온갖 어려움에도 좌절하지 않고 인간의 한계에 도전한 사람들의 이야기입니다. 굴복하지 않는 삶, '나도 할 수 있다'는 희망의 메시지를 전해줍니다. 고난 속에서도 신발 끈을 질끈 매고 묵묵히 가는 것이 도전입니다. 이 책이 새로운 도전 앞에서 머뭇거리고 있는 사람들에게 삶의 당당한 주인으로 살아갈 용기를 주기를 희망합니다.

좋은 책을 내 주신 도전한국인본부 관계자들께 진심으로 감사드리며 아울러, 책 출간을 다시 한 번 축하합니다. <도전한국인>의 무궁한 발전을 기원합니다.
감사합니다.

앞으로도 도전은
우리 사회에서 중요한 키워드입니다

이석형
산림조합중앙회 회장

먼저『위대한 도전 100인』출판을 진심으로 축하드립니다. 책 속에 선정된 '위대한 도전 100인'의 삶은 말 그대로 독자들에게 큰 감동을 주며 많은 교훈을 줄 것입니다. 대한민국은 60년 전 폐허에서 일어나 수많은 위기를 맞았으나 도전정신과 나눔, 봉사로 나라와 국민의 행복을 유지하고 있습니다.

그렇기에 앞으로도 도전은 우리 사회에서 중요한 키워드입니다. 책 속에 등장하는 위대한 도전의 100인들은 어려움 속에서도 좌절하지 않고 인간의 한계를 극복하여 많은 이들에게 희망의 메시지를 전해주고 있습니다. 이 책이 도전정신을 배우고 이 시대의 시대정신을 삼는 계기이자 나침반이 되기를 기대합니다.

'호사유피 인사유명虎死留皮 人死留名'이라는 말이 있습니다. '호랑이는 죽어서 가죽을 남기고 사람은 죽어서 이름을 남긴다.'는 이 말을 우리 청소년들에게 전하고 싶습니다. 이런 마음을 가지고 산다면 어떤 난관도 극복하고 무無에서 유有를 창조해 낼 수 있는 도전정신이 생김과 동시에 밝은 미래를 개척해 나갈 수 있는 길라잡이가 된나고 봅니다. 이 책이 많은 도움이 되었으면 합니다.

미래를 향한 발전과 도전의 에너지가
청년들에게 희망의 열쇠가 되기를 기원합니다!

권선복
도서출판 행복에너지 대표이사,
한국정책학회 운영이사

청년실업 100만 시대라는 현실 속에서 꿈을 포기하는 청년들이 늘어나고 있습니다. 하지만 그럼에도 불구하고 지금을 살아가는 우리 모두에게 가장 필요한 것이야말로 바로 '도전'이라는 덕목일 것입니다.

이 책『위대한 도전 100인』은 도전을 통해 발전과 변화를 성취한 '위대한 도전자'들의 이야기를 다루고 있습니다. 이들의 도전과 역경, 극복과 성취의 일화는 좌절에 청년들의 마음속에 가능성의 불꽃을 심어 줄 것입니다. 이를 위해 다양한 학교와 학과로 구성된 청년 50명이 닮고 싶은 멘토를 우선적으로 선정하여 집필에 참여한 것이 위대한 도전입니다.

역사를 이끌어가는 사람들은 항상 도전하는 사람이었음을 우리는 알고 있습니다. 이 책이 보여주는 세상을 바꾸는 도전들이 이 땅의 청년들에게 역경을 헤쳐 나갈 에너지를 팡팡팡 샘솟게 해 주기를 진심으로 기원합니다.

'젊은이들에게 보내는 희망의 메시지' 역할과
도전하는 이들을 응원합니다

조영관
도전한국인본부 본부장

대한민국을 사랑하는 마음을 지닌 분들과 도전하는 아름다운 분들이 함께하여 뜻깊은 책이 발간될 수 있어 감사합니다

'위대한 도전 100인'이라는 의미 있는 이름을 대한민국 청소년들이 만들어가고 붙였습니다. 위대한 도전 100인에 선정된 외국인 50명과 내국인 50명에게도 다시 한 번 축하를 드립니다. 100인 중에는 고인이 되신 분도, 현존하는 분도 계십니다. 현존하는 분들은 '위대한 도전 100인'에 선정되었다는 자부심과 명예를 소중하게 간직하고 앞으로도 멋지게 살아가길 소망합니다.

대한민국 청소년들의 노력과 열정, 땀 한 방울 한 방울들이 그간의 노력의 꽃봉오리를 활짝 피우는 순간입니다. 여러분들의 노력과 열정에 힘찬 박수를 보내며 진심으로 축하드립니다.

도전이라는 의미 깊은 단어에 활력을 불어넣어 대한민국을 더욱 아름다운 나라로 발전시켜 미래에도 또다시 '위대한 도전 100인'이 많이 배출되기를 간절히 소망합니다. 그리하여 노벨상과 같은 분야에서도 위대한 '도전한국인'이 많이 탄생되길 희망합니다.

이 책은 '젊은이들에게 보내는 희망의 메시지'이며, 청소년, 청년, 도전과 희망을 꿈꾸는 성인에게도 유용한 가이드가 될 것입니다.

이 책은 각 분야에서 도전정신을 심어주는 위대한 인물 100명으로부터 도전정신을 배우고 이 시대의 시대정신을 삼는 멘토로서 역할이 되고자 하는 목적이 있습니다. 주요 집필자들은 다양한 학교와 학과로 구성된 대학생, 고등학생까지 50명이 참여하였고, 엄선된 위대한 도전 100인을 닮고 싶은 멘토로 우선 배정하여 글쓰기를 하였습니다. 참여한 학생들마다 자신이 바라보는 도전정신을 각기 다른 색깔로 투영하여 정리가 되었으며, 가능한 집필자의 색깔을 존중하였고 오류가 있는 것을 수정·보완하여 독자들이 읽기 쉽게 정리하였습니다.

'위대한 도전 100인' 인물 선정은 업적과 도전정신을 중심으로 내국인 50명, 외국인 50명으로 100명을 선정하였습니다. 분야별 전문가와 교수단을 통하여 3차례에 걸쳐 대상자 발굴로 심사후보를 압축하였고 델파이 기법을 통하여 최종 확정하였습니다. 후보선정에 임하는 모든 심사단들은 어떠한 관계에 치우치지 않고 공정한 심사로 확정을 하였습니다.

성공의 반대말은 실패가 아니라 도전하지 않는 삶이라고 합니다. 실패의 자양분과 도전하는 정신이 성공을 낳습니다. 미래의 주역인 청소년, 청년 여러분들에게는 도전할 수 있는 시간과 기회가 많습니다. 도전은 여러분의 특권이기도 합니다. 한 번 실패했다고 실망하지 마시기 바랍니다. 위대한 도전 100인은 도전을 꿈꾸는 주인공에게 작은 실천이라도 할 수 있는 역할을 해주어 '도전한국인'이 되기를 진심으로 바랍니다.

현재 도전하고 있거나 새로운 목표를 향해 나아가려는 의지가 있거나 혹은 과연 도전할 가치가 있는지 고민하는 많은 분들을 위해 "지성이면 감천至誠— 感天—"이라는 속담이 있고, "하늘은 스스로 돕는 자를 돕는다盡人事待天命(진인사대천명)."는 격언이 있습니다. 도전만이 희망이며 도전만이 우리를 한 걸음 더 나아가게 할 수 있는 원동력이 됩니다.

지금까지 '도전한국인'은 우리 사회 각 분야의 '오피니언 리더opinion leader' 약 300명이 (사)도전한국인운동협회·도전한국인본부 회원으로 활동 중입니다. 지난 5년간 도전한국인본부에서 인증 또는 수상한 분야별 수상자 약 500명과 함께 우리나라에 도전정신을 확산시키는 선한 영향력을 만들어나가고 있습니다.

위대한 도전인은 국내는 물론 세계를 향한 첫걸음을 걸어가야 합니다. 인류는 도전을 통해 위기와 실패와 염려를 극복하여 인생을 보람 있게 살려는 시도를 시작하게 되었습니다. 우리들의 삶 속에서 크고 작은 도전들이 대한민국에 더욱 활기를 불어넣고 있습니다. 특히 '도전한국인'들이 세계 속에서 끝없이 도전하여 세계인의 존경과 사랑을 받도록 응원하겠습니다.

도전하는 우리들이 대한민국을 아름답게 합니다.

목차

Part 1 | 정치 리더십

Part 4 | # 경제 · 경영

안드레아 보첼리(1958~현재)
Andrea Bocelli
시각장애를 극복한
테너이자 변호사

240

존 레논(1940~1980)
John Lennon
영국이 낳은 전설적 록밴드,
비틀즈의 멤버

243

폴 포츠(1970~현재)
Paul Potts
전 세계 사람들을 감동시킨
천상의 목소리

246

송해(1927~현재)
Song Hae
삶을 가득 채운 도전정신,
90세 노익장 과시하다

249

김병만(1975~현재)
Kim Byung-man
불가능을 현실로 만든
도전인

252

싸이(1977~현재)
Psy
B급으로 세계의 취향을 저격한
한국의 영웅 가수

255

유재석(1972~현재)
Yoo Jae-suk
명실상부한
이 시대 최고의 방송인
No.1

258

조용필(1950~현재)
Cho yong-pil
가수들의 왕이라 불리는
남자

262

Part 8 | **탐험 · 스포츠**

로알 아문센(1872~1928)
Roald Amundsen
인류 최초로
남극점을 정복한 위대한 탐험가

268

펠레(1940~현재)
Pelé
영원한 축구 황제

271

데이비드 베컴(1975~현재)
David Beckham
축구의 귀공자

274

마이클 조던(1963~현재)
Michael Jordan
농구 역사 120년 중
가장 위대한 선수

277

리오넬 메시(1987~현재)
Lionel Messi
세계 최정상에 선
축구선수
280

김정호(1804?~1866?)
Kim Jeong-ho
한반도 천하를 손 안에 넣고
내려다본 거인,
고산자 김정호
282

손기정(1912~2002)
Sohn Kee-chung
한국인 최초의 금메달리스트,
우리의 자랑
285

엄홍길(1960~현재)
Um Hong-gil
세계 최초로
히말라야 8,000m 16좌를
완등한 산악인
289

박지성(1981~현재)
Park Ji-sung
평발을 이겨낸 축구선수
'영원한 캡틴'
293

김연아(1990~현재)
Kim Yu-na
대한민국을 빛낸 피겨 여왕
296

Part 9 | # 나눔·봉사

알프레드 노벨(1833~1896)
Alfred Nobel
세계에서 가장 큰 권위와 명예를
인정받고 있는 노벨상 제정자
302

테레사 수녀(1910~1997)
Mother Teresa
가난하고 고통 받는 사람들의
어머니
304

슈바이처(1875~1965)
Albert Schweitzer
생명의 고귀함을 보여준
노벨 평화상 첫 수상자
307

오드리 헵번(1929~1993)
Audrey Hepburn
사랑받는 영화배우에서
유니세프 외교사절로
310

알렉산더 플레밍(1881~1955)
Alexander Fleming
세균을 이겨낼 수 있는
기적의 약,
페니실린을 개발하다
313

허준(1539~1615)
Heo Jun
치료뿐만 아니라
예방에 중점을 둔
동양의학의 정수인 동의보감 편찬
315

유일한(1895~1971)
Yu Il-han
깨끗한 경영이 어떤 것인지를
몸소 보여준
기업가이자 독립운동가
318

이종환(1924~현재)
Lee Jong-hwan
섬김과 나눔의 리더십
322

Part 10 ┃ **종교**

정치
리더십

에이브러햄 링컨(1809~1865)
'국민의, 국민에 의한, 국민을 위한 정부'
민주주의 씨앗을 심다

Abraham Lincoln

가난 속에서 실패를 딛고 대통령에 취임하다

미국의 16대 대통령이었던 에이브러햄 링컨, 세계인의 존경을 받는 그는 좋은 교육을 받은 것도, 이름 있는 집안에서 태어난 것도 아니었다. 그에게 세상을 가르친 것은 다름 아닌 책이었다. 그가 보여주었던 독특한 매력과 몸을 사리지 않는 희생과 헌신을 통하여 국가에 가져온 엄청난 영향으로 인하여 그는 아직까지 미국의 위대한 영웅 중 한 명으로 기억되고 있다.

에이브러햄 링컨은 미국 켄터키 주 하딘 카운티에 있는 통나무집에서 토마스 링컨과 낸시 링컨 사이에서 태어났다. 링컨은 가난하지만 열정적인 아버지 그리고 아들의 훌륭한 삶을 위해 멘토 역할을 해준 어머니 밑에서 자라나며 정신적으로 성숙한 인간으로 자라났다.

어머니 낸시는 1818년 갑작스럽게 세상을 떠나게 되며 링컨은 그 후 새엄마 사라를 맞이하였다. 링컨은 어릴 적 어머니를 잃고 힘들고 가난한 삶을 살아왔다. 그럼에도 불구하고 가진 것은 없지만 매사에 열심히 살았던 아버지의 성실함에 영향을 받았고, 또한 친어머니와 같은 따뜻한 사랑과 보살핌을 베풀었던 새어머니의 정성을 발판 삼아 훌륭하게 성장할 수 있었다.

링컨은 어릴 적 책 읽기를 굉장히 즐거워했으며 가난한 형편으로 책을 사 볼 여유도 거의 없었지만 책에 대한 열성만큼은 수그러들지 않았다. 청년 시절 링컨은 가게 점주부터 우체국장까지 다양한 일을 하며 '이야기꾼 청년'으로 지역 사람들의 인기를 얻고 주 의회의 의원으로 당선되었다. 변호사가 되어야겠다고 결심한 것은 그 후였다. 불철주야 책을 읽고 공부하며 링컨은 1831년 집을 떠나 새로운 세상을 경험하며 법률가의 꿈을 가지기 시작했다.

가난한 처지라 제대로 된 교육도 받지 못했던 링컨은 결국은 엄청난 노력으로 1837년 변호사가 되는 결실을 보았다. 하지만 링컨의 꿈은 더 높은 곳에 있었다. 그는 공화당에 입당하여 노예제를 반대하였다. 링컨은 "독립선언문에 의하면 모든 인간은 생명, 자유, 행복추구권과 같은 권리를 가지고 태어났다"며 민주당의 더글라스와 공개토론을 벌였으며 이로써 링컨의 명성은 자자해졌다. 그는 연방 하원의원을 지내고 여러 정치 분야에 열정적으로 이바지하면서 1861년 미국 제16대 대통령으로 취임하게 되었던 것이다.

위기를 기회로 바꾼 지도자

링컨이 대통령으로 당선되던 해, 미국의 남부와 북부는 심한 갈등을 빚고 있었다. 1861년 미국은 노예 제도의 철폐를 주장하는 북부와 이에 반대하는 남부로 나뉘어 갈등을 빚고 있었다. 북부의 압도적인 지지로 링컨이 대통령에 당선되자, 남부는 연방 탈퇴를 선언하며 긴 전쟁의 서막을 알렸다.

링컨은 전쟁에 강경하게 응대하는 한편 점진적인 노예제 철폐의 뜻을 굽히지 않았다. 1862년, 마침내 '노예해방선언문'이 공포되고 미국 전 지역에서 노예 제도가 금지되었다. 노예해방을 지지하는 링컨이 대통령으로 당선되며 긴장은 더욱 심화되었다.

미국의 북쪽은 상공업이 발달하여 노예가 필요하지 않았으나 남쪽은 농업이 주를 이뤘기 때문에 노예가 없이는 아무것도 할 수 없는 처지였던 것이었다. 이에 남쪽은 합중국을 탈퇴해 독립 국가를 이루어 1861년 전쟁을 일으켰다. 남과 북이 갈라지자 많은 사람들은 링컨에게 "노예해방선언을 하라"고 재촉하지만 링컨은 국가가 둘로 나뉘어서는 안 된다는 신념을 가지고 있었기 때문에 노예해방선언을 미루게 되었다.

'국민의, 국민에 의한, 국민을 위한 정부'
민주주의 씨앗을 심다

하지만 링컨의 최종 목표는 인종뿐 아니라 지역의 경계를 넘어선

남북의 통합이었다. 전쟁의 초기는 남쪽이 우세하였으나 링컨은 북부의 많은 인구와 경제력을 활용하여 전세를 역전시켜 북쪽이 우세하게 만들었다. 남부의 항복으로 4년에 걸친 내전이 끝난 뒤에도 링컨은 관용적인 정책을 펼치며 남부의 연방 복귀를 위해 노력을 아끼지 않았다. 이에 링컨은 연방통일에만 관심이 있는 대통령이라며 북쪽에서도 비난받고 남쪽에서도 비난을 받는 처지가 되었다.

링컨은 노예해방선언을 한 대통령으로 잘 알려져 있으나 링컨은 미국의 대통령으로서 국가는 하나여야 한다는 신념을 가지고 전쟁에 임했으며 사실 노예해방선언은 이에 따른 부수적인 산물이었던 것이다.

링컨은 이후 대통령에 재선되었으나 1865년 워싱턴의 한 극장에서 연극 관람 중 배우에게 암살되어 생을 마감하게 되었다. 민주주의를 향한 링컨의 뜻은 게티즈버그 연설과 함께 우리에게 기억되고 있다.

"국민의, 국민에 의한, 국민을 위한 정부는 이 땅 위에서 영원히 사라지지 않을 것입니다." 링컨은 지금의 미국이 강대국으로 발전할 수 있었던 발판을 마련해 준 대통령이었으며 지금까지 미국에서 민주주의를 가장 잘 선보인 대통령으로 기억되고 있다.

칭기즈 칸 (1162~1227)
세계를 뒤흔들었던
몽골의 제왕

Genghis Khan

몽골제국의 시작

그리고 그의 뛰어난 전략과 위대한 리더십

칭기즈 칸은 1162년경 오늘날의 몽골과 시베리아 지역이 맞닿은 곳에서 보르지긴 씨족 예수게이의 아들로 태어났다. 그의 본래 이름은 '테무진', 몽골어로 '강철'이라는 뜻이다.

1189년 여름, 27살의 테무진은 그가 복종했던 옹 칸의 승인 아래 전통적인 씨족, 부족 회의인 쿠릴타이를 소집하여 칸의 칭호를 차지했다. 그리고 1196년에는 옹 칸과 함께 타타르 원정에 나서 대승을 거두었다. 이 전쟁을 통해서 우리는 그가 많은 부족을 뛰어난 리더십을 통해 단합시키고 하나의 강력한 국가를 만들었을 뿐만 아니라 거친 유목민을 잘 훈련된 군대로 만들었다는 것을 알 수 있다. 그 후에 그의 정교한 무기로 무장한 군대는 유럽 정복까지 넘볼 수 있었다.

배신으로 인한 위기
그리고 새로운 제국의 탄생

테무진은 맏아들 주치와 옹 칸의 딸을 혼인시키려 했다. 테무진에게 정면으로 맞설 수 없었던 옹 칸은 계략을 세웠다. 혼인을 수락하고 축하 잔치에 테무진을 초대해 제거하려 했던 것이었다. 소수 병사만을 이끌고 옹 칸에게 가던 테무진은 옹 칸의 계략을 알아채고 도망가기 시작했다. 옹 칸의 추격을 피해 살아남은 자는 불과 19명이었다. 힘든 상황이었지만 테무진은 그의 흩어진 추종자들을 모아 옹 칸을 향해 진군했다. 기습당한 케레이트 부족은 테무진에게 항복했다. 옹 칸은 나이만에서 죽임을 당했고 1204년 테무진은 나이만을 정복했다. 그리고 그 후 새로운 나라가 탄생할 참이었다. 새로운 나라의 이름은 예케 몽골 울루스(큰 몽골 나라), 통치자의 칭호는 칭기즈 칸이었다.

강대국으로서의 기틀을 잡아간 칭기즈 칸

칭기즈 칸은 완전한 종교의 자유를 선포했으며 부족 간 납치와 몽골인을 노예로 삼는 것을 금지시켰다. 뿐만 아니라 칭기즈 칸 자신을 포함한 모든 개인보다 법이 우위에 선다는 것을 선언했다. 칭기즈 칸은 친족 관계를 확대하여, 부족이나 민족 전체 단위로 가족적 유대를 맺는 정책을 펼쳤다. 그리고 1207년부터 1215년까지 서하와 금나라를 정복했다. 당시 몽골군의 병력은 기병 6만 5천 명이었다. 지구력 강한 몽골 말과 고도로 조직화된 부대 편제는 몽골군의 기동력을 세계 최강으로 만들어 주었다. 여기에 공성전 전술과 무기, 군은 충성심과 규율, 적에게 불안과 공포를 불러일으키는 선전전술, 적이 제대로 대응하기 전에 전격적으로 기습하는 전술 등으로 몽골 군은 위세를 떨쳤다.

"모든 왕들이 내 이야기를 할 것이오."

그는 이후로도 정복활동을 하여 불과 30여 년 만에 유라시아 대부분을 정복했다. 후세에 많은 사람들은 그가 '악의 화신'이었으며 수백만 명을 학살한 잔혹한 '야만인'이라고 생각한다. 하지만 그것만이 칭기즈 칸의 전부는 아니다. 그의 강철 같은 리더십을 통한 소수 부족 단결과 뛰어난 군사 전력가로서의 자질은 당대 최고의 업적과 능력이었다. 그는 이런 명언을 남기면서 생을 마감한다.

"나는 사치를 싫어하고 절제를 존중하오. 나의 소명이 중요했기에 나에게 주어진 의무도 무거웠소. 나와 나의 부하들은 늘 원칙에서 일치를 보며 서로에 대한 애정으로 굳게 결합되어 있소. 내가 사라진 뒤에도 세상에는 위대한 이름이 남게 될 것이오. 세상에는 왕들이 많이 있소. 그들은 내 이야기를 할 거요!"

J. F. 케네디 (1917~1963)

미국 대통령의 상징이자
진보, 개혁의 아이콘

John F. Kennedy

미국에 울려 퍼지는, 국민을 향한 외침

J. F. 케네디는 미국의 정치가로 제35대 대통령을 지냈다. 1960년 민주당 후보로 대통령선거에 출마, 뉴 프런티어New Frontier를 슬로건으로 내걸고 리처드 닉슨 공화당 후보를 누르고 당선되었다. 그는 최연소 대통령이자 최초의 가톨릭 신자 대통령이기도 하였다. 대통령 선거 유세 중에 닉슨과 벌인 텔레비전 토론은 미 대통령 선거 운동의 새로운 장을 개척했고, 대통령이 된 이후에도 웅변과 재기를 무기 삼아 국민에게 직접 호소하는 방법을 자주 선택했다. 또한 기자회견 등에서도 텔레비전을 적절하게 활용하였다.

젊은 패기와 신념이 충만한 진보와 개혁의 아이콘으로, 암살된 비운의 대통령, J. F 케네디라고 하면 떠오르는 명연설이 떠오를 것이다.

"국가가 당신을 위해 무엇을 할 수 있는가를 묻지 말고, 당신이
국가를 위해 무엇을 할 수 있는가를 물어봐라."

"국가는 시민의 하인이지 주인이 아니다."

"그대들의 일생의 일로서 무엇을 하든 개의치 않았다. 그러나
무슨 일을 하든 제일인자가 되라. 설혹 하수도 인부가 되는 한
이 있어도 세계 제일의 하수도 인부가 되라."

"모든 어린이가 평등한 재능, 평등한 능력, 평등한 동기를 가진
것은 아니다. 그러나 그들은 훌륭한 사람이 되기 위해 그들의
재능, 능력 및 동기를 발전시킬 수 있는 평등한 권리를 가져야
만 한다."

이와 같은 연설은 애국심, 평등한 권리 등 그의 정치적 철학과 신
념이 녹아 있다.

소련과 핵전쟁을 불사하며 위대한 선택으로
핵실험금지 조약 체결하다

케네디는 대통령 재직 당시 쿠바 미사일 위기 때 핵전쟁의 위험을
무릅쓰고 소련의 흐루시초프와 대결했다. 그 결과 미국은 쿠바를 침
략하지 않을 것을 약속하는 대신 소련이 미사일·폭격기 등을 쿠바
에서 철수하도록 하고, 미국 측의 사찰을 인정함으로써 소련과의 극

적인 타협을 통해 핵실험금지조약을 체결하는 가장 큰 외교적 업적을 남겼다. 이것을 계기로 미·소 간의 핵전쟁 위기가 실제상황으로 번지지 않고 평화적으로 끝났던 것이다. 그리고 중남미 여러 나라와 '진보를 위한 동맹' 결성, 평화봉사단 창설은 물론 베트남 개입에도 신중한 태도를 취하였으며, 중국 본토와의 재수교를 재선 후 최대 과제로 삼았다. 하지만 케네디는 1963년 11월 22일 유세지인 텍사스 주 댈러스에서 자동차 퍼레이드 중 암살자의 흉탄에 치명상을 입고 사망하였다.

나폴레옹 보나파르트
(1769~1821)
"내 사전에 불가능은 없다"
불가능을 정복한 사나이
Napoleon Bonaparte

코르시카 섬의 시골뜨기 장교

'내 사전에 불가능은 없다.'라는 명언을 남긴 나폴레옹 1세. 영웅인가, 독재자인가, 끝없이 재평가가 이루어지고 있지만, 그가 불세출의 인물이라는 것은 누구도 부인하지 않을 것이다.

나폴레옹이 태어난 곳은 프랑스 본토에서 멀리 떨어진 지중해의 코르시카 섬이었다. 가난한 귀족의 아들로 파리의 사관학교에 입학할 수 있었지만, 코르시카 어를 사용해 온 탓에 학교생활에 쉽게 적응하지 못하고 독서와 사색에 몰두했다. 다만 수학만은 두각을 나타내 수학자라는 별명으로 불리기도 했다. 졸업 후 젊은 포병 장교가 된 나폴레옹은 왕당파의 반란을 진압하여 이름을 알리기 시작했다.

구국의 영웅, 유럽의 정복자

영웅은 항상 큰 시련을 만난다. 포병장교 나폴레옹의 시련은 프랑스 혁명으로 시작됐다. 혁명의 불길을 거부하는 왕당파는 반란을 일으켰고, 나폴레옹은 이들을 물리치며 역사의 무대에 입장했다. 그가 남들의 기억에 자신의 이름을 새겨 넣는 방법은 참으로 다양했다. 놀라운 군사 지휘 능력, 정치적 연줄, 사회적 인맥, 때로는 놀라운 안목과 처세술로 그는 조금씩 자신의 공간을 넓혀 나갔다. 마치 손바닥보다 좁은 틈을 딛고 절벽을 오르는 산양처럼. 나폴레옹은 다양한 무기를 다룰 줄 알았고 또 적극적으로 활용하는 사람이었다.

시민혁명 당시 프랑스는 주변 국가들의 위협과도 맞서야 하는 상황이었다. 프랑스 혁명으로 혁명정부가 생겨났지만, 그 앞에 있는 것은 해일과 같은 횃불과 포화였다. 혁명을 부정하는 이들은 무력시위를 하며 다시 국왕을 모시는 프랑스를 꿈꿨다. 오스트리아는 아예 선전포고를 하고 프랑스와 전쟁을 일으켰다. 이런 시대적 상황 속에서 나폴레옹은 뛰어난 전략과 통솔력으로 이탈리아와 이집트에서 차례로 대승을 거두고 군대를 우선 장악하여 프랑스를 하나로 묶고 오스트리아를 막아냈다. 프랑스를 위기에서 구출해 낸 나폴레옹은 단숨에 국민 영웅이 되었다. 혼란스러운 혁명 정부에 실망했던 시민들은 혁명의 계승자를 자처하며 정권을 장악하고 제1통령의 자리에 오른 나폴레옹을 뜨겁게 환영했다.

황제의 자리에 오른 뒤에도 나폴레옹의 전쟁 신화는 계속되었다. 혁명사상의 전파를 억누르기 위해 맺었던 대프랑스 동맹은 나폴레옹의 침략을 방어하기 위한 것으로 변질되었다. 1812년 러시아 원정에 실패하고, 1815년 워털루 전쟁에서 대패하기 전까지 나폴레옹은 수많은 전투에서 승리하며 영국을 제외한 유럽의 대부분을 손에 넣었다.

나폴레옹이 스스로 황제가 되어 프랑스 혁명을 망가뜨렸다는 평가도 있다. 하지만 나폴레옹은 스스로 만든 법전과 학교로 모든 권력과 원칙이 어디에서 싹터야 하는지 보여 주었다. 권력은 황제나 귀족 가문의 것도 아니고, 성난 군중의 것도 아니며 법과 교육에서 나온다는 것을 깨우쳐 준 것이다. 21세기의 우리는, 스스로 왕위에 올라 왕정제의 모순을 보여주는 나폴레옹을 이해할 수 있을까?

근대 유럽의 기틀을 마련하다

나폴레옹은 전장에서만 재능을 발휘한 것이 아니었다. 비록 황제로 즉위하고 독재를 펼치면서 혁명 정신을 고스란히 이어간 것은 아니지만, 미터법을 도입하고 산업과 교육을 장려하며 종교와 사상의 자유를 인정하는 등 국내 여러 분야에서 개혁 정치를 펼쳤다. 나폴레옹이 유럽을 제패한 탓에, 이러한 근대적 개혁과 계몽적 사상은 유럽의 여러 나라에도 영향을 미쳤다.

특히 그가 제정한 법전은 전쟁의 승리보다도 빛나는 업적이라고 할 수 있다. 소유권 절대의 원칙, 계약 자유의 원칙, 과실 책임주의와 같은 근대 민법의 기초를 세운 '나폴레옹 법전'은 실질적으로 봉

건제에 종지부를 찍었으며, 오늘날까지도 프랑스와 유럽은 물론 전 세계의 법 제도에 초석을 제공하고 있다. 몰락한 영웅은 쓸쓸하게 생애를 마쳤으나, 그가 역사에 남긴 발자취는 영원히 지워지지 않을 것이다.

윈스턴 처칠 (1874~1965)

스스로 역사를 만들고
스스로 역사를 쓴 리더

Winston Churchill

뚜렷한 자기주장, 지지기반을 버리고 당적을 옮기다

윈스턴 처칠은 2차 세계대전 당시 영국의 총리로서 수도 런던을 지키며, 나치에 대항한 정치가이다. 그가 죽었을 때 당시 영국의 수상 해럴드 윌슨은 "윈스턴 경은 스스로 역사를 만들고 스스로 역사를 썼다"고 평가했으며 아이젠하워는 "나는 그보다 더 위대한 사람을 만난 적이 없다"고 회고했다. 2002년 영국의 BBC에서 행한 설문조사에서도 처칠은 가장 위대한 영국인 1위로 뽑혔다.

처칠의 아버지는 재무장관까지 지냈던 대 정치가 랜돌프 처칠이었고, 어머니는 월가의 유명한 금융인이었던 레너드 월터 제롬의 딸제니 제롬이었다. 이처럼 처칠의 배경은 자수성가한 위인보다 로열패밀리에 가까웠다고 할 수 있다. 한편 처칠의 학창시절은 귀족가문의 명석하고 뛰어난 학생과는 거리가 먼 문제아였다. 이튼스쿨에서는 라틴어에서 낙제를 했고, 선배와 잦은 마찰을 일으키는 등 적응하지 못하다가 퍼블릭스쿨로 학교를 옮겼다. 육군사관학교도 세 번의 낙방 끝에 들어갈 정도로 순탄하지 못했다.

종군 기자를 거쳐 정계에 입문한 처칠은 본래 보수당 소속이었다. 대개의 귀족가문이 그러하듯 그의 입당 뒤에는 집안의 가풍과 인식의 영향이 있었고, 보수당에 계속 있는 한 처칠의 정치 행보는 아버지의 든든한 배경과 어머니 집안의 재력으로 탄탄대로가 열릴 법하였다.

하지만, 처칠은 당의 정책이 자신의 주장과 반대라는 이유를 들어, 탈당하고 자유당으로 당적을 옮겼다. 하지만 1차 대전 이후 전후배상금 문제와 독일 나치에 대한 유화 정책에 대한 경고를 하며, 또다시 자신의 주장과 반대되는 당의 정책에 반기를 들고 보수당으로 당적을 옮겼다. 아버지 랜돌프 처칠이 영국 보수당에서 굉장히 현실적이고 훌륭한 정치인으로 대접받았던 것에 비해 처칠은 그의 강한 자기주장으로 인해 정계에서 소외받았다.

전시 수상 – 유럽을 구하다

독일의 폴란드 침공으로 2차 세계대전이 발발하자 윈스턴 처칠은 고집 센 늙은이에서 혜안을 지닌 예언자로 급부상하고, 대영제국의 시민과 전통을 보호하는 수호자로서의 역할을 수행하였다. 처칠은 국민의 사기를 고취시키고자 애를 썼던 것이다.

처칠은 "만약 내가 죽는다면 독일군은 내 시체를 집무실 의자에서 끌어내려야 할 것이다"라고 한 자신의 말대로 독일군의 공습이 가해지는 와중에도 런던에 머물렀다. 런던 지하에 대피소를 마련하기는 했지만, 그 위에는 정부 건물이 있었기 때문에 폭탄의 직격을 당하면 위험천만한 위치였다. 이렇게 처칠은 끝까지 영국에 남아 영국 본토 항공전을 지도하며 독일군의 침공 위협에 맞서는 한편, 미국에 협상하여 무기 대여를 통해 수많은 장비를 받아냈다. 2차 세계 대전 후 소련이 독일 장군 룬트슈테트에게 "패배를 결정한 전투가 무엇이냐?"고 묻자 그는 영국 본토 항공전을 들었다.

우울증을 극복하다

윈스턴 처칠이 위대한 리더로 존경받는 더욱더 큰 이유는 바로 처칠이 평생 우울증을 안고 살면서도 전황이 어떻든지 항상 V자를 그리며 국민들에게 용기를 북돋고, 재미있는 농담과 유쾌한 입담을 쉴 새 없이 놀리며 늘 유쾌하고 행복한 사람처럼 보였다는 사실이다. 이는 리더로서 자신의 질병이 전쟁 중에 있는 국민들에게 부정적 영향을 줄 것이라 생각하고, 정신력으로 극복한 것이다. 윈스턴 처칠은 자신의 우울증을 검은 개Black dog라 불렀으며, 이를 극복하기 위해 평생 그림과 글쓰기에 집중하면서 국민들에게 용기와 희망을 잃지 않도록 하였다.

세종대왕 (1397~1450)

백성을 위한 큰 도전,
한글을 창제하다

King Sejong the Great

조선의 기틀을 잡다

세종대왕은 조선의 4대 왕으로, 태종과 원경왕후의 셋째 아들이다. 1418년 왕세자로 책봉되었고, 같은 해 8월 22세의 나이에 선위를 이어받아 왕위에 올랐다. 태종 때는 왕권이 강했기 때문에 세종은 선왕의 정치체제를 이어받아 왕권을 유지하며 자신의 뜻을 마음껏 펼칠 수 있었다.

세종대왕 때에 정리된 의례와 제도는 조선 유교정치의 기반이 되었다. 세종은 단순히 중국의 옛 제도를 그대로 가져오지 않고, 이를 연구하여 조선의 실정에 맞게 정리함으로써 주체성을 유지하였다. 문화적, 사상적 정리는 정치·제도의 기틀이 되었고, 농업기술, 법학, 의학, 문학, 천문, 지리, 어학 등 다양하고 방대한 편찬사업은 조선의 문화수준을 높이는 토대가 되었다.

세종의 업적을 상징하는 것들 중 하나는 4군 6진 개척이다. 현재의 함경도와 평안도 지역은 고려시대에 잃어버린 뒤 제대로 수복하지 못하고 있었다. 이 지역에 대한 본격적인 수복이 이뤄진 것은 태조 이성계 때로, 성을 쌓고 오랑캐를 몰아내며 차츰 영향력을 넓혀 갔다. 세종은 최윤덕과 김종서를 통해 여진족을 몰아낸 뒤 4군 6진을 만들고 백성들을 이주시켜 확실한 조선의 영토로 만들었다. 이 영토가 현재 우리가 알고 있는 호랑이 모양의 한반도의 형세를 결정했다. 그 외의 업적도 집현전과 정간보, 농사직설, 훈민정음 창제 등 그 수도 많고 하나하나 눈부신 것들뿐이다.

모든 백성의 의견을 듣고자 한 군주

당시의 세법은 관리의 부정이 심해 농민이 받는 피해가 컸다. 세종은 이 법을 폐하고 새로운 세법인 공법을 만들었다. 조선시대의 정책은 대신과 군주가 의논하여 정하고 시행되는 것이었으나, 세종은 새로운 세법을 시행하기 전에 전국의 백성에게 의견을 물었다. 문무백관에서 촌민에 이르기까지 17만 명의 백성들이 투표에 참여하여 9만 8,657명이 찬성, 7만 4,148명이 반대한 것으로 집계되었다. 의견을 모두 모으기까지 5개월이 걸렸다. 조선시대에 이런 대규모 설문 조사 시행은 그의 성정을 잘 보여주는 일화 중 하나이다. 백성들이 좋다고 하지 않는다면 이를 행할 수 없다는 세종의 방침은 오늘날에도 많은 시사점을 주고 있다.

백성을 위한 훈민정음 창제

'나랏말이 중국과 달라 문자와는 서로 맞지 아니하니….'

세종의 애민심은 훈민정음 창제에서도 드러난다. 문자는 권력이었다. 글을 모르는 사람은 고삐 맨 황소와 같았다. 복잡한 한자를 본 상민들은 양반이 거의 다 총명하다고 믿었고 평범한 사람들은 사회 운영에 참여하지 못했다. 글은 양반에게 읽어 달라고 부탁해야 했고, 평민은 좋은 생각이 떠올라도 적지를 못해 금세 잊곤 했다.

당시 사용되던 한문은 우리말과는 구조가 다르고, 수가 많고 복잡하여 백성들이 익히고 사용하기 힘들었다. 세종은 이를 안타까워하여 1443년 새로운 문자 체계를 만들었고, 약 3년간 상세한 검토와 해석을 거쳐 1446년 반포된다. 이 문자를 '백성을 가르치는 올바른 소리'라는 뜻의 훈민정음이라 명명하였다. 당대 집현전 학자들은 훈민정음 창제를 반대하거나 훈민정음에 주석을 달아 해례본을 냈을 뿐, 결국 한글은 세종대왕이 창제한 것이다.

다른 나라에도 언어를 표현하기 위해 글자를 새롭게 만든 경우는 있으나, 문자의 창제 원리, 음가와 운용법을 밝히고 해설한 책을 간행한 일은 세계 어디에도 없다. 세종의 훈민정음 창제는 만인이 자신의 생각을 글로 표현할 수 있게 한 업적으로 가장 큰 도전이었다. 훈민정음은 1997년 10월 유네스코 세계기록 유산에 등록되어 빛을 냈다. 훈민정음은 모음에 당대의 우주관과 음양철학을 담았고, 자음에는 음성 기관의 모양과 가획의 원리를 담았다. 1994년 디스커버리 지誌는 훈민정음을 '세계에서 가장 합리적인 글자'라 칭했고, 유네스코는 문맹퇴치상의 이름을 '세종대왕상'이라 정하였다.

한국사에 단 두 명만이 존재하는
'대왕'의 칭호가 어울리는 성군이자 현군

세종의 업적은 이루 말할 수 없이 많다. 세종은 정치, 법률, 사회, 경제적으로 조선의 기본 토대가 되는 체계를 마련하였으며, 과학, 기술, 역사, 음악, 종교, 학문 등 여러 분야에 훌륭한 업적을 남겼다. 국방 또한 강했고 외교도 훌륭하여 해동요순海東堯舜이라 불릴 만큼 안정적인 시기였다. 위대하다는 말이 부족할 정도로 많은 다양한 업적을 남긴 세종대왕은 역사에 길이 남을 위대한 왕이다.

광개토대왕 (374~413)
영토 확장을 넘어
백성의 풍요를 이념으로 삼은 지도자
King Gwanggaeto the Great

만주벌판 달려라 광개토대왕

'한국을 빛낸 100명의 위인들'이란 노래는 학창시절 모두가 쉽게 접하고 외우는 노래다. 이 노래의 첫 구절인 시조영웅들 바로 다음에 등장하는 인물이 광개토대왕이다. 시대 순으로 정리가 된 탓도 있겠지만 광개토대왕이 고구려 제19대 왕임을 감안하면 고구려를 세운 동명왕 뒤에 바로 등장하는 왕이라는 점에서 그 업적과 활약이 얼마나 눈부셨는지 알 만하다.

광개토대왕의 새로운 정치이념

광개토대왕은 18세의 어린 나이로 왕위에 올라 소수림왕과 고국양왕이 갖추어준 바탕에서 정복전쟁을 수행하였다. 그는 연나라와 백제, 일본과 숙신 그리고 동부여까지 고구려의 기백 앞에 무릎 꿇게 하였다. 고구려는 광개토대왕이 이룬 업적을 바탕으로 그의 아들 장수왕 시대에 전성기를 맞았다는 평을 받는다. 삼국사기에서도 광개토대왕의 활약이라면 백제와의 영토분쟁과 중국 후연과의 전쟁을 꼽고 있지만 필자는 정복을 위한 전쟁보다는 광개토대왕의 새로운 도전에 대해 더 주목하고자 한다.

삼국은 이미 중세적인 통치체제를 이룩하면서 전쟁보다는 나라의 기틀이 될 백성을 더 차지하기 위해 노력하게 되었다. '백성이 농사를 지어 어느 쪽에 곡식을 더 바치는가?', '백성이 군사로 동원되었을 때 어느 국가를 위해 싸우는가?'로 나라의 힘을 가늠하는 시기가 되었기 때문이다. 따라서 광개토대왕은 영토를 늘리기 위해 백성의 피를 흘리는 전쟁보다는 백성을 풍요롭게 하여 평화를 이루고, 농업을 새로운 가치로 삼으며 이를 알리는 데 힘썼다.

백성의 풍요가 나라의 근간이다: 광개토대왕비

광개토대왕은 군사를 부리고 전쟁을 하고, 이기는 것, 영토를 넓히는 것만이 전부일 것만 같았던 정복의 역사 속에 백성을 풍요롭게 하는 것을 생각했던 최초의 왕이라 보아도 무방할 것이다. 이를 뒷받침할 근거가 광개토대왕비에 나타나 있다.

은혜로운 혜택을 하늘에서 받으시어
위엄 있는 무력을 사해에 떨쳤노라.
나쁜 무리를 쓸어서 제거하시니,

뭇사람이 편안히 생업에 종사하도다.

나라가 가멸고 백성이 잘살게 하는

온갖 곡식 풍성하게 익었도다.

무력을 자랑하기보다 무력의 목적이 나쁜 무리를 쓸어 백성이 생
업에 종사하도록 하는 것에 있다는 점이 중요하다. 따라서 나라가
평안하고 곡식이 풍성하게 익었다는 문장에서 광개토대왕이 진정
으로 생각한 통치의 이념이 드러난다.

광개토대왕이 자신의 백성을 귀하게 여겼다는 것은 그 다음 문장
에서도 나타난다. 백제와 신라는 옛적부터 고구려에 조공을 바쳐왔
는데 신묘년에 왜가 쳐들어오자 고구려는 이를 참지 않고 바다를 건
너가 왜를 쳐부쉈다. 그런데 백제가 왜와 연합하여 신라로 쳐들어가
그들의 백성으로 삼으려 했다. 그러자 6년 곧 병신년에 대왕이 몸소
군대를 이끌고 백제를 토벌하기도 했다.

자신의 백성은 너그럽게 대하지만 적에게는 엄하게 하여 백성이
마음 놓고 생업에 종사할 수 있도록 만들어 준 광개토대왕. 하늘이
그의 백성을 불쌍히 여기시지 않았는지 39세에 대왕을 데려갔다는
문장은 두고두고 회자될 것이다.

이순신 (1545~1598)

최악의 상황에서
완승의 길을 찾아낸 성웅

Lee soon-sin

변방의 부대장, 전라좌수사가 되다

이순신은 우리가 기억하는 영정보다도 훨씬 남자답고 강인한 인상이라고 한다. 윤휴의 백호전서에는 이순신을 두고 체구가 크고 수염이 붉으며 담력이 좋다고 하였다. 더구나 당시 백성들부터 오늘날 우리들까지, 이순신은 강인하고 용감한 장군 정도를 넘어 성웅이자 군신으로 기억하고 있다.

서른둘의 늦은 나이에 급제해 함경도 육군으로 있던 이순신은 상관에게 밉보여 백의종군하기도 하고, 선조에 의해 종8품에서 종4품으로 오르기도 했다. 전쟁 직전에는 사간원이 현감 이순신을 좌수사로 올리는 것을 비판하나, 선조는 인재가 부족해 불가피하다며 단호하게 나섰다. 그야말로 조선을 구한 낙하산 등용이었던 것이다.

세계 해전사에서 가장 모범이 될 제독

이순신은 11번 출전해 29번의 전투를 치렀다. 병력을 한 번 움직이면 약 3번가량 왜군과 싸운 셈이고, 놀랍게도 그 모두를 압도적인 승리로 이끌었다. 조선 수군의 피해가 없는 전투는 절반을 넘는다. 특히 안골포 해전과 부산포 해전을 함께 보면 아군은 도합 6명이 전사할 동안 왜군 전사자는 8천 명에 육박했다.

우리는 영예로운 충무공의 후예이다 – 해군의 다짐

동맹이라던 명나라 수군은 게으르고 무능하며 탐욕스러웠고, 임금은 그 어떤 지원도 하지 않았다. 결국 이순신은 무기, 목재, 식량, 자금, 의류, 병력을 오로지 스스로 채워야 했다. 어느 날 왜군이 크게 움직인다는 정보가 들어왔으나, 악천후와 불리한 전황이 겹쳐 이순신은 출정하지 않았다. 이로 인해 이순신은 한양으로 끌려가 고문당하고 다시 백의종군했다.

그 사이 조선 수군은 원균과 함께 패해 무력해졌고 조정은 육군에 합류하라는 명을 내렸다. 그러나 이순신은 열두 척의 배를 믿고 기적처럼 명량해전을 승리로 이끌었다. 필자는 한산대첩, 노량해전을 가장 위대한 승리로 여기며, 명량해전은 가장 극적인 승리라고 부른다.

함선은 열두 척뿐이며 사기는 바닥이고, 수군은 해체될 뻔했다. 몸과 마음은 고문과 백의종군으로 상처뿐이다. 무엇보다도 충성의 대상인 왕이 자신을 고문하니 대체 무엇을 위해 싸워야 할까? 이순신이 단순히 전략전술에만 뛰어났다면 그것은 민족의 불행이었을 것이다. 그는 묵묵히 배를 건조하고, 병력을 모으고, 모든 것을 계획해 전투에 나섰다. 심지어 전투가 시작되고 한참 동안은 이순신의 대장선은 홀로 싸웠으며, 나머지 배들은 모두 멀찍이 뒤에 떨어져 있었다. 한 번 참패한 직후인 데다 워낙 수가 많이 차이 나 군인답지 않은 모습을 보인 것이다. 하지만 홀로 용감히 싸우는 이순신에 대한 믿음과 충성으로 조선군은 전투에 합류했고, 이로서 이순신은 다시 화려하게 부활해 왜란에서 조선을 구해낸 것이다.

김구 (1876~1949)
어려운 환경 속에서도
포기하지 않은 독립운동가

Kim Koo

어두운 풍랑의 시대, 우리 민족의 지도자

독립은 100년 전을 사는 식민지 지식인들에게 중요한 주제였다. 사람이 원하는 안락함과 행복의 추구는 억압에서 탈피하는 것으로 부터 시작된다. 위대한 정치적 지도자는 구성원들을 억누르는 사회적 제약으로부터 벗어날 수 있게끔 개혁을 이끄는 사람이다. 당시의 민족지도자들은 동포들을 일본의 강압과 수탈로부터 벗어나게 하기 위해 평생을 바쳤다.

상하이에서 충칭까지 2,000km가 넘는 거리를 이동하며 26년간 대한민국 임시정부를 이끌었던 김구는 한국 사람이라면 누구나 다 아는 민족적 스승이다. 그는 국제적으로 주권을 인정받지 못한 임시정부의 수장으로 재정난과 인력난에 시달리는 상황 속에서 조직을 이끌어 나갔다. 고된 생활을 하면서 죽어 나간 동지들과 가족들을 잃

는 슬픔에도 굴하지 않고 해방 전까지 임시정부를 온전하게 지켜내
며 독립운동을 전개했다.

모두가 잘 알고 있듯 그의 첫 이름은 김구가 아닌 창암昌巖이었다.
창암은 새벽에 일어나 글공부를 하고, 멀리서 오는 동무들에게 늦게
까지 글을 가르쳐 주었다. 그는 17세가 되던 해 모든 사람들이 평등
하다는 인내천 사상에 감동받아 동학에 입교하였고, 이 후 창암은
이름을 창수昌洙로 고치고 생활하였으며 동학농민혁명에도 적극적
으로 참여하였다.

1895년 명성황후가 처참히 시해된 을미사변으로 일본에 대한 적
개심이 강했던 김창수는 안악 치하포에서 한복을 입고 한국인 행세
를 하는 일본인 쓰치다를 보고 그를 수상히 여기게 되었다. 국모를
시해했거나 또는 관련된 사람일 거라 생각한 그는 국가의 수치를 씻
으려 쓰치다를 처단하였다가 사형선고를 받았다. 그런데 창수의 사
형은 집행이 극적으로 보류되었다. 단순 살인죄가 아닌 창수의 이야
기를 들은 고종황제가 '사형집행을 중지하라' 명한 것이었다. 극적으
로 목숨을 건지고 감옥에서 나온 창수는 동지들에게서 '김구'라는 이
름을 선물 받는다. 그의 이름은 그때부터 우리가 알고 있는 김구가
된 것이다. 그 후 김구는 영원히 나라에 헌신할 것을 깊이 다짐한다.

1905년에는 을사늑약을 반대하는 운동을 펼쳤고, 비밀결사 조직
인 신민회에 가입하여 열렬히 활동하였다. 그러던 중 1911년 일제가
신민회를 탄압하기 위해 조작한 105인 사건으로 구속되어 모진 고

문을 당했다. 동무들을 지키기 위해 끝내 입을 열지 않던 김구는 17년의 형을 받는다. 김구는 옥중에서 자신의 호를 짓게 된다. 김구의 호는 잘 알고 있겠지만 백범白凡이다. 가장 미천한 백정의 백白자와 평범한 사람이라는 뜻인 범부의 범凡자를 따왔다. 천한 백성부터 일반인까지도 애국심을 가져야 한다는 뜻이었다.

수감 5년째 되던 해, 가출옥으로 석방된 김구는 1919년 3·1 운동 후 중국 상해로 갔다. 그의 나이 43세였다. 그는 상해에서 독립 운동가들과 대한민국 임시 정부를 세우는 데 큰 역할을 하였고, 경무국장을 역임하며 임시정부의 수호자 역할을 했다. 하지만 임시 정부는 마음먹은 대로 유지하기 힘들었다. 일제의 감시 등으로 활동이 침체되었고 공산주의, 민족주의 등의 사상대립이 생겨나기 시작했다. 결국 이러한 문제들은 조직의 분열로 이어졌다. 독립 운동가들은 각자 흩어졌고 집세도 제대로 내지 못할 만큼 자금도 없었다. 이대로 가다간 독립 운동은커녕 임시 정부가 허공으로 사라질 수도 있는 위기에 처했다.

단란하던 가정도 위기를 맞게 되었다. 김구 선생의 아내 최준례 여사가 둘째 아들 신信을 낳고 산후조리를 하던 중 폐병에 걸려 병원에 입원하게 되었다. 하지만 최준례 여사가 입원한 병원은 일본의 점령지에 있었기에 김구는 갈 수 없었다. 결국 아내의 임종을 지키지 못하고 아내를 떠나보냈다.

지푸라기라도 잡아야 했던 김구는 동료들이 다 떠난 자리에서 홀로 남아 임시 정부를 지켰다. 그는 해외에 있는 동포들에게 편지로 지원을 요청했다. 수취인 불명으로 편지가 종종 돌아왔지만 김구의 꾸준한 노력으로 자금을 부쳐오는 동포들이 하나둘 생기기 시작했다. 그는 다시 힘을 얻고 임시정부를 일으키고자 한인애국단을 조직했다. 그러던 중 김구를 찾아온 이봉창, 윤봉길의 두 거사를 계기로 한반도 문제에 대한 국제적 관심이 높아졌다. 그리고 중국이 임시정부를 지원하게 되는 계기를 가져왔다. 불씨가 꺼지던 독립운동도 다시 타올랐다. 세계는 한국의 독립에 대해 논의하기 시작했다.

김구 선생의 정신을 한마디로 이야기하는 그의 호, 백범

김구 선생의 호인 백범은 책 한 구절이 바꾼 것이다. 미천한 백정 白丁의 '백'과 범부凡夫의 '범'을 딴 호가 바로 백범이다. 늘 독립된 우리나라를 염원하던 김구 선생이 남긴 어록은 얼마나 김구 선생이 진정성 있는 독립운동을 하셨던 분인지 알 수 있다.

"나는 우리나라가 세계에서 가장 아름다운 나라가 되길 원한다. 우리나라가 독립하여 정부가 생기거든 그 집의 뜰을 쓸고, 유리창을 닦는 일을 해보고 죽게 하소서."

독립된 조국을 꿈꾸던 김구 선생은 독립 후 귀국해서도 우리 민족이 모두 번영하는 하나 된 정부를 주장하던 민족지도자였다. 1948년 남한의 단독 선거에 반대하고, 통일된 정부 수립을 위하여 혈혈단신 북한에 들어가 통일정부 수립을 위한 노력을 기하였으나, 끝내 실패하였다. 김구는 민족의 통일된 정부를 위해 남북협상을 추진하지만 수포로 돌아가고 결국 안두희에게 피살되어 서거하였다. 그의 나이 74세였다. 일흔의 나이까지 어려운 환경 속에서도 오직 조국의 독립에 힘쓰셨던 김구 선생. 민족의 지도자라 불리기까지 그는 활발한 독립활동은 물론 수많은 도전을 아끼지 않았다. 김구 선생은 그동안의 공로를 인정받아 1962년 건국훈장 대한민국장에 추서되었다.

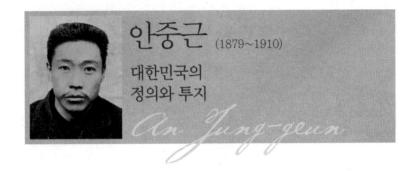

안중근 (1879~1910)
대한민국의
정의와 투지
An Jung-geun

'총을 잘 쏘는 안씨 집안 청년'

황해도에서는 깊은 뜻을 가진 한 청년이 있었다. 이 청년은 몸에 북두칠성처럼 일곱 점이 있었다고 하며, 또한 백범일지에 '총을 잘 쏘는 안씨 집안 청년'으로 기록되어 있다. 그가 바로 이토 히로부미를 암살한 안중근이다. 1907년 블라디보스토크로 건너간 그는 이범윤을 만나 의병을 일으킨다. 이범윤은 의병대장, 안중근은 대한의군 참모중장이 되어 용감히 출정했다. 이들 의병은 일본군 정찰대를 격파하기도 했으나, 곧이어 벌어진 전투에서 참패하고 안중근은 겨우 탈출할 수 있었다.

까레야 우라!(대한민국 만세!)

하지만 안중근은 죽음의 고비를 한 번 넘긴 뒤에도 다시 러시아에서 애국지사들과 만나 단지회를 조직한다. 단지란 말 그대로 손가락을 잘라 맹세했다는 뜻으로, 이들은 이토 히로부미와 이완용 처단을 목표로 삼았다.

기회는 반년 만에 찾아왔다. 안중근은 이토가 러시아 대장대신과 회담을 진행하기 위해 하얼빈 역에 온다는 것을 알게 되었다. 안중근은 유동하 등 여러 인물과 계획을 짠 뒤 하얼빈 역에 도착했다. 이토 히로부미의 얼굴에 점이 있다는 것은 알았지만, 정확한 얼굴은 알지 못했다. 수많은 환영객 속에서 이토를 찾고 있을 때, 마침 누군가 이토를 불렀고 안중근은 한 노인이 그쪽을 보며 손을 흔드는 것을 보았다. 안중근은 지체 없이 권총을 빼들어 3발을 쏘았다. 곧이어 안중근은 옆의 수행원을 쏜 뒤 '까레야 우라!'라는 말을 외치며 연행되었다.

나는 대한의군 참모중장이오

안중근은 일본에서 열린 재판에서 자신의 신원을 이렇게 밝혔다. 이토를 쏜 이유가 개인적 동기가 아닌 대한 독립을 위해서였음을 강조하는 행위였다. 애국심이 뛰어나고 용기 있는 청년은 당연히 일본의 아시아 침략에 걸림돌이 되었고, 1910년 3월 26일 안중근의 사형이 집행되었다.

여러 차례의 국가적 노력에도 불구하고, 효창공원에는 그의 허묘만이 남아있다. 하지만 무덤은 가짜일지라도, 그가 보여준 정의와 평화를 추구하는 마음은 티 없이 순수하다. 침략의 주축인 인물을 암살하여 우리 민족의 자존심과 제국주의에 대한 저항을 보여준 공로도 크다. 이후 하얼빈 의거는 이재명, 안명근 의사에게 큰 영향을 주었고, 안중근 의사에겐 1962년 건국훈장 대한민국장이 추서되었다.

The Greatest Challenger 100

글로벌
리더십

크리스토퍼 콜럼버스
(1451~1506)
도전정신이
아메리카 대륙을 발견하다

Christopher Columbus

지구가 둥글다는 사실은 틀림없다. 가자, 동방으로

포르투갈의 수도 리스본에는 커다란 바위가 서 있었다. 그 바위에는 '여기가 세상의 끝이다'라는 글귀가 있었고, 사람들은 바다를 넘어가면 떨어져 죽는다고 생각했다. 그리고 아무도 그 바다를 가로질렀다가 돌아오지 못했다. 콜럼버스가 출항하기 전까지는.

콜럼버스는 온갖 우려와 반대에 부딪쳤다. 당장 돈은 어디 있느냐, 무엇하러 먼 바다로 나가느냐, 너무 위험한 길이다…. 하지만 그는 인도를 찾아 새 항로를 개척하고 부와 영예를 차지하기 위해 백방으로 노력했고, 마침내 1492년 그는 에스파냐의 이사벨라 여왕의 도움으로 탐험에 나설 수 있었다.

콜럼버스는 두 척의 배에 120명의 선원을 지휘하며 팔로스 항구를 떠난 지 70일 만에 섬을 발견했다. 그들은 육지를 보고 환호성을 지르며 동료들끼리 얼싸안고 좋아했다. 그 감격은 이루 말할 수 없이 컸다. 이때 발견한 곳이 서인도 제도였고 그 후 귀국하여 세 차례 더 탐험 길에 올라 지금의 온두라스와 파나마를 발견했다. 이때가 1502년이었다. 콜럼버스는 자기가 발견한 대륙이 아메리카라는 사실을 모르고 죽을 때까지 인도의 서쪽 땅이라고 믿었다.

도전정신과 개척정신을 일깨워준 '콜럼버스의 달걀'

어느 날, 그는 여러 사람이 모인 식당에서 갑자기 달걀을 들고 "이 달걀을 세울 자신이 있는 사람은 앞으로 나오시오!"라고 외쳤다. 몇 사람이 달걀을 세워보려고 했지만 허사였다. 하지만 콜럼버스는 달걀 끝을 깨트려 탁자 위에 세웠다. 이것이 바로 '콜럼버스의 달걀'인 것이다.

> "무슨 일이든지 어렵게 생각하면 한없이 어렵고, 쉽게 생각
> 하면 무척 쉬운 것이오. 일도 마찬가지고 목표도 마찬가지입
> 니다!"

리스본 해안가에 있던 바위는 대서양 동부를 세상의 끝이라고 단정했다. 실제로 세상이 그 앞에서 끝나는지 확인해 본 사람도 없고 근거도 없었지만, 사람들은 모두들 막연히 추락을 두려워하거나 별 의심 없이 그 말을 믿었다. 날고 기는 유럽의 대제국들을 지중해에 묶어둔 쇠사슬은, 알고 보니 실오라기처럼 얄팍하고 힘없는 두려움

과 헛소문이었다.

  21세기의 우리들은, 지구가 둥글고 세상의 끝은 없다는 것은 알고 있다. 하지만 그렇다고 현대인들이 엄청나게 똑똑해진 것은 아니다. 우리들도 실체 없는 두려움이나 선동에 속아, 자신의 눈을 가리고 도전을 스스로 멈추는 일이 비일비재하다. 실 한 가닥에 묶여 떨고만 있는 우리에게, 콜럼버스는 외친다. 동방으로 떠나라고.

마하트마 간디 (1869~1948)

민족주의,
비폭력으로 인도를 일으키다

Mahatma Gandhi

"네 믿음은 네 생각이 된다. 네 생각은 네 말이 된다.
네 말은 네 행동이 된다. 네 행동은 네 습관이 된다.
네 습관은 네 가치가 된다. 네 가치가 네 운명이 된다" – 간디

언제나 늘 당당하게 행동했던 마하트마 간디의 유명한 일화가 있다. 자신에게 고개를 숙이지 않는 간디를 아니꼽게 생각했던 어느 교수가 있었다. 하루는 간디가 대학 식당에서 그 교수 옆자리에 점심을 먹기 위해 앉았더니 그 교수의 "이보게, 아직 잘 모르는 모양인데 돼지와 새가 같이 식사하는 경우는 없네."는 말에 간디는 웃으면서 "걱정 마세요, 교수님. 제가 다른 곳으로 날아갈게요."라고 대답했다. 이에 약이 오른 교수는 다음 시험에서 간디를 골려주려고 했으나 간디가 만점에 가까운 점수를 받자 간디에게 질문을 던졌다. "길을 걷다 돈 자루와 지혜가 든 자루를 발견했다네. 자네라면 어떤 자루를 택하겠나?"라고 묻자 간디는 "그야 당연히 돈 자루죠."라고 대답했다. 교수는 "나라면 돈이 아니라 지혜를 택했을 거라네."라고 말했으나, 이에 간디는 "뭐, 각자 부족한 것을 택하는 것 아니겠어요?" 하고 맞받아쳤다. 식민지 출신의 젊은 대학생 간디는 왜소한 체구에도 불구하고 이처럼 당당했다. 그리고 그의 행동은 그의 가치와 운명을 바꾸었다.

간디의 배짱과 재치, 인도 독립의 밑거름이 되다

마하트마 간디는 비폭력주의로 영국의 식민지였던 자신의 나라, 인도의 독립을 주도했다. 그가 전 세계에서 존경을 받는 이유는 그의 삶의 철학에서 엿볼 수 있을 것이다. 간디는 '사회를 망치는 7대 악惡'을 제시했다. 그것은 ①원칙 없는 정치 ②노동 없는 부富 ③도덕성 없는 상거래 행위 ④양심 없는 쾌락 ⑤개성을 존중치 않는 교육 ⑥인간성이 사라진 과학 ⑦희생 없는 신앙이었다.

간디는 남들 앞에서 애기하는 것조차 두려워한 소극적인 소년이었으나 편한 길을 택하지 않고 자신의 조국 인도의 독립을 위해 험난한 길을 택한 것이다. 무저항 운동으로 평화의 상징이 된 위대한 영혼으로 불린 인도 독립의 아버지 마하트마 간디는 그 자체로 우리가 두고두고 되새겨야 할 교훈이다.

넬슨 만델라 (1918~2013)
남아프리카공화국의 평화적 민주화를 이끈 성장하는 리더십의 모범
Nelson Mandela

세상을 바꿔놓은 말썽꾸러기

1918년, 남아프리카공화국 템부 부족의 한 가문에서 남자아이가 태어났다. 그의 아버지는 이 아이에게 말썽꾸러기라는 의미를 지닌 '홀리흘라흘라Rolihlahla'라는 이름을 지어주었다. 아이는 독실한 감리교 신자였던 어머니의 영향을 받아 영국인 선교사들이 운영하던 학교에 입학하였다. 이때 그의 이름을 발음하기 어려워하였던 교사로부터 넬슨Nelson이라는 이름도 더하여 받게 된다. 장성한 넬슨은 백인들이 찾아온 이후 남아공에 스며드는 인종주의와 제국주의의 현실을 보고, 이에 반발하여 도전을 하였다.

청년이 된 넬슨 만델라가 처음부터 원만하고 포용적 리더십을 보여준 것은 아니었다. 오히려 그 반대에 가까웠다. 그는 법학대학을 졸업하고 소수 백인들이 주도하던 변호사 업계에 진출하는 야심을

보여주었고, 남아프리카연합 최초의 흑인 대통령이 되겠다고 강조
하곤 했다.

넬슨 만델라는 아프리카국민회의African National Congress[ANC]에 가
입해 산하기구인 청년연맹의 의장이 되었다. ANC는 흑인의 권익
을 대변하는 단체였다. 그러나 ANC는 늘 정해진 선 안에서만 활동
하였고, 이에 불만을 품은 넬슨 만델라는 노년층으로 가득한 지도부
와도 자주 충돌하였다. 이때의 넬슨 만델라는 의견이 다른 사람들과
자주 충돌하여 모욕하고, 포용력이 부족하며 허영이 지나쳤던 청년
지도자였다. 이는 세계인들이 알고 있는 인자한 동네 할아버지 같은
그의 노년 시기 리더십과는 극명한 대조를 보여준다.

불꽃 속에서 나무는 재가 되지만 큰 인물은 도자기가 된다

아이러니하게도 넬슨 만델라의 명성과 포용적 리더십은 감옥 바
깥에서 아파르트헤이트 체제 반대 활동을 하던 시기보다 감옥에 구
금당한 이후에 더 성숙하게 되었다. 변호사이자 ANC의 청년 지도
자로서 그는 처음에는 합법적·비합법적 비폭력 저항을 전개하다가
한계에 봉착하자 무장저항 운동으로 노선을 전환하였다. 그러나 지
배체제와의 압도적인 무력 차이 때문에 그의 무장저항은 오래가지
못하고 실패하였다.

그는 간신히 사형을 모면하고 종신형을 선고받았다. 그는 케이프
타운 앞바다의 로번섬 감옥에서 27년 6개월을 갇혀 있었다. 열악하

고 권리 침해가 끊이지 않는 감옥 생활을 경험한 많은 정치범들은 정신과 육체가 나태해지고 무기력하고 피폐해져 버렸지만, 그는 굳센 의지를 발휘하여 이러한 시련을 이겨냈다. 넬슨 만델라는 인종적·종족적 배경이나 정치노선, 삶의 경험들이 상이한 여러 수감자들과 꾸준히 소통하고 감옥 당국과도 상대하면서, 이후에 그의 정치적 자산이자 민주화의 배경으로 작용하게 될 포용적 리더십과 협상의 기술과 주요 세력들 사이의 신뢰를 얻을 수 있었다.

감옥에서 풀려난 이후의 넬슨 만델라의 행적은 세계인들이 그의 생애에서 가장 친숙하게 느끼는 부분일 뿐 아니라, 그가 감옥에서 터득한 긍정적 리더십을 느낄 수 있는 부분이기도 하다. 그는 무장투쟁으로는 백인들의 체제를 타도할 수 없다는 사실을 절감하고 백인들의 정부와 협상을 시작하였다. 그 과정에서 그는 기존 지배체제의 부분적 존속을 기도한 백인 정부와 마르크스주의 혁명을 고수하는 흑인 급진세력, 백인 우월주의 세력 같은 강한 반대파들의 위협을 헤치고 나아가야 했다.

넬슨 만델라의 대통령직 수행 기간과 그 이후의 만년은 그가 발휘한 평화적 리더십의 도덕적 권위를 체감할 수 있는 기간이었다. 남아프리카공화국에 자유민주주의를 안정적으로 심어 낸 리더십, 그리고 윤리에서 나오는 호소력은 길이길이 음미할 만한 미덕이었다. 빼어나지만 편협하였던 한 청년이 오랜 고난 속에서 자아성찰 끝에 이룩한 지고한 개인적 성취로서 청소년들과 청년들을 포함하는 인류의 모범이 될 만하다.

버락 오바마 (1961~현재)

미국 최초의
흑인 대통령

Barack Obama

자신의 꿈을 위한 첫 번째 도전

버락 오바마는 1961년 8월 4일 하와이 호놀룰루에서 태어났다. 그의 풀 네임은 버락 후세인 오바마로, 버락은 스와힐리어로 "신의 축복을 받은 자"이고, 후세인은 이슬람교도인 그의 할아버지의 이름을 딴 것이며, 오바마는 케냐에서 쓰이는 남자이름이다. 이를 통해 알 수 있듯이 아버지는 케냐 무슬림, 어머니는 미국인 백인으로 그의 가정환경은 상당히 복잡하다.

오바마는 고등학교를 졸업하고, 로스앤젤레스의 옥시덴탈대학교에 입학하였다. 그때의 오바마는 마리화나를 피우며 히피문화에 푹 빠진 학생이었다. 그러다 1982년대 미국 대학생들 사이에 벌어진 투자철회 운동에 관심을 갖게 되었고, 그 후 열심히 공부하여 콜롬비아대학교에서 정치학을 전공하고 졸업하였다. 이후 하버드대학교

로스쿨에 입학하여 사상 처음으로 법률 학술지인 하버드 로리뷰의 흑인 편집장을 맡았고, 상위 10%의 학생만이 받을 수 있다는 마그나쿰라우데를 받고 졸업하였다.

마리화나를 피우던 스무 살 청년은 그의 꿈을 위해 멋지게 도전하여 가장 권위 있는 대학의 훌륭한 졸업생이 되었다. 오바마에게 이것은 그의 도전의 시작에 불과했다.

정치입문, 그리고 대선 도전

그의 첫 정치입문은 1996년 일리노이 주 상원의원 당선이었다. 2000년에 있던 일리노이 주 하원의원에는 실패하였지만 2004년 일리노이 주 연방 상원의원에 당선되었다. 그 후 2007년 44대 미국 대통령 선거를 위한 민주당 경선에 참여하였다. 당시 상대후보는 힐러리 클린턴이었는데, 아직 초선인 상원의원이었던 오바마는 힐러리에 한참 못 미치는 상대였다. 하지만 소수인종들의 전폭적인 지지를 바탕으로 막판 드라마 같은 역전극을 펼치며 힐러리를 밀어내고 민주당의 최종 대선후보가 되었다.

이후 치러진 대선에서는 공화당의 후보인 존 매케인과 대결을 펼쳤는데, 2008년에 발생한 리먼브라더스 발 미국 금융위기에 대해 적절한 대안을 제시하여 많은 여론을 얻을 수 있었고, 무난히 승리하여 미국 최초의 흑인 대통령으로 당선되었다.

대통령이 되어서도 끝나지 않는 그의 도전

세계에서 가장 영향력 있는 자리인 미국 대통령이 되어서도 그의 도전은 멈추지 않았다. 그의 반대파들에 맞서서 그는 부자감세와 의료보험 개혁을 부르짖었고, 결국 집권 1기인 2009년 12월 24일 상원에서 의료보험 개혁안이 통과되었다.

그의 임기 4년이 끝나고 그는 재선에 도전하였고, 어려울 것이라는 주위의 예상을 보기 좋게 깨부수고 2012년 11월 7일 재선에 성공하여 2017년 1월 20일까지 대통령으로 재임했다.

지미 카터 (1924~현재)
대통령 퇴임 후
더 인기가 있는 도전자
Jimmy Carter

카터에게 은퇴는 없다

미국 해군, 조지아 주 주지사, 미국의 제39대 대통령으로 활동했던 지미 카터는 카터센터의 설립자로서, 세계의 중대한 사건을 조정하는 역할로 활동하고 있다. 대통령이었을 당시 그는 중국과의 국교 정상화, 소련과의 제2차 전략 무기 제한 협정SALT에 성공하기도 했으며, 퇴임 후 카터센터의 설립자로서 여성 인권 문제를 비롯한 분단 문제, 세계적인 문제들을 해결하기 위해 많은 노력을 하였다.

왜 최선을 다하지 못했는가?

카터는 자신이 다니던 해군 사관학교에서 750명 중 55등을 했다. 졸업 후 그는 해군 부대에 파견을 받았고, 그 당시 사령관에게 사관학교 시절 몇 등을 했냐는 질문을 받았다. 그가 750명중 55등이라 하자 사령관은 '왜 최선을 다하지 못했냐'며 질책하였다. 이에 카터는 부끄러워하며 그 자리를 회피했다. 이후로 지미 카터는 '왜 최선을 다하지 못했냐?'라는 그 질책을 자신의 좌우명으로 삼아 미국 대통령까지 오르게 되었다.

대통령의 신화

해군 생활 이후 땅콩 농장을 경영하던 카터는 조지아 주의 주지사로 활동하였다. 그는 주지사로 인종차별을 끝내고자 모든 사람에게 동등한 교육을 제공하고 많은 사람들에게 일자리를 내주었으며, 역사 유적지를 위한 법을 통과시키기도 하였다. 1913년, 카터는 아프리카계 미국인들의 지지를 받아 미국의 제39대 대통령이 되었다. 대통령으로 그는 미국의 약자와 소수계층을 위한 노력을 많이 하였다. 뿐만 아니라 카터는 세계의 평화를 위해 노력하기도 하였다. 그는 파나마 수로에 관한 조약을 성사시키기도 하였고, 이스라엘과 이집트의 평화 조약을 위해 많은 노력을 하였다.

대통령 이후 더 큰 도전을 통해서 이룩한 노벨평화상 수상

대통령 관직에서 물러난 지미 카터는 자신의 이름을 따 1982년에 카터센터를 설립하였다. 카터센터는 NGO 단체로서 80개국 이상에 설립되어 분쟁문제, 인권문제 및 질병 문제를 해결하고자 앞장섰다. 그는 카터센터를 통해 세계 각국의 많은 사람들에게 도움을 주고 있다. 또한 그는 남북한 분단 문제를 해결하기 위해 북한에 수차례 방문하여 김일성 주석과 회담을 갖고, 핵문제를 논의하여 해결하는 데 공헌하기도 하였다. 그 이후 그는 충남 아산 등에서 빈민을 위한 '사랑의 집짓기' 운동에 적극적으로 참여하였다. 이뿐만 아니라 그는 전북대학교에 지미 카터 국제학부를 설립함으로써 '지미 카터와 한반도의 평화'라는 과목을 개설하여 한반도의 평화를 위해 노력하였다. 그렇게 세계 각국의 평화를 위해 노력한 지미 카터는 2002년 노벨평화상을 수상하였다. 미국 역사상 가장 인기 없는 대통령으로 꼽히던 지미 카터는 퇴임 후 세계 평화의 전도사로 국제사회의 평화와 안정 회복에 크게 기여하는 등 훌륭한 전직 대통령으로 평가받고 있다.

반기문 (1944~현재)

시골 소년,
세계에 도전장을 내밀다

BanKi-moon

세계에 도전장을 내민 시골 소년

유엔 사무총장은 192개 유엔 회원국의 대표로, '지구촌 대통령'이라 불린다. 현재 분단국가인 대한민국에서 세계평화를 실현하는 유엔의 수장인 사무총장을 배출한 것은 역사적으로 매우 의미 있는 일이다. 이러한 이유로 반기문 유엔사무총장은 많은 이들의 롤모델로자리 잡았고, 자라나는 청소년들은 그를 우러러본다. 그러나 우리가 알아야 할 중요한 사실은, 반기문 총장 역시 수많은 도전과 역경을 통해 지금의 자리에 이르렀다는 것이다.

소년 반기문은 초등학교 6학년 때 다그함마르셸드 유엔 사무총장에게 헝가리 국민봉기에 대한 탄원서를 보냈다. 소련군이 헝가리를무력으로 침공했기 때문이었다. "존경하는 함마르셸드 유엔 사무총장님! 헝가리 사람들이 자유를 위해 공산주의에 맞서 싸우고 있습니다. 세계의 평화를 위해 일하는 유엔에서 그들을 도와야 합니다." 당시 시골 초등학생으로서는 매우 획기적인 생각을 한 것이다. 어쩌면 그때부터 유엔 사무총장의 꿈을 품기 시작했는지 모른다.

그가 중학교 3학년 겨울방학 때의 일이다. 반기문은 영어 교과서를 다 떼고 나니 읽을거리가 마땅치 않았다. 반기문은 모아둔 용돈으로 당시 미군부대에서 흘러나온 영자신문과 잡지를 파는 가게에서 영어 잡지 『타임Time』을 샀다. 미국과 소련을 중심으로 한 국제 정치 이야기, 과학기술 이야기 등을 읽으며 조금씩 큰 세계에 대해 눈을 뜨기 시작했다.

그는 비스타VISTA라는 미국 연수 프로그램에 도전하였고, 결국 명문고 학생들을 전부 물리치고 최고의 점수를 받았다. 그가 미국에서 케네디 대통령을 만났을 때에는 망설임 없이 자신의 꿈이 외교관이라고 말했고 그는 그 꿈을 이루어 40여 년 만에 세계 최고의 외교관 자리에 섰다.

더 나은 세상에 도전하다

반기문 사무총장이 끊임없이 도전하고 있다는 것을 알 수 있는 부문은 개발 영역이다. 유엔은 2015년까지 제시된 8개의 개발 목표에 근접하기 위해 모든 역량을 쏟았다. 전쟁의 폐허에서 시작해 개발도상국의 과정을 거쳐 온 한국인으로서 반기문 사무총장은 '무엇이 개발도상국에서 통하고, 통하지 않는지'에 대한 통찰을 갖추고 있었다. 국제쟁점을 다루는 NGO인 'Citizens'의 폴 스콧은 반기문 사무총장을 "선진국과 개발도상국 사이의 틈을 이어줄 매우 이상적인 자격을 갖추었다"고 평가했다. 사무총장으로서 현재에 안주하는 것이 아니라 이상적인 지구촌 사회를 위해 끊임없이 한계에 도전하고, 목표를 설정하는 그의 모습은 전 세계 시민들의 도전 정신을 깨어나게 만든다.

김용 (1959~현재)

목표를 정하고,
바로 행동에 옮기는 것이 성공의 지름길

Kim Yong

세계은행 총재가 보여주는 모범

김용 세계은행 총재가 연임에 성공해 2022년까지 세계은행을 이끌게 되었다는 뉴스 보도(2016.09.17)는 대한민국 국민이라면 누구나 환호성을 지를 만하다. 세계은행World Bank은 국제통화기금IMF, 세계무역기구WTO와 함께 3대 국제경제기구로 꼽히며, 그 영향력 면에선 IMF와 함께 세계 경제기구의 양대 산맥을 이루고 있다. 이토록 거대한 국제기구를 움직인 것은, 개도국의 소득을 2030년까지 40% 끌어올리고 빈곤을 퇴치하기 위한 김 총재의 헌신이었다. 미, 중, 일 정부도 김 총재를 지지했다.

자녀 교육은 난관 헤쳐 나갈 기개 길러줘야

김용 총재는 어린 시절, 균형 잘 잡힌 가정교육을 해주신 부모님의 영향을 많이 받았다고 한다. 어린 시절, 아버지가 "금요일에 공부해라. 일요일에 숙제를 하려고 미뤄두면 일요일엔 숙제를 못 하게 하겠다."라고 가르쳤다고 한다. 어린 시절의 김 총재는 당연히 일요일까지 숙제를 하지 못했고, 선친은 "숙제할 시간을 놓쳤다"며 숙제를 못하게 했다고 한다. 김용 총재는 이 같은 일을 여러 차례 겪으면서 '공부는 제때 열심히 해야 한다'는 것을 경험적으로 배웠다고 한다. 삶의 목표를 정하고, 그것을 달성하기 위해 바로 바로 행동에 옮기는 것이 얼마나 중요한 것인지를 가르쳐준 것이다.

김용 총재는 언론 인터뷰에서 "부모가 자녀 IQ를 바꿀 수 없으니 난관을 헤쳐 나갈 기개를 길러줘야 한다."라고 했다. "부모가 자녀들의 지능지수를 바꾸기 위해 할 수 있는 일은 거의 없다. 반면에 그들의 의지력, 습관, 맡은 일을 완수하는 능력은 향상시켜 줄 수 있다."라고도 강조했다. 교육자이자 두 아들의 아버지인 김용 총재는 사교육에 몸살을 앓고 있는 한국의 학부모들에게 이같이 조언하면서 "지나치게 경쟁적인 한국 교육현실이 아이들을 천천히 죽이고 있다"고 말하면서 '학습이 아닌 습관에서 자녀교육의 해답을 제시'한 것이다.

학습이 아닌 습관에서 자녀교육의 해답을 주다

김용 총재가 고교 전교 1등 하면서 브라운 대학에 다닐 때 일이다. 추수감사절 방학을 맞아 집에 돌아올 때 공항으로 아버지가 데리러 왔다. 운전 중 아버지는 대학생 김용에게 "학교는 어떠냐, 무슨 과목이 재밌느냐"라고 물었고 김용은 "학교가 너무 좋습니다. 너무 많이 잘 배우고 있고, 인류학을 전공하고 싶습니다."라고 대답하자 갑자기 차를 세우고 "잘 들어라, 너는 '차이나맨'(동양인을 비하하는 속어)이다. 미국이 너 같은 차이나맨에게 뭘 해 줄 것이라고 생각한다면 큰 착각이다. 스킬이 있어야 한다."고 말한 아버지의 말에 충격을 받았다고 한다. 그는 대학으로 돌아가 바로 의대 공부를 시작했고 하버드 의대를 다니면서 파트너스 인 헬스Partners in Health라는 비영리단체를 세우고, 아이티에 가서 무료 의료봉사를 하는 등 공로를 세웠다. 이것으로 김용은 세계보건기구의 총재가 될 수 있었다고 한다.

이종욱 (1945~2006)
국제기구의 수장으로
대한민국 국위를 선양하다
Lee Jong-wook

실패를 두려워하지 말라

'이종욱' 하면 바로 떠오르는 것이 세계보건기구WHO 사무총장일 것이다. 맞다. 지난 2003년 한국인으로서는 처음으로 국제기구의 수장인 세계보건기구의 사무총장으로 당선된 것이다. 그러나 이종욱 사무총장에게는 그 외의 수많은 애칭이 있다. '아시아의 슈바이처', '백신의 황제', '행동하는 사람' 그리고 그가 남긴 명언들을 보면 그분의 삶의 철학을 단박에 알 수 있다. 우리는 그분의 명언을 통해 그분의 삶의 여정을 되돌아 볼 수 있을 것이다.

"적어도 실패는 시작하지 않는 것보다 훨씬 더 나은 결과를 낳는 법이다."

목표를 설정하고 도전할 때 실패를 먼저 걱정하는 나약한 사람들

이 의외로 많다. 하지만 위의 말대로 실패했어도 실패한 만큼 보람
과 배움이 있다.

> "우리가 쓰는 돈에는 가난한 나라의 분담금도 섞여 있다. 그 돈
> 으로 호강할 수 없다."
> "우리는 올바른 일을 해야 한다, 우리는 올바른 일을 올바른 장
> 소에서 행하여야 한다. 또한 우리는 올바른 일을 올바른 방법으
> 로 행하여야 한다."

이 부분은 이종욱 사무총장의 대쪽 같은 정신을 보여준다. 도전정
신을 가로막는 두 가지 걸림돌은 바로 매너리즘과 부정부패이다. 힘
든 도전을 하다 보면 자신의 손 안에 들어온 돈을 얼마쯤 자기 뜻대
로 쓰고 싶은 유혹, 정석을 버리고 편법이나 요령에 의지하고 싶은
유혹이 개인의 도전을 타락시키고 질을 떨어뜨린다. 이종욱 사무총
장의 말은 큰 꿈을 꾸는 사람들에게 그 자체로 귀감이 된다.

아시아의 슈바이처, 백신의 황제

아울러 이종욱 사무총장은 의학자로서 전 세계인의 보건과 건강
을 위해 많은 일을 했고, 훌륭한 업적을 남겼다. 재임 기간 중 결핵
과 예방접종으로 예방이 가능한 어린이 질병, 조류 독감, 에이즈 퇴
치에 힘써 왔다. 23년간 세계보건기구에서 활동하면서 서태평양 지
역의 소아마비 박멸을 주도했으며, Global Drug Facility를 발족시켜
많은 사람들이 결핵 치료약을 얻을 수 있게 했다. 지난 2005년에는

모교인 서울대학교에서 '자랑스러운 서울대인'에 선정되기도 했다.

  이종욱 사무총장은 2006년 5월 21일에 집무 도중 갑자기 쓰러졌다. 급히 뇌혈전 제거 수술을 받았으나 그는 회복하지 못하고 다음 날 향년 62세의 나이로 사망했다. 올바른 길을 선택한 '아시아의 슈바이처', '백신의 황제'는 후세 사람들에게 실패를 두려워하지 말라는 가르침을 남기고 그렇게 떠나갔다.

신호범 (1935~현재)

동양인의 명칭을
'Asian'으로 바꿔낸 미국 5선 의원

Paull Shin

동양인 최초의 미 상원의원

신호범은 한국계 미국인으로, 동양인 최초로 처음으로 미국의 주 상원의원에 당선된 정치인이자 교수이다. 그는 6·25 전쟁에 참여한 미군 장교의 양아들이 되어 미국에 건너가 5선 상원의원이 되었다. 1998년부터 워싱턴 주 상원 부의장으로 최근까지 활동하였다.

남대문 거지소년, 양부모의 믿음에 노력으로 응답하다

1935년 파주에서 태어난 신호범은 4살 때 고아가 되었다. 길거리에서 동냥을 하고 다니던 그는 1950년 한국전쟁이 일어나면서 미국 육군 부대에서 잡일꾼으로 일하였다. 1954년, '레이 폴'이라는 미국 군인 치과의사에게 입양되면서 유타 주 솔트레이크시티로 이민을 갔다. 한국에서 초등학교를 졸업하지도 못하여 영어를 하지 못했음에도 불구하고, 1년 4개월 만에 미국의 대입 검정고시인 GED를 통과해냈다. 매일 밤 세 시간만 자면서 영어 사전을 외우려고 노력했고, 가족들은 모두 그가 열심히 할 수 있도록 믿음과 도움을 보내주었다고 한다. 그 후 1962년, 그는 브리검영 대학교에서 정치학 학사를, 1964년 피츠버그 대학교에서 공공국제학 석사를, 그리고 1973년 워싱턴 대학교에서 또 다른 석사·박사학위를 취득하였다.

고정관념을 깬 정치인 도전

신호범은 1958년 23세 때, 미군에서 근무할 시절에 백인 군인 몇몇과 함께 식당에 들어갔다가 지배인으로부터 갖은 욕설을 들으며 질질 끌려 나와야 했다. 그 사건 후 그는 불합리한 차별을 없애기 위해 반드시 정치인이 되어야겠다는 결심을 한다. 워싱턴대 교수를 거쳐 30여 년이 흐른 1991년, 워싱턴 주 선거에 뛰어들어 하루 13시간씩 유권자를 찾아 걸어 다닌 끝에 신호범은 선거에 당선된다. 유권자 28만 명 중 백인이 96%이고 유색인종이 4%밖에 안 되는 힘든 싸움에서 승리한 것이다.

"Go home"을 이겨낸 신호범

신호범이 선거 운동 기간 중 가장 많이 들었던 말은 "Go home"이었다. "동양인이 감히 백인 동네에서 의원이 되겠다니 말이 되느냐! 빨리 너의 나라로 돌아가!"라고 백인들이 호통을 쳤다. 그때마다 신호범은 "감사합니다만 제 집이 이 지역인데 어디로 가란 말입니까?

저는 이곳에서 30년을 살았고 직장도 교회도 다 여기입니다. 또 제 아내도 미국인이며 아이들도 다 이곳에서 태어났습니다. 특히 당신들의 자녀들도 제가 대학에서 27년이나 가르쳤습니다."라고 대답했다. 신호범의 명쾌한 답변에 다소 주눅이 들었던 주민들은 한참 후 밝은 미소를 지으며 "우리는 당신에게 투표하겠소." 하고 용기를 북돋아 주었다.

동양인의 명칭을 'Asian'으로 바꿔내다

상원에 등원하자 신호범 의원은 'Oriental'로 불리는 동양인의 명칭을 'Asian'으로 변경하는 법안을 제출한다. 이것은 흑인을 멸시하는 '니그로'라는 명칭을 '아프리칸-아메리칸' 또는 '블랙 아메리칸'으로 바꾸어 부르는 것과 같은 취지로, 동양인에 대한 미국 사회의 편견을 바로잡는 획기적인 법안이었다. 이 법안은 2002년 통과된다. 워싱턴 주에서 'Oriental'을 'Asian'으로 바꾸도록 한 법안은 2003년 연방을 비롯하여 미국의 50개 주에서 통과되어 모든 문서에서 'Oriental'은 삭제되고 'Asian'이 사용되었다.

이뿐만 아니다. 1902년, 한 일본인이 변호사 시험에 합격하고도 인종차별로 인해 자격증을 받지 못하는 일이 생겼다. 신호범은 이 일을 듣고 법을 바꿔 그가 자격증을 받게 하였다. 이 사건은 단순히 한 수험생에게 올바른 보상을 준 일이 아니라, 폐단을 바로잡고 인종차별의 장벽을 허무는 쾌거였다.

신호범 의원은 한국인의 미국 이민 100주년 기념행사를 계기로, 매년 1월 13일을 '한국의 날'로 제정하는 법안을 제출하여 통과시키기도 했다.

박수길 (1933~현재)
대한민국을 빛낸
'한국의 UN통'
Park Soo-gil

순간을 잃는 자는 영원을 잃는다 - 박수길

'한국의 UN통'이란 별칭으로 인정받으며 36년간 외교관을 지내며 지난 2009년 UN협회 세계연맹 회장직을 맡아 대한민국 국위를 선양한 박수길 외교관. 2014년 12월에 출간한 그의 저서 『그동안 우리가 몰랐던 대한민국 외교이야기』의 주요 내용을 토대로 알아볼까 한다. '나의 인생사史는 대한민국 외교사史 그 자체다'라는 책의 부제에서 그의 인생을 단박에 알 수 있다. 1960년대부터 외교관을 시작해 주요 외교사건이 터질 때마다 그 중심에 섰던 인물이기 때문이다.

외교관,
개인적으로 사명감과 애국심이 없으면 할 수 없는 직업

1988년 '김현희 KAL기 폭파사건'을 비롯하여 '김만철 일가족 탈북

사건' 등 대한민국의 중요한 외교 이슈와 '우루과이 라운드 협상' 등 국제사회의 핵심 다자외교 문제들을 두루 언급했다. 박수길 외교관은 그의 책 속에서 "외교관이란 개인적으로 사명감과 애국심이 없으면 할 수 없는 직업이다."라고 했다. 직업특성상 우리나라를 대표하기 때문이다. 그리고 해외영사, 외교관으로 가장 중요한 일 중 하나가 바로 '자국민 보호'다. 박수길 외교관은 이 부분을 강조했다. 특히 "변호사를 선임할 수 없는 서민, 피의자들이 요청이 없어도 선임되는 국선변호인처럼, 외교관은 주재국의 모든 교민과 현지 여행객들을 보살필 의무가 있다."며 "그런데 간혹 국민보호를 생색도 나지 않는 허드렛일로 생각하는 외교관이 있다."며 일침을 놓았다.

UN협회 세계연맹 회장으로서
인권, 평화, UN 이상 실현에 힘을 보태다

박수길 외교관은 "외교관은 고등고시를 합격해야 하니 일단 머리는 좋아야 한다. 그러나 머리만 좋아서는 안 되고 사명감도 있어야 하고, 인성이나 직업적 자부심도 갖고 있어야 한다."면서 "그렇지 않으면 외교관이 되더라도 업무를 보는 데 있어서 많은 스트레스를 받을지도 모른다."고 했다. 외교관 한 사람, 한 사람은 나라를 대표한다. 나라를 대표하기 때문에 애국심이 없다면 외교업무는 힘들 것이고, 애국심이 있는 외교관이 된다면 그만큼 보람도 크고 영광과 긍지를 가질 수 있는 좋은 직업이라고 했다.

박수길 외교관은 지난 2009년 8월 UN협회 세계연맹 회장을 맡으면서 "우리나라 정부와 협력해 국제사회에 대한민국의 책임과 역할을 다할 것"이라고 밝혔다. 그는 약속을 잘 지키고 각국 나라, 국제사회로부터 능력을 인정받아 지난 2012년 11월 브라질 리우에서 개최된 총회에서 전원 합의로 재선에 성공한 훌륭한 외교관이었다. 그야말로 대한민국의 국위를 한 차원 끌어올린 보기 드문 외교관이었다. 또한 그는 고려대 석좌교수로서 풍부한 실무 경험을 바탕으로 미래의 글로벌 지도자들을 키워내는 교육자로서의 역할 또한 훌륭하게 해냈다.

사회 · 교육

갈릴레오 갈릴레이
(1564~1642)
상식을 깨고
드높이 솟아오른 거인

Galileo Galilei

지동설은 그야말로 이 땅을 들썩이게 했다

갈릴레이는 어릴 적 수도원에서 생활했다. 그는 수도자가 되길 원했으나 아버지는 갈릴레이가 의사가 되길 원했다. 그러나 의사가 되기 위해 들어간 대학에서, 그는 수학에 흥미를 보이며 인생의 전환점을 맞는다. 진자의 등시성을 발견한 것도 이때라고 한다.

우여곡절 끝에 수학 교수가 된 갈릴레이는 1609년 망원경을 처음 접해보았다. 그는 이 신기한 도구로 밤하늘을 관찰하다가 놀라운 사실을 발견했다. 그는 목성의 위성 4개를 발견하고 세상을 뒤흔들 주장을 꺼냈다.

사람들은 지구가 1년 주기로 태양의 주위를 돌고 있으며 다시 지구 주변을 달이 돌고 있다는 사실을 너무나 두려워한 나머지 코페르니쿠스의 우주 체계를 거부했다. 그러나 목성의 위성은 이런 사람들의 의심을 잠재울 강력한 증거가 된다. 그리고 우리는 지구 주위를 도는 달처럼 목성 주위를 돌고, 다시 12년 주기로 태양 주변을 한 바퀴 도는 4개의 천체를 알아야 한다.

- 갈릴레이의 저서 중

이 발견을 발표하고 귀족들의 후원을 얻은 갈릴레이는 일약 스타로 거듭난다. 2년 뒤, 교황 바오로 5세는 갈릴레이를 만난 자리에서 그에게 무릎을 꿇지 않아도 되는 특별대우를 제공한다. 교황청 산하 예수회도 그의 발견을 지지한다고 선언했다.

그래도 지구는 돈다고 말했는지는 알 수 없지만, 그래도 지구는 돌고 있었다

그러나 순탄하게 풀리는 듯하던 그의 삶은 천동설 지지자들의 활동으로 어려움에 처했다. 당시 교황이었던 우르바노 8세는 갈릴레이를 변호하고 공개 토론회를 열기도 했다. 벨라르미노 추기경도 지동설이 옳다면 성경을 재해석해야 한다고 발언했다. 하지만 결국 갈릴레이는 종교재판에 회부되었는데, 이 이해할 수 없는 전개에는 여러 해석이 따른다. 그 해석이란 갈릴레이가 독설을 좋아해 평소 적을 많이 만들었기 때문이다, 종교개혁의 여파로 종교계가 신경이 날카로워졌기 때문이다, 천동설 지지자들이 그의 이론을 신성모독으로 선동했기 때문이다, 등의 내용이다. 갈릴레이는 재판 결과 무죄선고를 받지는 못했으나, 나이가 많고 몸이 약하여 투옥되지는 않았다.

그가 재판정을 나오며 '그래도 지구는 돈다'라는 말을 남겼다는 설이 있다. 하지만 갈릴레이는 목성의 위성에 권력가문의 이름을 붙이고 재판에서도 저자세로 일관한 '숙일 줄 아는' 인물이었다. 무엇보다 저 발언의 증거는 어디에도 없으며, 혹시 누가 들었다면 바로 투옥되었을 것이다. 물론 그가 숙일지언정 신념을 바꾸는 인물이 아니기도 했고, 누군가 그의 혼잣말을 듣고도 교황청에 신고하지 않았을 수도 있으며, 해당 발언의 증거가 소실되었을 가능성도 있다. 하지만 가능성은 가능성일 뿐이다.

왜 망치는 깃털보다 빨리 떨어질까

"가벼운 물체가 무거운 물체보다 빨리 떨어진다면, 두 물체를 연결해 떨어뜨려 보자. 그러면 그 연결체의 낙하속도는 가벼운 물체보다는 빨리, 무거운 물체보다는 늦게 떨어져야 한다. 하지만 반대로 보면 둘을 하나로 연결해 더 무거워졌으니 더 빨리 떨어져야 한다. 이토록 상반된 결과가 나오는 것은, 무거운 물체가 빨리 떨어진다는 전제가 틀렸기 때문이다."

갈릴레이는 저서 『새로운 두 과학에 대한 수학적 증명』에서 이런 논리를 제시한 뒤, 빗면에 크고 작은 구슬을 굴려 자기 생각이 맞다고 확신했다. 피사의 사탑에서 공을 떨어뜨려 사람들을 꿀 먹은 벙어리로 만들었다는 이야기는, 그의 제자가 스테빈이라는 학자의 비슷한 실험 일화를 따 와 지어냈다고 한다. 하지만 진실이 어떻든 갈릴레이의 사고는 참으로 놀랄 만하다. 평범한 생각으로는 무거운 물체가 가벼운 물체보다 빨리 떨어진다고 생각하기 쉽다. 실제로 망치는 깃털보다 빨리 떨어지므로. 하지만 갈릴레이는 논리적인 사고만으로 통념에 오류가 있다는 것을 눈치챘다.

내가 멀리 본 것은 거인의 어깨에 있었기 때문이다 – 뉴턴

사상 최고의 과학자로 꼽히는 뉴턴이 거인이라고 부른 인물은 갈릴레이가 유력하다. 그는 비록 '지구가 도는데 왜 우리는 어지럽지 않은가'라는 질문에 끝내 답하지 못했다. 그러나 결국 태양계의 모습도, 물체의 낙하 속도도 그의 이론이 옳았다. 갈릴레이의 이론이 빈틈없는 이론은 아니었으나, 그는 상식에 맞서 논리와 실험, 관찰로 올바른 길을 찾아나갔다. 구도자로서의 그의 모습은, 분명한 증거를 눈앞에 두고도 '믿기 싫은 것은 외면하는' 일반인의 모습과 크게 대비된다.

앨빈 토플러 (1928~2016)

한국과 깊은 인연 앨빈 토플러,
그의 혜안을 보다

Alvin Toffler

그의 손끝은 미래를 비추는 거울

『제3의 물결The Third Wave』, 『미래 쇼크Future Shock』, 『권력이동Power shift』 등의 저자는 지난 2016년 6월 27일 별세한, 세계적으로 유명한 미래학자 앨빈 토플러다. 필자는 그의 저서만 봐도 책 속의 그의 혜안 때문에 가슴이 설렌다. 정보화 지식 혁명의 중요성을 주창한 앨빈 토플러는 세계적으로 유명한 미래학자이지만, 한국 사회만큼 그의 영향력을 많이 받은 나라도 없다. 그는 1989년 한국에서 『제3의 물결』과 『미래 쇼크』를 출간했고 1991년엔 『권력이동』을 내놓았다. 특히 권력이동은 공전의 히트를 쳤다.

손수 용접공으로 일하며 미래를 예측하다

2001년 당시, 앨빈 토플러는 한국정보통신정책연구원KISDI의 의뢰로 '위기를 넘어서─21세기 한국의 비전'이라는 보고서를 작성했다. 110쪽 분량의 이 보고서에서 토플러는 "한국이 세계 경제의 사다리 상위층에 자리 잡으려면 정보통신, 생명공학 등 지식기반 경제로 체질을 바꿔야 한다"며 "이를 위해서는 교육 시스템의 혁신이 필요하다"라고 역설했고 국정 정책자문을 자청하기도 했다.

앨빈 토플러는 뉴욕에서 폴란드계 유대인 이민자 가정에서 태어났다. 브루클린에서 자란 그는 1949년 뉴욕대를 졸업한 뒤 중서부 공업지대에서 용접공으로 일했다. 그가 대학 졸업자로서 노동직을 선택한 것은 대량생산 체제를 현장에서 직접 경험하고픈 갈망 때문이었다고 한다. 그는 "공장에서 일해 보니, 공장 근로자들이 사무직 근로자보다 지능이 떨어진다는 얘기는 틀리다는 걸 깨닫게 됐다"고 했다. 토플러가 엘리트이면서도 직접 노동자가 되어 보았듯이, 백 번 듣는 것보다는 한 번 직접 경험하고 실천하는 게 올바른 학습이 아닐까 한다.

정당하게 대접받기 위해서는 명예만큼 의무를 다해야 한다

이처럼 앨빈 토플러는 실제로 사회 저변, 특히 어려운 사람에 대한 관심이 참 많았다. 그는 젊은 시절 노동을 경험한 덕분에 정보화 사회의 도래, 지식 근로자의 출현에 대한 제대로 된 혜안을 가질 수 있었던 것이다. 2016년 대한민국 현주소는 금수저, 은수저, 흙수저 논란에 빠졌다. 부의 대물림이 화두로 떠오른 것은 오래고, 대한민국 4대 의무 중 하나인 국방 병역의무도 고위층 자녀가 일반 가정 자녀보다 혜택이 많다는 뉴스도 나왔다. 그만큼 대한민국에서 높은 사회적 신분에 상응하는 도덕적 의무가 해이해졌다는 것이다. 우리 사회는 명예에는 의무가 따른다는 말을 되새기며 전진해야 한다.

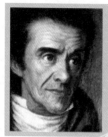

페스탈로치 (1746~1827)

근대교육의 아버지,
어린이교육에 일생을 바치다

Johann Heinrich Pestalozzi

세기의 교육자는 온화하고 평범한 노인

어느 날 허름한 옷을 입은 한 노인이 도시의 빈민촌에 나타났다. 그리고 길가에 노는 아이들을 바라보면서 싱글벙글 웃으면서 가끔씩 허리를 숙이고 뭔가를 주웠다. 이를 지켜보던 경찰관이 다가가 물었다. "대체 거기서 무엇을 주워 모으느냐."고 묻자 그 노인은 환한 미소를 머금고 그 경찰관에게 손바닥을 보여주었다. 그 노인의 손에는 날카로운 쇠붙이, 깨진 유리 조각, 헌 못 등이 한 움큼 있었다. 그는 "저 착한 아이들이 아무 생각 없이 놀다가 이런 것들로 발이 다치면 안 된다."고 했다. 바로 그 노인이 바로 우리가 잘 알고 있는, 근대 교육의 아버지로 통하는 페스탈로치였다.

모든 것이 남을 위해서였으며,
스스로를 위해서는 아무 것도 하지 않았다

페스탈로치는 고아원을 세워 전쟁고아 등을 돌보면서 아이들과 함께 동고동락하며 생활하며 사랑과 신앙을 바탕으로 교육을 실천했다. 그의 헌신적인 교육 방법과 이타정신, 실천은 곧 세계적으로 알려졌다. 페스탈로치는 아이들의 교육이 인류를 구제할 수 있다고 믿었다. 그는 그러한 생각을 몸소 실천하였고 죽을 때까지 봉사정신을 지니고 살았다. 페스탈로치가 죽자 그의 묘비에는 "모든 것이 남을 위해서였으며, 스스로를 위해서는 아무것도 하지 않았다"고 적혔다.

나라를 부흥시키고 국민을 잘 살게 하려면
어린이 교육에 투자해야 한다

페스탈로치는 목사가 되기 위해 취리히 대학에 입학하여 애국자단과 사회운동 단체에서 봉사 활동을 하면서 한 가지 생각에 몰두했다.

'나라를 부흥시키고 국민들을 잘 살게 하려면 어떻게 해야 할까?'

그는 그 해답이 어린이 교육에 있다고 보고 농촌으로 들어갔다. 그리고 노이호프에 농민학교를 건립하고 가난한 어린이들을 모아 교육에 전념하며 저술활동을 하여 좋은 평을 받았다. 『숨은 이의 저녁 때」, 『라인하르트와 게르트루트』 출간은 베스트셀러가 되었고, 교육에 대한 독창적인 견해와 방법이 인정을 받아 후원가가 많이 생겼다. 페스탈로치는 그들의 도움을 받아 전쟁고아들에게 교육을 통해 꿈과 희망을 주었던 것이다.

물질만능 시대, 모든 것을 돈으로 환산하려는 세상이다. 하지만 우리가 자식에게 물려주어야 할 것은 유산보다는 무에서 유를 창조해 나가는 도전정신과 지혜이다. 미지의 세계에 도전하는 자만이 성취의 기쁨을 맛볼 것으로 본다.

피터 드러커 (1909~2005)
현대 경영학의 창시자
Peter Drucker

인문 경영학의 아버지

피터 드러커는 30권 이상의 책을 편찬한 작가였으며, 세계에서 가장 영향력 있는 현대 경영학의 창시자이다. 이처럼 놀랍기 그지없는 수식어로만 그를 접하면 피터 드러커라는 인물에 대하여 도통 이해할 수 없는 것이 당연하다. 그도 그럴 것이 그는 실제로 하나의 범위에 국한되는 인물이 아니라 다방면에 걸쳐 시간과 공간을 초월하는 영향력을 끼친 인물이기 때문이다. 따라서 그를 하나의 단어로 정의한다는 것은 한없이 불가능에 가까운 일이라고도 할 수 있다. 하지만 이와 동시에 모두가 입을 모아 단언할 수 있는 단 한 가지의 사실은 그가 20세기 이후 기업경영의 패러다임 자체를 뒤흔들어 놓은 사람이라는 것이다.

지식 노동자, 그것은 무엇인가

오늘날 널리 통용되고 있는 경영학 용어들 중 대부분은 피터 드러커가 창조해 낸 것들이다. 이 중 가장 대표적인 용어는 역시 '지식 노동자'라는 것인데, 그는 멀지 않은 미래에 '지식 혁명'이 도래할 것이며 그 세상에서는 지식이 핵심 자원으로서 취급될 것이고 이와 동시에 지식노동자가 노동력 가운데 지배적 집단으로서 등장할 것이라고 예언하였다. 놀랍게도 그의 예언과 같이 현 시대의 근로자들은 '지식 노동자'로 분류되는 경우가 대부분이다. 드러커는 그들을 '전문가이며, 새로운 자본가이자 국경에 구애받지 않고 활동하는, 이른바 소용돌이치는 지식의 폭풍우 속에서 삶의 동기와 의욕을 찾는 슈퍼히어로'들이라고 했다. 그는 지식노동자야말로 미래에 맞이할 지식의 혁명 속에서 빛날 보석과 같은 존재들이라고 칭했다.

기업 경영의 새로운 패러다임

피터 드러커는 기업의 목적이 '영리 추구'라는 것은 적합한 정의가 아니며, 기업이 존재하는 단 한 가지의 이유는 '고객'이고 그 목적은 '시장'이라고 주장하였다. 이 주장을 '뉴 포디즘New-Fordism'이라고 한다. 그는 기업경영이란 인간에 관한 것이며 기업 경영의 모든 것은 커뮤니케이션에서 출발한다고 주장하였다.

또한 그의 저서 『미래 경영』에 따르면 참된 기업이란 단순히 이익을 추구하는 자들이 모인 집단이 아니라 공동의 가치관 및 목표를 추구하는 과정에서 통합된 의지 구현을 통하여 조직 구성원들의 발전 및 성장을 이끌어내는 기업이다. 이는 기업경영의 중심에 고객을 두고 근로자를 비용이 아닌 자산으로 인식시키려 했다는 점에서 기존에 존재하던 기업 경영의 의미를 뒤엎고 자신만의 새로운 경영 패러다임을 창조하여 현대 기업인에게 오늘날까지 끊임없는 동기부여를 하고 있는 것이다.

허먼 칸 (1922~1983)
'한강의 기적'을 예견한 미래학자를 보다
Herman Kahn

대한민국의 기적 같은 산업화의 숨은 주역

미국의 물리학자이자 전략가, 미래학자인 허먼 칸은 우리에게 이미 친숙한 인물이기도 하다. 이미 지난 1960년대, 1970년대부터 고故 박정희 전 대통령과 인연을 맺은 데다 '한강의 기적'이라 불리는 우리나라 경제발전의 뒤에는 허먼 칸 박사라는 훌륭한 미래학자가 있었다고 해도 과언은 아니다. 허먼 칸은 박정희 대통령과의 만남을 통해 한국의 미래청사진을 만드는 데 큰 영향을 주었다. 이후 그는 한강의 기적을 두고 '박정희의 지도력을 일군 인류의 가장 놀라운 성과'라고 칭하기도 했다.

'한강의 기적'이라 불리는 우리나라 경제발전과
아시아로의 권력이동을 예측하다

미래학자들은 '미래예측'이란 '원하는 미래를 만들어가는 작업'이라고 규정했다. 아무런 사실적인 근거 없이 그저 미래를 예견하는 것은 점술이요, 현재의 과학과 기술을 토대로 원하는 미래를 열어나가는 것이 미래예측이라는 뜻이다. 허먼 칸 박사는 선진국의 산업발전 과정을 토대로 한국에서 전개돼야 할 '미래 청사진'을 밝혔고 박정희 전 대통령에게 이를 피력했다.

아울러 1960년대, 허먼 칸은 아시아가 1980년대에 급부상한다고 예견했다. 미국과 유럽에 비해 기술적, 경제적, 정치적으로 뒤처진 아시아가 조만간 그들을 앞서게 될 것이라는 뜻이었다. 비록 현재 아시아는 미국을 앞서지는 못하였다. 하지만 61달러의 GDP를 기록하던 대한민국은 13위의 경제 강국으로 부상했고, 이빨 빠진 호랑이로 불리던 중국은 G2를 자처하는 입장이 되었으며 2차 세계대전에 패망한 일본도 크게 부흥하였다. 지금은 당연한 것으로 여겨지는 동아시아 정세지만, 당시에는 상상도 하기 힘든 변화였다. 결국 허먼 칸의 미래예측이 맞아떨어졌다.

노동시간 단축을 예견한 허먼 칸

허먼 칸은 21세기의 선진국에서는 매주 3일 동안만 일하면 되고 노동시간도 하루 7시간으로 단축된다고 주장했다. 단 근로시간에는 성실히 일을 해야 경제가 제대로 굴러간다는 말도 덧붙였다. 미국

경제가 크게 후퇴하기 시작한 1970년대 후반, 근로정신이 해이해져 금요일과 다음 월요일에 조립된 자동차에 결함이 많이 나타났다는 연구가 그걸 방증했다. 지금 미국이 경제적인 호황을 맞은 것은 바로 노동의 질을 높이는 데 성공한 결과라고 할 수 있다.

허만 칸이 주창한 노동시간 단축은 우리에게도 매우 의미 있는 메시지를 전달한다. 사무실도 공장도 심지어 주차관리도 자동화가 되어 사람의 손이 예전처럼 많이 필요하지 않다. 게다가 대한민국은 청년실업률과 노인빈곤이라는 큰 난관을 만난 상태다. 따라서 우리나라도 허먼 칸의 주장대로 노동의 시간을 줄이고 질을 높이기 위한 연구에 많은 노력을 쏟아야 한다. 자동화 시스템과 로봇이 일자리를 대신하는 입장에서 노동의 질을 높이고 노동시간을 획기적으로 줄여 다 함께 먹고사는 문제를 고민할 때다.

정약용 (1762~1836)
쓰러져가던 조선의
마지막 기둥
Jeong Yak-yong

어두운 민족의 바닷길에 빛을 비추는 등대

조선의 정약용은 너무 늦게 태어난 인물이다. 현재 사회의 모순과 발전 방향에 대해 지적하고 관리가 어떻게 공무를 수행해야 하는지 깨우쳐 줄 사람은 조선 초에 꼭 필요했다. 만약 그랬다면 조선은 최소한 정의롭고 공정한 국가로 기억되었을 수도 있었다.

다산 정약용은 학자이면서도 거중기를 고안해내는 공학도의 모습을 보였다. 뿐만 아니라 의학서인『마과회통』, 지리서인『아방강역고』, 외국어 관련 서적인『아언각비』도 집필하는 등 팔방미인이었다. 물론 정약용의 업적 중 가장 유명한 것은『경세유표』,『목민심서』,『흠흠신서』 집필을 통해 사회 개혁의 방향을 깨우쳐 준 것이다.

넘쳐나는 한숨을 기록한 정약용의 명저

정약용은 저서『경세유표』에서 6조의 개혁 방안을 제시하였다. 무척 폭넓은 아이디어가 소개되어 있으며, 눈에 띄는 것은 중인으로 된 기술직의 처우를 개선하고 서얼의 출세를 보장하라는 내용이다. 또 조세제도와 환곡제도의 모순을 지적하고 대책을 내놓은 대목도 눈길을 끈다.

『목민심서』는 오늘날 공무원 행동강령과 비슷하다. 주요 내용은 ▶백성에게 폐를 끼치지 않도록 할 것 ▶청탁을 받지 말 것 ▶정부 공문을 백성에게 쉽게 설명할 것 ▶약자를 배려하고 재해에 대비할 것 ▶매년 작황을 고려해 과세할 것 ▶죽어서도 백성의 돈을 받지 말 것 등이다. 전체적으로 백성의 어려움을 해결할 것, 정당하고 꼼꼼하게 일할 것을 명하고 있다. 특히 이 책은 현대에도 국민의 많은 공감을 사며 공무원들의 필독서로 꼽힌다. 『목민심서』에는 이 외에도 인재등용, 지방군 정비, 산림녹화 등에 대한 지침이 적혀 있어 깊이를 더하고 있다.

『흠흠신서』는 형법에 관한 내용을 다룬다. 법과 원칙, 주요 이념과 판례는 물론이고 다양한 사건의 개요가 130편 실려 있다. 강제 자백과 누명, 무고 등 억울하게 죄수가 된 사례와 살해 동기, 범죄수법, 독특한 사망사고에 대해 정리해 판관들의 안목을 넓히는 데 도움이 된다.

사람의 길은 공자가 보여주고,
관리의 길은 정약용이 보여주었다

조선 말기는 삼정의 문란이 극심했다. 그의 시 「애절양」에서는 죽은 사람과 갓난아기에게도 과세하는 가혹한 현실이 그려져 있고, 지주의 횡포와 환곡을 통한 고리대금이 판을 치고 있었다. 게다가 조선시대는 현대보다 공무집행이 불투명하고 백성이 무지하던 시절이었다. 따라서 정약용이 위의 저서 세 권을 통해 국가개혁과 관리의 기강 확립을 꾀한 것도 자연스럽다. 정약용은 온몸을 부딪쳐 당대의 행정을 비판하고 백성을 편안하게 하려 하였다. 비록 그의 노력은 급변하는 국제정세와 너무나도 견고한 세도정치, 그리고 뒤를 받쳐주던 정조의 죽음으로 많은 결실을 보지는 못하였다. 하지만 그토록 어려운 싸움을 하면서도 현대의 필독서가 된 사상을 남긴 정약용의 혜안은 참으로 놀라울 뿐이다.

실학사상을 발전시킨 독서광

다산 정약용은 서양학문에 대한 호기심이 많아서 정치, 경제 ,사회, 문화 등 다양한 방면에 엄청난 양의 독서를 하고 연구하여 더 좋은 국가 체제를 만들고 백성들의 삶을 더 낫게 만드는 데 온 생애를 바쳤다. 구체적인 방안으로 실학사상을 그대로 보여주는 '거중기'의 발명과 수원 화성 축조는 서양의 과학을 도입해서 합리주의적 과학정신으로 당시 최첨단 성곽기술을 적용하여 백성들의 노고를 덜어주고 건축비를 절감하며 건축기간을 최대한 단축시켰다.

"독서야말로 인간이 해야 할 첫 번째의 깨끗한 일"이라고 강조하고 위로는 옛 성현聖賢을 좇아 함께할 수 있고 아래로는 백성을 길이 깨우칠 수 있게 하며, 신명에 통달하게 하고, 임금의 정사를 도울 수 있을 뿐만 아니라, 인간이 인간답게 살아가는 우리들의 본분本分이라고 했다. 뿐만 아니라 어머니에 대한 효심과 훌륭한 자녀교육은 현대인들에게도 깊은 귀감이 되고 있다.

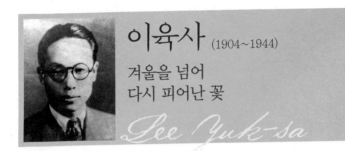

이육사 (1904~1944)
겨울을 넘어
다시 피어난 꽃

Lee Yuk-sa

겨울의 끝에서 봄을 보는 사람

인간에게 도전이 맞닥쳐 왔을 때, 처절하게 싸우던 인간이 마침내 그 시련을 끝내지 못하고 스러졌다고 하자. 그 인간은 패배한 인간으로, 그 도전은 실패한 것으로 불린다. 흔히 그렇게 부른다. 하지만 이육사의 생애를 살펴보고도 그렇게 말하기는 쉽지 않을 것이다.

본명은 이원록이고, 이육사는 그의 호다. 대한민국 국민이라면 누구나 그의 시를 교과서에서 읽어본 적은 있다. 하지만 그 시를 배우던 시절을 생각해보면 썩 유쾌하지는 않다.

"자 얘들아, 청포는 시각적 심상이라고 한다. 아이야 하고 부르는 건 시조와의 연관성을 보여주고, 여기에 밑줄 긋고 극한의 상황이라고 써라. 겨울은! 여기에 별표 두 개 빡빡 치고 은유법!

이건 시련이라는 뜻이고 저건 화자의 희망이라는 뜻이야….”

참으로 그러기만 해서는 안 되는 것이었다. 하다못해 독립을 부르짖다 마흔 생에 열일곱 번을 투옥 당한 남자라고만 이야기해도 그가 남긴 시의 한 마디는 더욱 깊은 의미로 다가올 것이었다. 잡범도 아닌 의열단원이 계속해서 감옥에 들어왔다면 결코 남들과 같이 취급되지도 않았을 것이고, 단기간에 풀려나는 일도 기대하기 힘들었을 것이다. 칼날 같은 세월에 맞서 싸운 이육사가 바라던 것은 절대로 호의호식 같은 것은 비교도 안 되는 소중한 것이었겠지만, 그는 안타깝게도 겨우 1944년에 숨을 거둔다.

고뇌도 아름다울 수 있다

이육사의 대표적인 시 「청포도」, 「절정」, 「광야」를 읽는 중에도 필자는 그 시의 발표연도를 알지 못했다. 하지만 「청포도」가 가장 처음이고 「광야」가 가장 마지막일 것이라는 점은 금방 알아챌 수 있었다. 「청포도」에서 하얀 모시 수건과 은쟁반을 두고 손님을 기다리던 이육사는 1년 뒤 자신의 시 「절정」에서 겨울을 강철로 된 무지개라 부르며 끝없는 절망감을 그대로 토해냈다. 하지만 수년 뒤 나온 유고집에서 그는 다시 꿋꿋한 눈초리로 노래의 씨를 뿌리리라 다짐했다.

희망을 노래하던 사람이 거센 현실의 벽에 가로막혀 괴로워하고 절망하는 것은 가장 오래된 클리셰이다. 하지만 이육사의 현실의식은 이보다 한 발 더 멀리 흘렀다. ‘절정’에서 보여준 격한 절망이 지나간 뒤에, 그는 언젠가 찾아올 백마 탄 초인을 기다리며 노래를 뿌린다는 시 '광야'를 썼다. 마치 눈 속에서 아득한 향기를 날리는 매화처럼, 우리에게 곧 다가올 봄을 보여준 것이다.

그의 말대로 봄은 곧 찾아왔고(정확히는 광복이 온 뒤에 그의 유작이 발표되었다), 대한민국은 수십 년간 눈부신 변화를 겪었다. 그렇다면 21세기 현재야말로 이육사의 시에 나온 '하늘이 알알이 박힌' 청포도를 먹으며 즐거워하는 시기일 것이다. 광복을 겨우 1년 앞두고 세상을 뜬 이육사를 두고 실패한 도전이라고 할 수 없는 이유가 이것이다.

안창호 (1878~1938)

망망대해에
우뚝 선 섬이 되리라

Ahn Chang-ho

조국을 위하여 교육에 뛰어들다

안창호, 호는 도산島山으로 평안남도 강서江西에서 출생했다. 구한 말의 독립운동가이자 교육자이다. 독립협회, 신민회, 흥사단 등에서 활발하게 독립운동활동을 하였다.

교육에 대한 열정이 남달랐던 도산은 조국을 위한 더 큰 일을 하기 위해서는 새로운 학문이 필요함을 느껴서 미국 유학을 결심하였다. 1902년 도산 안창호의 나이 25세, 늦깎이 유학생인 도산 선생은 10살이나 어린 학생들과 공부해도 부끄러워하지 않고 학문을 소중히 여겼다.

어느 날 도산은 인삼장수 둘이 다투는 모습을 보고, 독립을 위해 서로 도와야 할 한인들끼리 싸우고 있다는 것에 대해 가슴 아파했다. 이에 도산은 동포들을 위해 친목회를 만들고 의리를 굳히며 장사를 공평하게 할 수 있도록 조정했다. 또한 문맹자들에게 글과 애국심을 가르쳤다.

도산은 한 번 결정한 일은 반드시 실행에 옮겼고 그 일을 끝까지 밀고 나갔다. 1904년 그는 오렌지 농장에서 일하기 시작하였다. 성실하게 일을 하여 오렌지 농장의 주인에게 신임을 얻었는데, 그는 주인에게 얻은 신뢰로 더 많은 한인을 고용할 기회를 제공하는 데 힘썼다. 도산의 지도력은 수많은 한인들을 모으게 하였고 커뮤니티가 커지자 도산은 동지들과 대한인공립협회를 조직하였다.

대한의 남자야! 대한의 여자야!
너는 네 나라를 위해 무엇을 하고 있는가?

1907년 다시 조국으로 돌아온 도산은 신민회를 조직하였다. 교육, 문화, 실업, 언론 발전을 강조하였으며 국민의 지식과 지혜를 키우는 데 온 힘을 쏟았다. 1908년 도산은 평양에 대성학교를 설립하였다. 대성학교는 독립 운동가를 양성하는 장소였다. 도산은 사회와 교육에 대한 개혁은 물론 독립을 위한 개혁을 준비한 것이다.

도산은 105인 사건으로 신민회가 해체되면서 1913년 샌프란시스코에서 흥사단을 결성했다. 실력을 갖춘 젊은이들이 함께 일어나 나라를 구하자는 취지로 '무실역행'과 '충의용감'을 기치로 걸고 민족운동을 펼쳐나갔다.

"나는 독립운동가다. 나는 밥을 먹어도 독립을 위해,
잠을 자도 독립을 위해 해왔다. 이것은 내 목숨이
없어질 때까지 변함이 없을 것이다." – 도산 안창호

신분을 묻는 일본 경찰에게 안창호가 한 대답이다. 그는 언제나
독립을 위해 살아왔다. 미국에 있는 가족을 떠나고, 동료를 대신해
서 수감되기도 하면서도 독립을 위해서라면 시간과 장소를 가리지
않았다. 이와 관련해서 잘 알려지지 않은 일화가 있다.

한국인의 독립에 대한 의지만큼이나 한국인에 대한 세계의 인식
도 중요하다고 믿은 그는 사람을 만날 때면 항상 정장, 넥타이 그리
고 중절모를 착용한 신사 차림으로 나섰고, 수려한 외모가 더해져
언제나 여성들이 연모했다고 한다. 어느 날에는 한 여성이 침실로
몰래 들어와 도산이 자고 있던 침대에 누우며 유혹하자 도산은 '이
렇게 나에 대한 열정이 있다면, 그것을 독립운동으로 돌려라'고 하
고는 돌려보냈다고 한다.

조국광복을 위해 바친 인생

3·1 운동을 계기로 중국 상해 임시정부가 설립되었다. 도산선생
은 국민회로부터 2만 5천 달러를 받아 독립운동을 위해 활동하는 상
해임시정부에 전하였다. 게다가 도산은 미국에서 친목회, 신민회,
국민회, 흥사단 등 각종 단체를 운영한 경험을 바탕으로 임시정부의
주요 인사로 활약했다. 한편으로 그는 북경으로 건너가 대독립당을
조직하고 광복운동을 위해 노력했다. 그러나 1932년 윤봉길 의사의

홍커우공원 폭탄 의거가 발생하자 이에 연루되어 고문 끝에 1938년 세상을 떠났다.

　도산은 자주독립을 위해 갖추어야 할 핵심으로 교육, 즉 국민의 각성을 꼽았다. 무실역행을 근간으로 하는 흥사단 정신은 오늘날에도 민중들에게 큰 영향을 주고 있다.

이어령 (1934~현재)

영원함 대신
무한한 탄생을 꿈꿔라

Lee O-young

"뭐, 국문과라고? 언문 배우러 대학 가는 놈도 있냐?"

의대나 법대에 가면 등록금을 대준다는 제안도 뿌리쳤다. 그리고 몰래 서울대 국문과에 원서를 넣어 합격했다. 국문과가 좋아서 내린 결정이었지만 돌아온 건 대학까지 가서 '언문' 배운다는 호통. 현대 국문학과나 국어 교사들도 간혹 듣는 이야기이다. 하지만 이어령의 '한국말'은 달랐다. 그 속에는 사람을 울리고, 움직이는 힘과 깊이가 있었다.

나는 목수다. 목수는 기둥만 세우고 떠나겠다

조선 총독부였던 중앙청을 철거할 것인가, 중앙청으로 쓰며 광복의 상징으로 둘 것인가. 이것을 두고 대통령과 당시 문화부 장관 이어령은 고민에 빠졌다. 옛 총독부이자 중앙청이며 국회의사당이었던, 역사의 육중한 무게를 올린 건물은 결국 철거 선고를 받고 몇 년 뒤 사라졌다. 조국의 70년 근대사를 증언하는 건물이 사라졌다며 아쉬워하는 이들도 많았다. 하지만 수많은 강점기 역사자료가 남아 있는 현재, 가장 상징적인 건물 하나쯤 와르르 허무는 것도 한 맺힌 선조들의 가슴에 바치는 좋은 제수용품이 되는 것이다.

이어령과 '꼰대'

꼰대란 거만하고 새로운 것을 배우거나 인정하기 싫어하는 기성세대를 의미한다. 최근 뉴스에 등장한 '갑질'이라는 용어는 꼰대의 사촌 격이다.

2000년대 초반의 한국은 '사이버', '디지털'에 푹 빠졌다. 칠순 이어령은 이에 대해 모르쇠로 일관하거나 디지털 열풍은 거품이라며 거부할 수도 있었다. 하지만 이어령은 꼰대가 되기 싫다는 듯, 신문화를 배우는 수준을 넘어 '디지로그'라는 칼럼을 연재해 디지털과 아날로그 감성의 결합 가능성을 제시했다. 이전에도 그는 '노견'이라는 한자어를 알기 쉬운 '갓길'로 바꾸었다. 옛사람이면 한자가 최고라며 그대로 두자고 할 법도 하지만, 이어령은 변화를 택했다.

애초에 이어령은 등장부터 변화와 저항을 택한 인물이었다. 이어령이 일약 스타로 떠오른 것은 그의 성적표 덕도 아니고 유명인이 치켜세워준 덕도 아니다. 그는 기존 문학계가 유명 문인들을 우상처럼 떠받드는 행태를 '우상의 파괴'라는 글로 비판하며 사람들의 주목을 받았던 인물이었다. 이는 그가 남긴 "나는 자기 부정을 하기에 존재한다. 똑같은 생각만 한다면 지금 죽어도 된다."라는 말에서도 잘 드러나는 사고방식이다.

이어령은 철저한 무신론자였으나, 신에게 기도하고 몇 달 뒤 딸의 병이 낫자 개신교도가 되었다. 여기서 중요한 점은 개신교의 검증이 아니다. 요점은 이어령의 마음가짐이다. 자신이 한평생 믿어온 사실, 가령 신의 유무와 같은 중대한 믿음이 의심으로 금 갈 때, 우리는 앞서 말한 꼰대와 같은 자세를 버리고 새로운 가능성을 진지하게 따져볼 수 있을 것인가? 아니면 그저 자신의 생각이 항상 정답이라고 믿고 '꼰대'가 될 것인가? 옛 사고방식만을 제대로 된 방식으로 여기고 떠받드는 이들에게, 이어령은 존재 자체로 거대한 메시지가 되었다.

이돈희 (1947~현재)

50여 년간 효친경로사상의 부활과
노인복지를 위한 외길 인생

Lee Don-hee

왜 '아버지날'은 없나요?
– 고등학생 이돈희의 의문

본디 1956년부터 1972년까지 5월 8일은 '어머니날'이었다. 그리고
여기에 의문을 품은 것은 대통령도 장관도 아닌 고등학교 2학년 이
돈희 학생. 어찌 보면 당연한 의문이지만, 그 의문을 품은 10대 고등
학생의 행동은 결코 당연하지 않았다.

이돈희 고등학생은 망설이지 않았다. 즉시 마을과 학교를 돌며
'아버지날'이라는 말을 처음 꺼내고 설문 조사를 했다. 조사 대상만
1,252명. 그리고 다시 그는 언론사의 문을 두들겼다. 때로는 직접 사
람들을 설득했고, 때로는 사비로 일간지에 아버지날을 널리 알리는
유료광고를 실었다. 1968년에 이화여대 학보에도 유료광고를 낸 뒤
부지런히 뛰어다녔다. 그리고 놀라운 일이 벌어졌다. 1971년에 이

화여대에서도 아버지날을 만들었으며, 이를 알게 된 정부에서 1973
년부터, '어머니날'을 '아버지날'과 의미를 합친 '어버이날'로 변경
하여, 제정한 것이다. 눈비와 눈총을 맞고 뛰어다닌 지 꼭 10년 만의
쾌거였다.

과외와 신문가판 하며 모은 돈으로
노인의 날 행사 주관한 청년

몹시 추운 겨울 날, 대학생 이돈희 씨는 나이 지긋한 노신사를 만
났다. 그런데 정작 그분은 구걸을 하고 있는 게 아닌가. 사정을 들어
보니 아들은 해외 유학파고 며느리는 TV에 자주 나오는 유명인. 요
즘이야 유학이 흔하지만 당시는 1968년이었다. 원래 하고 있던 아버
지날 제정 운동도 매우 힘들었지만, 대학생 이돈희는 다시 팔을 걷
어붙인다. 친구들과의 대학의 낭만은 포기했다. 주중 과외교사와
주말 신문가판으로 돈을 조금씩 모으기 시작했다. 신문을 잘 팔면
적은 돈을 벌었고, 신문이 비에 젖으면 끌어안고 펑펑 울었다.

3년간 그렇게 모은 돈은 서울 신촌에서 어르신들을 위한 노인의
날 행사를 하는 데 썼다. 기쁘게도 서울시장, 마포구청장, 대한노인
회장과 마포경찰서장이 함께 모여 축하해 주었다. 그 자리는 단순히
어르신에게 선물과 따뜻한 한 끼를 드리는 자리가 아니라, 정부에
서 노인의 날을 제정하기를 촉구하는 노인의 날 행사의 시범이었던
것이다. 청년 이돈희는 여기서 멈추지 않고 노인문제연구소와 노인
학회를 만들고, 신문·방송 등을 비롯한 여러 매체를 통해 노인의 날

홍보와 노인복지에 평생을 바쳐왔다.

그러나 주변의 반응은 그리 좋지 못했다. 노인문제연구소를 만든 후 그는 결혼을 앞두고 있었다. 가장 될 사람이 무엇 하냐, 선거라도 나가려느냐는 말도 들었다. 하지만 사실 그는 삶의 어느 하나 소홀하지 않았다. 1974년에 최연소 감정평가사가 되었고, 29년간의 노력 끝에 1991년 한국토지공사 부장 재직 당시에 정부가 10월 2일을 노인의 날로 제정하였다. 그가 1968년에 만든 노인의 날은, 유엔에서 1991년에 제정한 "세계 노인의 날"보다도 23년 앞섰다.

현재 그는 대한노인신문 수석부사장 겸 수석논설위원과 감정평가사로 활동하며, 아버지날·노인의 날·세계어버이날을 만든 이로 기억된다. 저서로는 『효친경로사상의 부활을 위하여』, 『이 지구상의 모든 아들과 딸들에게』 등이 있다.

UN에 10월 8일을 "세계어버이날"로 제정 요청

2014년에 이돈희 씨는 UN에 "세계어버이의 날" 제정을 주창했다.
이 지구상 240여 국가 중에 아직 어버이날이 없는 국가가 대부분이며, 한국과 같은 효 사상은 널리 퍼지지 못했기 때문이다.

2016년에는 청와대에 해당 내용을 두 차례에 걸쳐 청원하고, UN 한국대표부에 제안서를 보내기까지 하였다. 토인비와 함께 효 사상에 대해 논한 디플로머시(DIPLOMACY, 영문 월간 외교전문지) 발행인 임덕규 회장은 토인비가 "한국의 효 사상은 인류를 위해 가장 위대한 사상이며, 영원히 보존하고 서양에도 전파해야 할 사상이다."고 외쳤음을 증언했다. 이돈희 씨의 '세계어버이날' 구상이 온 인류의 효친경로사상과 가정의 평화, 세계의 평화를 불려나갈 날을 꿈꿔 본다.

경제 · 경영

월트 디즈니 (1901~1966)

아이들에게 꿈과 희망을 심어주는
미국의 만화 영화 제작자

Walt Disney

월트 디즈니는 세계적으로 가장 널리 알려진 캐릭터인 미키마우스를 탄생시킴으로써 캐릭터 산업의 새로운 사업영역과 문화를 개척한 인물로 유명하다. 이후 월트 디즈니에 의해 설립된 디즈니사는 수많은 애니메이션과 캐릭터를 제작하며 세계를 대표하는 만화 영화계의 1인자로 떠올랐다.

하라는 공부는 안 하고 빛나는 재능을 펼치던 청소년, 월트 디즈니

디즈니는 1901년 미국 시카고에서 태어났으나, 여러 직업을 전전한 아버지로 인해 이사를 거듭하며 힘든 어린 시절을 보냈다. 그는 어린 시절 미주리 주의 시골에서 가장 많은 시간을 보냈는데, 이곳에서 많은 영감을 받아 그림을 그리면서 자연스럽게 자신의 예술적 재능을 발견해 나갔다. 공부에 취미가 없었던 그는 학교신문에 삽화 그리기 등의 활동으로 자신의 재능을 펼치며 청소년기를 보냈고, 1년간 미국 적십자사에 입대해 유럽에서 1년을 보낸 후 상업광고를 제작하는 회사의 도안사로 사회생활을 시작했다. 그러나 그의 아버지는 그의 이러한 재능을 인정하지 않았고, 아버지의 영향으로 디즈니는 항상 가정의 따뜻함과 편안함을 그리워했다.

실패의 충격에서 희망의 쥐를 만나다

원래 가지고 있던 직업에 싫증을 느꼈던 그는 19살에 친구와 아이웍스라는 작은 스튜디오를 설립했다. 이곳에서 1~2분짜리 만화 상업광고를 제작하며 짧은 시리즈 애니메이션을 만들기 시작했는데, 새로운 분야에 대한 부족한 이해와 작은 시장으로 인해 성과는 신통치 않았다. 그러나 이후 할리우드에서 마가렛 윈클러라는 여성 배급자가 그가 만든 작품을 인정하면서 워너브라더스를 통해 그의 애니메이션 시리즈가 본격 배급되기 시작했다. 배급된 애니메이션은 선풍적인 인기를 끌었고, 그의 스튜디오는 번창하기 시작했다. 그러나 관계자에게 배신을 당하며 사업은 다시 힘들어졌고, 그 시기에 탄생한 시나리오가 바로 쥐를 주인공으로 한 "Plane Crazy"이다.

미키마우스의 탄생

사실 최초의 쥐 캐릭터 이름은 모티모였다고 한다. 여기서 회의를 거쳐 탄생한 이름이 미키마우스인데, 오늘날의 귀여운 캐릭터와는 달리 살짝 비뚤어진 성격을 가지고 있었다. 1928년 배경음악을 깔고 소리를 더빙하여 디즈니가 공개한 "스팀보트 윌리"라는 애니메이션이 유명세를 타기 시작했다. 이후 디즈니는 미니마우스, 도널드 덕과 같은 후속 캐릭터를 선보이며 디즈니만의 캐릭터를 만들어나갔다.

디즈니의 성공이 모인 꿈의 세계, 디즈니랜드

이후에 백설공주와 일곱 난쟁이, 환타지아, 피노키오, 신데렐라 등의 히트로 엄청난 흥행 수익을 올리며 디즈니는 엄청난 부와 명성을 얻게 되었다. 월트 디즈니가 모든 기획에 참여하여 정성을 다해 만든 디즈니랜드는 "꿈꾸던 환상이 바로 여기에"를 보여주는 대명사가 되었다.

스티브 잡스 (1955~2011)

퇴출 당한 애플 창업자는
포기하지 않았다

소비자의 상상력과 수요를 앞질러간 혁신

애플의 설립자. 스티브 잡스는 매킨토시 컴퓨터, 아이팟 그리고 아이폰 등 기술의 혁신을 선도한 대표적인 디지털 시대의 리더이다. 스티브 잡스는 '필요하다는 것조차 인식하지 못하던' 세상 사람들로 하여금 필요한 것을 향해 나가도록 이끌어간 기술적 비전의 전도사이자 기술혁신의 아이콘이었다. 달리 말하면 소비자의 수요를 만족시키는 수준의 기업이 아니라, 소비자에게 새로운 수요를 안겨준 놀라운 인물이다. 비록 잡스 자신이 직접 발명한 것은 없으나. 그는 혁신적인 기술과 문물을 확산하는 데 큰 역할을 했다.

한때 휴대전화는 매우 불편했다. 총천연색 화면이 나오고 크기가 작아졌지만, 여전히 휴대전화 프로그램은 기업이 최초에 탑재한 것만 써야 했고 인터넷은 벨소리나 바탕 화면을 얻는 것밖에 할 수 없였다. 이 때 '컴퓨터와 똑같은 인터넷이 되는' 아이폰이라는 물건이 나온다는 소문이 돌자 사람들은 '그냥 노트북을 들고 다니는 게 나을 것이다.'라며 코웃음을 쳤다. 그리고 처음으로 발매된 아이폰은, 국내 대기업들을 충격에 빠뜨리기 시작했다.

운명적 만남 그리고 애플 창업

그의 첫 전공은 의학과 문학이었다. 하지만 비싼 등록금을 내고 별로 필요 없는 과목을 들어야 한다는 점에 불만을 품고 한 학기 후 자퇴했다. 친구의 집 바닥에서 잠을 자고 무료 급식으로 끼니를 해결하는 생활 속에서도 그는 청강을 통해 배움의 끈을 놓지 않았다.

자신이 정말 좋아하는 일을 위해 그의 부모 차고 안에서 애플을 설립하고 최초의 개인용 컴퓨터인 '애플I'을 내놓았다. 이후 후속작인 '애플II'가 뜻밖의 성공을 거두게 되면서 애플은 승승장구하는 것처럼 보였다. 하지만 이후 몇 차례 부진을 겪었고 그가 30세 되던 해 애플의 이사회는 그를 해고했다.

애플에서 퇴출 후 다시 도전하여 제품을 연달아 성공

그는 자신이 일궈 낸 회사에서 퇴출당했지만 포기하지 않았다. 퇴출 후 몇 달간 공황 상태에 빠졌던 그는 다시 넥스트를 설립하고 픽사를 인수하며 재기의 발판을 다졌다. 그의 인수 이후 픽사는 역사에 길이 남을 애니메이션 '토이스토리'를 만들어 내며 세간의 관심을 받았다.

1996년, 적자에 허덕이던 애플이 넥스트사를 인수하며 잡스는 애플의 최고경영자로 복귀했다. 복귀 후 그는 1997년 10억 달러의 적자를 한 해 만에 4억 달러의 흑자로 전환하는 신화를 만들어냈다. 아이맥, 아이팟, 아이폰, 아이패드 등 그가 내놓은 제품은 연달아 성공했고 애플은 세계 최고의 IT기업으로 우뚝 올라서게 된다.

디지털 시대의 레오나르도 다빈치, 인문학과 기술을 통합하다

스티브 잡스는 현대 디지털 문화를 이끈 기술자이자, 사람들의 취향을 만드는 사람이었다. 그는 사람들이 무엇을 좋아하고 어떤 디자인을 원하는지 천재적으로 파악했다. 또한 그러한 기능을 실현할 수 있는 기계를 구상하고 자본과 노동을 결합해 애플의 다양한 기기를 만드는 데 성공했다. 스티브 잡스는 "어떤 제품을 원하는지 묻지 마라. 어떤 제품을 원할지는 소비자들도 모른다"고 말했다. 잡스는 현실을 쫓아가는 것이 아니라 현실에 없는 새로운 것을 그의 상상력과 감수성으로 계속 개발했다. 그는 애플의 기술 속에 인문학적 교양과 인간이 녹아들어가길 원했다. 스티브 잡스는 PC 이후 시대에 만들어지는 기기에는 기술과 인간이 결합하는 것이 가장 중요하다고 강조했다.

사람들은 "그는 기술과 인문학을 결합했고, 기술과 예술을 통합했다. 그는 천재다"라고 그에 대한 찬사를 바쳤다. 스티브 잡스는 뛰어난 디자이너이자 엔지니어이자 기업가다. 판단 기준을 어디에 두

느냐에 따라서 그에 대한 평가가 달라질 수 있다. 어떤 사람은 잡스의 스타일과 개성을 좋아할 수 있고, 또 다른 사람은 그가 만든 제품을 좋아할 수 있다. 하지만 어느 쪽을 좋아하든 잡스의 개성과 그가 이룬 업적은 결국 하나로 연결되어 있다.

빌 게이츠 (1955~현재)
노블레스 오블리주의 아이콘

Bill Gates

빌 게이츠의 생애

빌 게이츠는 우리가 흔히 알고 있는 전 세계 PC 운영체제 시장의 93%를 점유하고 있는 컴퓨터 소프트웨어 기업 Microsoft의 창업주이다. 그는 은퇴 후에 자신의 아내인 멀린다 게이츠와 함께 빌&멀린다 게이츠 자선재단을 통해 현실적인 노블리스 오블리주를 실천하며 진정한 부호의 상징으로 존경받고 있다.

딱딱하고 네모난 물건만 상품이 아니다

빌 게이츠는 저명한 변호사였던 아버지와 은행의 이사회 임원이었던 어머니 사이에서 태어났다. 고등학교 시절부터 컴퓨터에 두각을 나타냈던 빌 게이츠는 하버드 대학교에 진학하여 응용수학을 전공했다. 그 후, '더 배울 것이 없다'며 대학을 자퇴한 다음 뉴멕시코

주 알버커키에서 마이크로소프트를 설립했다.

게이츠는 IBM에서 사용할 운영체제 프로그램 개발을 의뢰받고 개발한 MS-DOS를 IBM에 공급하기 시작하며 운영체제 시장의 주도권을 잡기 시작했다. 그는 1995년 8월 '윈도우 95'를 출시하여 퍼스널컴퓨터 운영체제의 획기적인 전환을 가져왔고, 이것은 또한 판매량에 있어서도 대기록을 세웠다. 퍼스널컴퓨터가 점차적으로 많은 사람들에게 공급되면서, 그는 많은 부를 축적하여 포브스지 조사 13년 연속으로 1위 부자로 선정되기도 하였다. 지금까지도 그는 진정한 부호의 상징으로 존경받고 있다.

빌 게이츠가 성공할 수 있었던 요인 중 하나는 손에 잡을 수 없는 소프트웨어를 그 자체로 판매할 수 있는 것으로 생각했던 것이었다. 구세대의 비즈니스 모델, 즉 손에 잡을 수 있는 것만을 판매할 수 있다는 생각에서 벗어나서 보이지 않는 것에 자신의 재산권과 비즈니스 모델을 확립하여 새로운 비즈니스 모델을 이끌어 내었다는 점에서 눈여겨볼 만하다.

독보적인 부자는 기부도 독보적으로

마이크로소프트사의 창업주라는 것뿐만 아니라 빌 게이츠는 자신의 선행 때문에도 존경받고 있다. 그는 실리콘밸리의 악마라고 불리던 시기를 지나 은퇴 후 자신의 재단을 통해 아프리카나 저개발국가에서 AIDS 문제 같은 건강문제를 해결하는 것을 돕고 있다. 2015

년에는 배설물을 정화한 물을 마시는 모습도 보여줬는데, 이것은 물 부족 국가를 위한 하수 정화장치를 개발한 회사를 지원하는 활동이었다. 지금까지 빌 게이츠는 20년간 매일 50억 원씩을 기부하였다고 한다. 또한 자신의 3명의 자식들에게 자신의 유산의 0.02%만 상속하겠다고 밝혀 이상적인 노블레스 오블리주의 모습으로 존경받고 있다.

마윈 (1964~현재)
가난한 청년에서
중국 제1의 부자로
Jack Ma

키 작다고 취업 거절당한 청년, 거인이 되다

2014년 9월 19일. 중국 인터넷 상거래 사이트인 '알리바바'가 뉴욕 증권거래소에 상장했다. 이날 알리바바는 상장과 동시에 세계 2위의 인터넷 기업으로 떠오르는데 아마존, 이베이, 페이스북, 삼성 등 쟁쟁한 기업들을 단숨에 제친 것이다. 11월 11일 중국 솔로의 날에도 사람들의 이목은 알리바바에 쏠렸다. 알리바바는 이날 매출 10조 원을 돌파하였고, 총 거래액은 571.12억 위안, 즉 한화 약10조 2,077억에 달해 기존 거래액 기록까지 가볍게 경신했다. 이런 경이로운 기록 행진에 전 세계의 눈은 알리바바를 향할 수밖에 없다. 놀라움 그 자체인 알리바바를 경이롭게 바라보는 그들의 공통 질문은 바로 이것이다. '알리바바는 대체 무엇인가?'

과연 세계 최대의 인터넷 상거래 사이트라는 말은 알리바바를 제대로 표현한 것일까? 전 세계 언론들은 '인터넷 거인', '세계에서 가장 위대한 마켓' 등으로 알리바바를 설명하지만, 이제 그 어떤 단어로도 알리바바를 간단하게 정의할 수 없게 되었다. 미래의 알리바바는 전혀 새로운 형태의 생태계를 구성할 수도 있기 때문이다.

제로에서 시작해
평생 후회하지 않을 회사를 만들 것이다! - 마윈

항저우의 가난한 청년에서 중국 제1의 부자가 된 마윈. 그는 세계 최대 전자상거래 사이트 알리바바의 창립자이다. 그가 가장 잘하는 것은 바로 비전을 제시하고 이를 구성원들에게 설파하는 것이다. 직원 앞에 서서 이 일이 얼마나 가치 있는 일인지 강조하고, 계속 열심히 한다면 별장과 스포츠카를 가질 수 있게 될 것이라고 격려하는 식이다. 그는 중대한 경영 결정을 할 때 직관에 의존하는 편이며 그 결정의 이유를 제대로 이야기하지도 않는다. 이런 스타일 때문에 '독재자'라는 비난을 듣기도 한다. 하지만 창업이 바로 부자가 되는 길이라는 그의 설파는 청년들에게 큰 호응을 얻고 있다.

올해 초 그는 한 강연에서 "서른다섯까지 가난하다면 그건 네 책임이다. 당신이 가난한 이유는 야심이 없기 때문"이라고 말해 논란의 대상이 되기도 했다. 35세는 그가 알리바바를 창업한 나이이다. '하면 된다' 식의 그의 성공관은 열광과 냉소를 동시에 얻고 있다. 하지만 그의 말은 모두 그의 넘쳐나는 열정과 믿음에서 나온 것이다. 가난했지만 처음의 꿈을 견지하고 믿음을 잃지 않았던 알리바바는 그들이 믿었던 대로 이루었다. 마윈의 다음 말은 기업을 경영하는 이들과 회사원들에게 많은 깨달음을 준다.

> "무엇이 알리바바의 오늘을 있게 했을까요? 모두가 이 세상을 믿지 않았을 때, 모두가 미래를 믿지 않았을 때, 우리는 믿음을 선택했고 10년 뒤 중국은 더 나을 것이라는 믿음을 선택했습니다. 우리는 믿음을 선택해 내 동료가 나보다 더 잘할 것이고, 중국의 청년들이 우리보다 더 잘할 것이라고 믿었습니다."

알리바바의 도전은 아직 끝나지 않았다

우리에게 늘 놀라움을 안겨주는 알리바바, 하지만 이것은 시작에 불과하다. 아직 중국 인구의 절반은 인터넷을 사용하지 않고 있으며, 온라인 거래를 하는 사람은 6억 명뿐이지만, 곧 세계 최대의 온라인 시장인 미국을 넘어설 것으로 예상된다. 2020년이면 중국의 전자상거래 금액이 미국·영국·일본·독일·프랑스의 전자상거래 금액을 모두 합친 것보다 더 커질 것이라고 한다. 현재 점유율을 유지한다고 하면 알리바바는 초거대기업이라는 말조차 무색할 정도로 성장할 것으로 보인다. 마윈과 알리바바는 계속 성공 신화를 써 내려갈까. 예단하기는 힘들지만 답은 역시 '중국'에서 찾을 수 있다. 중국의 거대한 인구가 인터넷으로 움직이고 알리바바의 위치가 계속 공고하다면 지금의 성공은 시작에 불과할 것이다.

마크 저커버그 (1984~현재)
페이스북 CEO.
생각으로 맞서 새로운 세상을 연 청년
Mark Zuckerberg

소년, 생각을 저어 나아가다

1990년대, 마크 저커버그는 컴퓨터와 특별한 만남을 겪었다. 데스크톱 컴퓨터 486DX 앞에 앉은 저커버그는 컴퓨터가 보여주는 세계에 머물지 않았다. 어린 그는 소프트웨어를 공부하고 컴퓨터 속에 자신의 세계를 세우기 시작했다.

저커버그의 아버지는 의사였다. 아버지의 병원에는 항상 직원이 환자를 부르는 고함소리가 울려 퍼졌다. 보통은 시끄럽다고 불평하는 게 고작이지만, 저커버그는 아버지를 위해 '저크넷'이라는 메신저 시스템을 만들어 병원을 쾌적하게 만들어 냈다. 이후 아버지의 적극적인 프로그래밍 교육 지원을 받으며, 고등학생 때는 음악 재생 프로그램 '시냅스 미디어 플레이어'를 만들었다. 그러나 그의 진짜 걸작은 20살에 하버드대 진학 후에 만든 바로 그 '페이스북'이다.

본인의 학교 하버드에서 장난삼아 시작한 페이스북이 미국 전체 대학가로 확산되자 그는 하버드대를 제 발로 나와 세상을 향해 뛰어들었다. 페이스북은 원조인 트위터를 뛰어넘어 10억 명 넘는 사람들이 매일 이용하는 SNS의 대표주자가 되었다.

거절, 그것은 또 다른 도전

그의 가능성을 일찍이 알아본 것은 아버지뿐만이 아니었다. 저커버그가 '시냅스 플레이어'를 만들었을 때 마이크로소프트와 아메리카온라인이 찾아왔다. 프로그램과 저커버그를 모두 얻기 위해서였다. 솔깃할 법도 했건만 그는 거절했다. 이후로도 구글, 야후, MTV, 뉴스코퍼레이션 등 유수의 기업들이 거액을 들고 그를 찾았으나 그는 페이스북의 대표 자리를 지켰다.

> "난 페이스북을 어떻게 만들어갈지를 생각해 왔지, 어떻게 처분할 것인지는 고민한 적이 없습니다. 다른 누군가보다 우리가 만드는 페이스북이 훨씬 더 흥미로울 거라 생각합니다."

저커버그는 어딘가 기대어 안주하기보다 도전의 길을 택한 것이다. 이것은 한때 페이스북이 넘볼 수 없는 위치에 있었지만 언론재벌 루퍼트 머독의 인수 후 하향세를 타게 된 마이스페이스와는 대조적이다.

도전은 멈추지 않는다

그의 도전은 현재진행형이다. 연구소를 만들어 소프트웨어에서 하드웨어로 눈을 돌린 것이다. 사업 외적으로도 남들과는 다른 행보를 보이고 있다. 딸의 출생과 함께 보유 지분 99%의 사회 환원을 약속했던 그는 최근 일부 주식을 사회 발전을 위해 매각했다.

페이스북 본사에 내걸린 '완벽하게 해내기보다는 일단 하라'는 말은 그의 인생을 잘 나타낸다. 그는 남들이 하지 않은 일에 주저하지 않고 도전했다. 손해를 볼 수도 있었지만 도전했기에 원하는 것을 얻을 수 있었다. 그의 도전은 많은 것을 남겼고 앞으로도 그럴 것이다.

이병철 (1910~1987)
인재를 최고의 자산으로 여긴 기업가

Lee Byoung-cheol

망한 나라를 사업으로 다시 일으키리라

삼성그룹 창업자인 이병철은 1910년 2월 12일 경남 의령에서 태어나 1930년 일본 와세다 대학에서 정치학을 공부했다. 부친으로부터 쌀 300석 분의 토지를 지원받아 사업을 일으켜 1936년 마산에서 협동정미소 창업을 한 것이 그의 사업의 시초다. 그러나 정미소 사업은 당시 중일전쟁의 여파로 실패했다. 그러나 그는 일제 강점기 시대에 민족경제를 육성하는 것은 시급한 문제라고 여겼기에 실패에 굴복하지 않고 1938년에 대구에서 삼성상회를 설립하였다. 이를 시작으로 그의 사업보국事業報國의 뜻이 실현되기 시작했다.

포화도 막을 수 없는 그의 끈기

1948년 이병철은 서울로 상경해 삼성물산공사를 설립했다. 그러나 1950년 한국전쟁의 발발로 그의 야심찬 시작은 물거품이 되어버린다. 하지만 전쟁 중인 1952년에 그는 부산에서 다시 삼성물산을 설립했다. 이후 제일제당과 제일모직을 설립하였고, 식량의 자급자족을 통해 민생을 안정시키고자 수입 대체산업 육성에 주력하였다. 1967년에는 세계 최대의 단일비료 생산시설인 한국비료를 세웠다. 또한 안국화재와 동방생명을 인수하며 금융업에도 진출하여 국내 산업자본의 윤활제 역할을 하였고, 금융산업 근대화에 일조했다. 이후 삼성물산은 정부의 수출드라이브 정책 아래 1975년 대한민국 종합상사 1호로 지정되어 1977년 수출 100억 불을 달성했다. 그리고 현재 삼성물산은 의·식·주·휴(休)를 망라하는 대기업이 되었다.

인재 양성과 미래 예측으로 성공하다

이병철은 인재를 최고의 자산으로 여겨 인재 양성에 많은 투자를 했다. 그는 "일생의 80%는 인재를 모으고 교육시키는 데에 시간을 보냈다."라고 말할 정도로 인재를 육성하는 일을 중요하게 여겼다. 그는 "삼성이 발전한 것은 유능한 인재를 많이 기용한 결과"라고 언급하기도 했다.

미래를 내다보는 힘은 이병철의 큰 성공 요소였다. 이병철은 시장을 미리 내다보고 전후의 기운이 채 가시지도 않은 1953년과 1954년에 제일제당과 제일모직을 연이어 창업했다. 주위 사람들은 무모한 도전이라고 판단했지만 그는 성공을 이루었다. 1982년 미국 보스턴 대학 명예박사학위 수여식장에서 당시 총장인 소렌슨은 "이 회장이 새로운 사업을 일으킨 것은 항상 그 사업의 시장성이 가장 낮은 수준에 있을 때였고 극히 혼란한 환경에 처해있을 때였다."라고 언급하며 이병철의 특별한 선견지명을 높이 평가했다.

　이병철은 '도쿄구상'을 통해 미래를 내다보았다. 이병철은 1960년 이후 매년 연말연시에 도쿄를 방문했다. 사람을 만나고 신문, 방송의 연말연시 프로그램을 통해 새로운 정보를 얻기 위함이었다. 이를 통해 그는 세계의 변화를 읽으려 노력했다. 최신 정보와 트렌드를 파악하여 자신의 것으로 승화하는 그의 자세는 그의 사업을 크게 성장시키는 데 핵심적인 요소가 되었다.

정주영 (1915~2007)

"해 보긴 해 봤어?"
포기를 모르는 기업인

Chung Ju-yung

초거대 기업도 그 시작은 작은 쌀가게였다

정주영은 한국의 자수성가한 기업가이다. 초등교육밖에 받지 못
했지만, 근면함과 끈질김으로 대한민국 굴지의 대기업을 만든 사람
이다. 흔히 도전정신의 대표적 인물로 추앙받고 있으며, 그의 자서
전 제목 『시련은 있어도 실패는 없다』는 정주영을 대표하는 표현으
로 회자된다.

정주영은 소학교 졸업 후 가난을 극복하기 위해 여러 차례 집을
가출한다. 19세 되던 나이에 인천 부두 하역장에서 막노동을 하다
가, 상경하여 복흥상회라는 쌀가게에 취직을 하게 된다. 근면 성실
했던 정주영을 신임했던 쌀가게 주인은 아들이 여자에 빠져 가산을
탕진했기에 가게를 아들이 아닌 정주영에게 물려주었다. 이것이 정
주영이 경영한 첫 사업이었다.

시련과 포기를 모르는 집념

쌀이 배급제로 바뀌며 가게를 정리한 정주영은, 경영난에 처한 아도서비스라는 자동차 회사를 인수하였다. 하지만 이 공장은 한 달도 되지 않아 불이 나 없어졌다. 다시 빚을 내어 신설동 빈터에 자동차 수리공장을 시작했으나, 일제의 기업정리령에 의해 공장을 빼앗기다시피 하고 새로운 일자리를 찾아 떠나야 했다.

해방 후 현대자동차공업사와 현대토건사를 다시 설립하고, 사업을 재개하였다. 하지만 6·25 전쟁으로 부산으로 피난 가야 했다. 전란 속에서도 그의 포기를 모르는 집념은 미군정으로부터 인정받게 되었다. 겨울 부산 UN군 묘역을 단장하는 일을 의뢰받았을 때 묘역을 녹색으로 단장하는 것은 모두 불가능하다고 여겼다. 하지만 정주영이 보리를 활용하여 겨울의 묘역을 녹색으로 단장한 일을 계기로 정주영의 현대건설은 전후 복구사업에서 승승장구하게 된다.

모두가 불가능하다고 했지만,
정주영이기에 가능했던 경제건설

포기를 모르는 정주영은 모두가 불가능하다 생각했던 일들을 현실로 만들어 냈다. 그가 남긴 명언 "해 봤어?"는 지금도 회자되는 말이다. 해 보지 않고 판단하지 말라는 그의 명언은 정말 불가능하다고 생각되었던 일들을 현실화했다. 간척사업 중 간척지의 폭이 좁아지며, 바닷물의 수압이 높아져 물막이 공사가 불가능하다고 하자, 정주영은 폐 선박을 이용해 물을 막아 간척사업을 성공적으로 마쳤다. 조선소를 만들 때도 다들 차관을 받을 수 없다고 예상했지만, 정주영은 5백 원짜리 지폐에 그려진 거북선을 보여주며, 대한민국을 세계 최초로 철갑선을 만든 나라로 홍보해 차관 도입에 성공했다.

공장이 불타고, 몰수되고, 거대한 바닷물이 밀려오고, 맨땅에 조선소를 지어야 하는 상황에서도 정주영은 끝끝내 포기하지 않았다. 평범한 이들이라면 '이제는 끝이다, 망했다'라며 통곡할 법한 일들이 닥쳐와도 정주영은 그 시련을 뚫고 몇 번이고 일어섰다. 일반인의 가슴에 진정으로 울려 퍼지는 이야기는, 탄탄대로를 걸어온 엘리트의 성공보다는 정주영과 같은 오뚝이 거인의 이야기일 것이다.

쨍 하고 해 뜰 날 돌아온단다 - 송대관 노래 가사 中

정주영 회장은 말년에 1990년 나온 노래인 '해 뜰 날'을 무척 좋아했다고 한다. 그 노랫말의 일부를 옮겨보면 다음과 같다.

꿈을 안고 왔단다 내가 왔단다
슬픔도 괴로움도 모두모두 비켜라
안 되는 일 없단다 노력하면은
쨍 하고 해 뜰 날 돌아온단다
쨍 하고 해 뜰 날 돌아온단다

정 회장이 이 노래를 좋아한 것은 가사의 내용이 그의 인생과 닮았기 때문일 것이다. 어릴 적부터 꿈을 품고 기관차처럼 밀어붙여 현대그룹을 키워낸 사람이 바로 정주영 회장이다. 부하가 임무에 난색을 표하면 '해 보긴 해 봤어?'라며 배짱 있게 나간 그에게 딱 맞는 노래이다. 실제로 슬픔도 괴로움도 모두 잊고 꿈을 위해 노력했더니 정 회장의 삶에 해가 뜨지 않았던가. 하지만 같이 술을 마시던 직원들은 정주영의 속도 모르고 킬킬대며 웃었다고 한다.

구인회 (1907~1969)
불모의 땅에서
불가능을 가능하게 만들었던 개척자

Koo In-hwoe

우리나라 최초의 화장품 개발, 용기 있는 선택

구인회는 LG그룹의 창업주이다. 우리나라 최초의 치약, 칫솔, 비누, 합성세제를 럭키를 통해서 만들어 냈으며 금성사를 설립하여 우리나라 최초의 라디오, 전화기, 선풍기, 에어컨, TV, 냉장고 등을 만들어 낸 인물이다. 사업에서 큰 성공을 거둔 후 사회공헌 사업에도 주력하여, 연암대학 설립 및 연암문화재단을 창설했다.

포목점 운영으로 큰돈을 벌었지만, 전쟁으로 장사를 접어야 했던 구인회는 부산으로 넘어갔다. 사돈집인 허씨 집안과 함께 '조선흥업사'를 만든 후 화장품 판매 제안을 받았다. 지금껏 포목이나 생선 등을 다뤘던 사람이 경험도, 기술도 없이 화장품 사업에 뛰어들었다가 망할 수도 있다고 다들 말렸지만, 구인회의 생각은 달랐다. 미군이 진주하면서 미제 화장품이 쏟아져 들어오는 것을 보고 '값비싼 미제 화장품을 쓰는 사람은 부자들이다. 내가 중산층을 대상으로 화장품을 만들면 어떨까?'라고 생각했다. 며칠간 고민하던 구인회는 "틀림없이 많은 고생을 할 것이고, 경우에 따라선 손해를 볼 수도 있다. 하지만 화장품은 지구상에 여성이 있는 한 필수품이다. 남이 손대기 전에 우리가 먼저 해 보자"라며 화장품 사업을 시작했다. 처음에는 '동동구리무'라는 크림을 수입해 팔다 1947년 락희화학공업사를 차리고 자체 브랜드인 '럭키크림'을 개발하여 생산한다. 럭키크림은 꽤 잘 팔려 성공을 거두는 듯했다.

'이게 바로 플라스틱일세, 플라스틱이라고'

구인회는 어느 날 전화 한 통을 받았다. 전화를 받는 순간 표정이 굳어졌다. 화장품 크림통 뚜껑이 절반 이상 깨져 크림이 쏟아지는 바람에 팔 수가 없다는 화장품 도매상 주인의 항의 전화였다. "안 깨지는 뚜껑을 만들어 낼 방법이 없을까?" 전화를 내려놓으며 던진 이 질문 하나가 우리나라의 플라스틱 산업의 시작을 알렸다. 구인회는 이를 보완할 방법이 없을까 하고 찾던 중 미군이 가지고 있던 플라스틱 통을 발견했다. 우리나라는 플라스틱을 만들 기술도 장비도 없었기 때문에 구인회의 눈에는 플라스틱이 매우 획기적인 물건이었다. 구인회는 곧바로 플라스틱에 대한 자료조사를 했고, 전쟁통임에도 불구하고 그동안 모아둔 전 재산 3억 원을 투자해 국내 최초로 플라스틱 생산에 필요한 사출성형기계를 들여왔다. 이 선택이 크림통은 물론이고 빗, 비눗갑 등 우리 생활에 유용하게 쓰이는 갖가지 생활용품을 만들어 냈고, 이로써 우리나라에도 본격적인 플라스틱

시대가 열리게 되었다. 또한 전자공업이 미래의 희망이라 생각한 구인회는 전 세계를 돌며 도전과 도전을 거듭했고 우리나라 최초의 라디오 A-501을 개발했다. 이것이 세계적 기업 LG전자의 시점인 금성사였다.

모두가 최고가 되려고 할 때, 구인회는 최초가 되었다

포목상 구인회의 목표는 최고의 포목상이 아니라 우리나라 최초의 수요를 공략하는 것이었다. 창업에 도전하는 사람들은 기존의 선두주자를 따라하고 기존의 틀 안에서 큰 성공을 하려 한다. 하지만 구인회는 우리나라에선 생소한 물건과 소재에 눈을 돌려 스스로 최초가 되었다. 그는 혜성처럼 등장해 기존 자본을 빠르게 쫓아가는 사람이 아닌 새로운 선두주자였다.

박태준 (1927~2011)
강철 같은 성품,
강철왕 그 자체인 사나이

Park Tae-joon

너는 민족의 반역자다!

국방 사업에 대한 인터넷 뉴스가 나면 댓글의 7할 이상은 걱정과 한숨으로 채워진다. '이번엔 누구의 뱃살이 늘어날까, 왜 우리나라 군함은 어선용 탐지기를 달고 있을까, 군인은 60만 명이라는데 왜 침대 교체에는 7조 원이 들었을까….' 故 박태준 회장의 무덤에 이 뉴스가 전해진다면 그가 무엇이라고 말할지 무척이나 듣고 싶다.

포항제철의 아버지로 알려진 고故 박태준 전 국무총리는 한때 군인이었다. 조정래의 증언에 따르면, 그가 우연히 병사들이 김치를 안 먹고 모두 버리는 모습을 봤다고 한다. 이에 박태준은 보급을 담당하는 장교를 불러 고춧가루를 물에 풀어보라고 했고, 결국 고춧가루 대신 붉게 칠한 톱밥을 사용한 것이 드러났다고 한다. 이때 박태준의 반응이 걸작이다. 즉시 그 장교를 향해 민족반역자라고 외치며 톱밥 든 물을 얼굴에 붓고 제대로 된 식재료를 구해왔다고 한다.

산업의 쌀을 키우는 농사꾼

산업의 쌀이란 철강의 별명이다. 산업화에 주린 나라가 배를 채우려면 철이 필요하다. 하지만 우리에게는 제철소가 없었다. 우여곡절 끝에 포항에 제철소를 짓기로 했지만 그것은 소망에 불과했다. 포항은 완전한 황무지였고 작은 어촌이 있을 뿐이었다. 제철소에 대한 지식도 없고 아무것도 가지지 못한 대한민국에 다른 나라들은 차관을 주기는커녕, 철을 별로 쓰지도 않는 나라가 무슨 제철소를 짓느냐, 그냥 일본에서 철을 수입하면 된다는 대답만 돌려주었다. 철강이 있어야 산업화를 이룰 텐데 산업화를 이루지 못해 철강을 생산하지 못하는 처지였던 것이다. 창립멤버 장경환 씨는 용광로를 본 적이라도 있는 사람은 박태준 회장뿐이었다고 하였고, 여기에 항구와 철도까지 지어야 하니 말 그대로 건설이 아니라 창조였다.

식민배상금으로 착공은 했지만 공사가 순탄할 수 없었다. 박종태 초대 소장은 모래바람 속에서 사람들이 시멘트 포대를 마스크로 썼다고 증언할 정도였다. 그럼에도 불구하고 열악한 환경에서 포스코를 시가총액 23조의 기업으로 키운 것은 박태준 회장의 강철 같은 의지였다.

공사에 실패하면 우향우!

도전은 때로 모든 것을 걸고 부딪쳐야 성공할 수 있다. 지식도 기술도 경험도, 심지어 자신을 믿어줄 나라도 없는 상황에서 제철소를 짓는 박태준 회장은 한 가지 선언을 했다.

> "이 공장은 선조들의 핏값으로 짓는 것이니, 실패하면 그대로
> 우향우 해서 동해에 빠져 죽자!"

박 회장은 아무것도 없는 상태에서 모든 것을 걸었던 것이다. 그리고 실제로 시공 중 사소한 실수가 발생했을 때, 지어놓은 공장을 손수 폭파해 버리고 다시 짓게 했다는 일화는 매우 유명하다. 잘 알려지지 않았지만 광양제철소를 지을 때 직접 줄자를 들고 잠수했다는 전설적인 이야기도 전해진다. 큰 도전에서 사소하다고 여겨지는 부분도 지나치지 않는 곧은 성품이 오늘의 포스코를 만든 것이다.

서경배 (1963~현재)

정직함,
최고의 품질 그리고 끊임없는 도전

Seo Kyoung-bae

서경배 회장은 아모레퍼시픽의 회장이다. 선친은 태평양 아모레의 창업주인 서성환 회장. 서경배 회장은 창업주는 아니지만, 1990년대 다분야 확장을 하던 태평양그룹을 화장품 산업에 집중시켜서, 다양한 신제품과 참신한 경영으로 우리나라를 대표하는 화장품 기업 '아모레퍼시픽'으로 성장시켜 낸 기업인이다.

70년 화장품 전문기업, 아모레퍼시픽

2015년 아모레퍼시픽그룹은 70돌 생일을 맞았다. 국내 기업연령 평균이 22년에 불과한 점을 감안하면 과소평가할 수 없는 업력이다. 아모레퍼시픽그룹 70년의 절반은 1세대인 서성환 창업주의 공이고, 절반은 2세대인 서경배 회장의 공이다. 서 회장은 태평양화학 과장으로 입사해 1992년 태평양제약의 경영난을 해결하면서 능력을 인정받기 시작했다. 서 회장은 그 뒤 기획조정실장을 맡아 증권, 패션, 야구단, 농구단 등 계열사를 정리하는 과감한 구조조정을 단행했다. 아모레퍼시픽그룹이 삼성전자와 시가총액 수위를 다툴 정도로 우수한 글로벌 화장품 기업으로 성장하는 발판을 마련한 것은 사실상 이때부터다. 서 회장은 부친으로부터 '한 우물을 판다'는 기업가 정신을 배웠다. 서 창업주는 생전에 "무한경쟁 시대에는 한 우물을 파야 한다. 최초·최고의 상품만이 살아남는다."고 강조했다. 아모레퍼시픽그룹은 국내 재벌기업들의 역사가 그렇듯이 건설과 금융 등으로 사업영토를 확장하다 위기를 맞기도 했다. 하지만 다행히 서 회장이 부친의 뜻을 받든 덕에 화장품업계의 국가대표 선수로 거듭날 수 있었다.

항상 정진하라 - 서경배 회장의 좌우명

가업을 이어받은 서경배 아모레퍼시픽그룹 회장은 유명한 경영자나 국내외 석학이 아닌 아버지로부터 경영철학을 배웠다. '정직함'과 '최고 품질'이 그 가르침이었다. 여기에 서 회장은 '끊임없이 도전하는 정신'을 더했다. 동백기름을 식물성 포마드로 바꾸고, 국내 화장품 업계 최초로 수출을 시작하고, 아시아 최초로 페이스 파우더를 만들어 내는 등 아모레퍼시픽은 '최초'란 수식어를 붙일 수 있는 제품들을 만들어 냈다.

21세기 전 세계 뷰티시장을 흔들어놓은 '쿠션' 제품도 그런 도전정신에서 시작됐다. 서 회장은 구내식당에서 연구원들과 밥을 먹던 도중 떠오른 질문을 무심코 내뱉었다. "스탬프로 주차 도장을 찍듯이 화장품도 그렇게 안 될까?" 서 회장은 청계천 세운상가를 누비며 초기 모델에 사용할 용기를 구하고 고무장갑을 낀 채 수작업으로 스펀지를 주무르며 화장품을 흡수시켰다. 그렇게 탄생한 것이 2008년 아이오페의 '에어 쿠션'이다.

밥을 먹다가도 아이디어가 떠오른다는 것이 놀랍지만, 이는 서 회장이 좌우명대로 자신의 분야에 몰두하기 때문이다. 항상 화장품을 생각하고 모든 것을 화장품과 연관을 짓는 덕에 자연스레 새로운 아이디어가 샘솟는 것이다.

과학

니콜라우스 코페르니쿠스 (1473~1543)
지동설로 근대과학의 기초를 세우다
Nicolaus Copernicus

　인간은 사고하는 동물이라는 말이 있다. 물론 맞는 말이다. 사물의 이치를 깨닫고 자연의 섭리를 알아 가면 수많은 자연현상, 법칙을 발견할 수 있다. 이러한 발견은 인간에게 많은 유용하고 유익한 정보로 재탄생한다. 그러한 사례의 하나가 바로 최초 지동설을 주장하며 근대과학의 기초를 세운 코페르니쿠스의 이야기다.

말 그대로 우주를 뒤집는 폭탄발언

　지구촌에 사는 사람들은 모든 별과 태양이 우주의 중심인 지구 둘레를 돈다는 천동설을 믿고 있던 때가 있었다. 천체 과학이 발전한 지금의 상황에서 생각하면 웃음이 나올 법한 일이지만 그 당시에는 그게 진리였다. 언뜻 보기에도 태양이 하늘을 가로지르는 듯 보이는 데다, 지구 위에 사는 사람 중 아무도 어지러워하지 않았기 때문이다. 게다가 천동설의 계산 결과는 그럭저럭 잘 맞아떨어졌다. 무엇보다 당대 학자들도 대부분 천동설을 믿었다. 이런 세상 속에 갑자기 나타난 코페르니쿠스는, 우주의 중심은 지구가 아니라 태양이고, 지구는 그 둘레를 자전하면서 공전한다고 외치면서 지동설을 발표해 세상 사람들을 깜짝 놀라게 했다.

코페르니쿠스는 폴란드에서 태어나 어린 시절부터 신학공부를 통해 신부가 되고자 했다. 그리고 대학에 입학한 후 우연히 천문학 강의를 듣고 프톨레마이오스의 천동설에 갖은 의문을 품게 되었다. 그는 천문학을 체계적으로 배울 요량으로 학문이 그 당시 발달한 이탈리아로 유학을 떠났다. 그리고 연구를 통해 이를 바로 잡을 궁리를 했던 것이다. 어찌 보면 무모한 도전이었지만 그 결실은 위대한 진리로 탄생했다. 그는 당시 사람들이 상상도 못했던 결과를 가져왔다. 그것이 바로 '지동설'이다.

옳은 것은 옳은 것이다

일반적인 상식과 달리, 지동설을 두고 종교계는 크게 분노하지 않았다. 교회가 완고한 고집쟁이로 변한 것은 이로부터 백 년은 지난 뒤의 일이다. 오히려 당대 학자들이 코페르니쿠스에게 맹비난을 쏟아부었다. 하지만 코페르니쿠스는 천동설 대신 지동설을 택하면 우주의 운동과 각종 현상들이 더욱 잘 설명된다고 하며, 지동설이 천동설보다 설득력 있는 가설이라고 주장했다. 그는 비록 제대로 인정받지 못하였으나, 훗날 케플러를 비롯한 여러 학자들의 노력으로 결국 지구가 태양 주위를 돈다는 것이 밝혀졌다.

　새로운 이론이 항상 맹렬한 반발을 사는 것은 아니다. 다만 코페르니쿠스의 계산에 약간의 오차가 있기도 했으나, 지동설이 우리의 상식에 크게 어긋나기에 심한 반발을 샀을 뿐이다. 사실 현대인들도 지구가 시속 10만 km로 달려가는데 왜 어지럽지 않은지 의문을 품는다. 하지만 주목할 만한 것은 코페르니쿠스의 태도이다. 그는 온 세상이 비난해도 자신의 말을 뒤집거나 취소하지 않았다. 자신이 옳았기 때문이다. 우리도 인생에서 단 한 번 중대한 승부를 걸어야 할 때가 올 수도 있다. 그때 자신의 결론이 믿기 힘들고 밀어붙이기 힘들어도, 우리는 우리의 뜻을 굽히지 않을 수 있을 것인가? '코페르니쿠스적 발상의 전환'은 세상이 우리에게 뭐라고 하든, 그것이 아무리 힘들든 옳은 것은 옳은 것임을 보여주고 있다.

스티븐 호킹 (1942~현재)
루게릭병을 극복한
현대 과학의 아이콘

Stephen Hawking

갈릴레이가 죽은 1월 8일에 태어난 천재

세계적인 과학자 스티븐 호킹은 어렸을 때부터 우주에 대한 궁금증이 무궁무진했었다. 그는 얼마나 호기심이 많았는지 한번은 집에 있는 시계와 라디오를 모조리 뜯어 놓아 어떻게 돌아가는지 찾으려 했다. 한번은 악필이라고 선생님께 꾸지람을 들었는데도, 머릿속으로 생각하는 것이 필기하는 것보다 더 낫다고 생각해 받아들이지 않았다. 대신 정확한 기억력으로 복잡한 수학문제를 외워서 풀어 반에서는 아인슈타인이라고 불렸다.

이 청년은 1~2년밖에 살지 못합니다

그것이 54년 전 스티븐 호킹에게 내려진 시한부 선고였다. 사실상 사형선고였다. 운동부에서 조정 경기 선수로 나올 정도로 건강했던 호킹은 20세에 루게릭병 판정을 받고 온몸이 굳어갔다. 그 순간 호킹이 무슨 생각을 했는지 우리는 상상도 할 수 없다. 하지만 그가 내린 결론은 참으로 놀라웠다.

> "갑자기 내 사형 집행이 연기된다면 내가 할 일이 너무 많으리
> 라는 것을 인식하게 되었다. 나는 나 스스로가 놀랍게도 과거보
> 다 지금의 나의 삶을 더 즐기게 되었다."

예전에 병세가 조금 나았을 때 스티븐 호킹은 손가락 두 개를 움직일 수 있었다. 그는 손가락 두 개와 암산으로 블랙홀에 관한 연구에 끊임없이 매달려 결국 놀라운 업적을 이루어냈다. 블랙홀은 모든 것을 빨아들이기만 하는 물건이 아니라 열복사를 방출한다는 연구 결과를 발표했다. 또한 '특이점 정리', '블랙홀 증발', '양자 우주론' 등의 연구결과를 내놓으며 오늘날 우주의 비밀에 가장 가까이 다가간 위대한 물리학자로 손꼽힌다.

우주의 비밀을 푸는 물리학자의 깜짝 변신

이렇게 보면 스티븐 호킹은 딱딱하고 이해하기 힘든 학자 같지만, 그는 매체를 통해 친숙한 모습을 보여주기도 한다. 드라마 '스타 트렉', 시트콤 '빅뱅 이론'에 출연하기도 했고 디스커버리 채널이나 재규어 자동차 CF에도 출연했다. 눈여겨볼 점은 그의 명성과 달리 코믹하거나 소인배다운 모습을 연출하기도 한다는 것인데, 스티븐 호킹은 실제로도 자신의 음성합성기로 사람들에게 유머를 던지는 등

유쾌한 성격이라고 한다. 이미 전신마비에 얼굴까지 뒤틀린 그가 자신의 모습을 혐오했다면, 유명한 학자인 만큼 남을 만나지 않고 홀로 논문만 쓰거나 반대로 자신을 멋지게 비춰줄 역할만 찾을 수도 있다. 하지만 그는 남 앞에 나서는 것을 두려워하지도 않고 명성에 집착하지도 않는다. 그의 당당한 자세는 건강한 이들마저 부끄럽게 만들 정도이다.

토마스 에디슨 (1847~1931)
위대한 발명품을
널리 퍼트린 유능한 발명가

Thomas Edison

난 수천 번의 실패를 한 것이 아니라,
수천 개의 부적합 소재를 찾은 것이다 – 에디슨

금속에 전기를 흘리면 빛이 난다는 건 널리 알려져 있었다. 1800년에는 볼타가 금속 필라멘트를 선보였으나, 정작 한나절도 버티지 못했다. 1816년에는 탄소봉을 넣은 데이비 램프가 나왔는데, 막상 켜 보니 촛불 4천 개에 달하는 빛이 나와 가정에서 도저히 쓸 수 없었다. 이후로도 수많은 사람들이 전구라고 할 수 있는 전구를 만들기 위해 매달렸다.

1844년에는 진공관, 탄소 필라멘트를 쓴 제법 그럴싸한 물건이 나왔다. 하지만 제작자가 곧 요절해 잊히고 말았다. 10년 뒤에도 비슷한 물건이 나왔으나 널리 퍼지지 못했다. 이토록 실패가 많았는데 어떻게 현대인은 전구를 썼을까? 그것은 에디슨 덕분이다.

1878년, 조지프 스완이 우수한 전구를 만드는 데 성공했다. 에디슨은 스완의 특허를 사들여 대나무 필라멘트를 접목했다가, 텅스텐으로 바꾸었다. 그리고 아르곤과 질소의 혼합 가스를 넣어 발전된 전구를 만드는 데 성공했다. 1886년에는 경복궁에 전등이 도입되었다. 비록 이런저런 악재가 겹치며 에디슨은 금방 철수하고 말았지만, 짧은 순간이나마 문명과 과학의 위대함이 우리나라에서 빛난 순간이었다.

나 또한 많은 것을 훔치며 살았다.
하지만 난 어떻게 훔치면 좋은지를 안다 - 에디슨

1857년 프랑스의 마르탱빌은 녹음기를 만들었다. 하지만 이 녹음기는 소리를 잘 재생할 수가 없었다. 1877년에는 샤를 크로스가 녹음과 재생이 가능한 기계를 만들어 아카데미에 출품했다. 그리고 8개월 뒤, 에디슨이 축음기를 선보였다. 기본적인 구조나 원리는 샤를 크로스의 것과 같았지만 전화기의 진동판을 써서 성능이 크게 올라갔다.

오늘날 우리가 알고 있는 영사기는 뤼미에르 형제의 작품이다. 그런데 19세기, 에디슨의 회사에서도 비슷한 물건이 나왔다. 윌리엄 딕슨이라는 직원은 키네토스코프라는 물건을 만들었는데, 사람 가슴 높이의 상자에 난 구멍으로 휙휙 지나가는 활동사진을 감상하는 방식이다. 이 물건은 '에디슨 사 직원의 작품'에서 '에디슨 사의 물건'으로, 다시 '에디슨의 물건'으로 기억되었으나 큰 인기는 끌지 못했다.

비행기는 홀로 날 수 없다

에디슨은 참으로 흥미로운 인물이다. 물론 그의 행동 중 도의에 어긋나는 것(영화 불법 복제, 아이디어 도용 등)도 있다. 그러나 에디슨은 명백히 인류에 손해보다 공헌을 더 많이 안겨준 사람이다. 에디슨의 손을 거친 발명품은 한층 발전된 모습으로 세상에 나왔다는 점을 잊지 말아야 한다. 또한 비행기가 날아오르기 위해서는 활주로가 필요하듯, 어떤 발명품이 세상에 널리 퍼져 사람을 이롭게 하기 위해서는 뛰어난 사업가가 필요하다. 에디슨은 그 활주로의 역할을 한 인물이다. 비록 전구와 축음기는 구세대의 물건이 되어 잊혀가고 있지만, 묻혀가던 물건들이 그의 손에서 빛을 본 것은 사라지지 않는 사실이다.

아이작 뉴턴 (1642~1727)
사람은 땅 위에서 살고
또 뉴턴의 법칙 위에서 산다

Isaac Newton

신께서 '뉴턴이 있으라!'라고 하시자 세상이 밝아졌다
– 알렉산더 포프, 시인

'고전'역학이라고 하면 굉장히 낡은 지식 같지만, 사실 고전역학 이야말로 현대까지 남아 있는 물리학 지식 중 가장 유용하고 핵심적 인 지식이다. 양자역학이나 상대성이론도 거의 비길 데 없이 위대하 나, 이것들은 원자핵보다 작은 세계나 우주의 법칙을 논할 때 쓴다. 무엇보다 이들은 활용은커녕 온전히 연구되지도 않았다.

뉴턴의 법칙은 고전역학 중에서도 유명한 관성의 법칙, 가속도의 법칙, 작용과 반작용의 법칙이다. 지금이야 중학생들이 배우는 지 식쯤으로 생각하기 쉽지만, 사람이 땅에서 걷고 지구가 태양 주위를 도는 것부터 눈에 보이는 모든 일들은 거의 다 이 법칙으로 설명할 수 있다. 물리학의 핵심 연구대상은 세상에 존재하는 온갖 힘인데,

학자들은 이 힘을 측정하는 단위로 뉴턴의 이름을 붙였다.

사과란? 평범한 사람에겐 간식,
뉴턴에게는 세상의 비밀을 푸는 실마리

물체가 아래로 떨어진다는 것은 모든 사람들이 생각 없이 자연의 섭리로만 알고 아무 의문을 품지 않았다. 당대 과학자들도 중력이라는 힘이 존재한다는 것은 알고 있었다. 하지만 그 힘이 왜 발밑을 향해서만 작용하는지, 그것이 얼마나 강한 힘인지는 알 수 없었다. 이 칠흑처럼 깜깜하기만 한 중력의 세계에 등불을 던진 이가 뉴턴이다.

뉴턴이 떨어지는 사과를 본 건 맞지만, 뉴턴이 그걸 보고 즉석에서 지구가 사과를 당겨서 떨어졌다는 걸 간파한 것은 아니다. 그 정도는 다른 학자들도 알고 있었다. 하지만 뉴턴은 거기에서 흥미를 느끼고 한발 더 나아가 중력에 대한 탐구를 시작했다. 인류 최고의 지성이 자신의 수학, 물리학 지식을 총동원해 연구한 결과, 뉴턴은 만유인력의 법칙을 정리해 낼 수 있었다. 만유인력의 법칙에 따르면 두 물체의 거리와 질량에 따라 서로 당기는 힘이 결정된다. 더욱 놀라운 것은 모두 지구만 사과를 잡아당긴다고 생각했으나, 알고 보니 사과도 지구를 잡아당긴다는 것이다. 물론 지구가 훨씬 크고 무거워서 사과가 떨어져도 지구는 별로 꿈쩍도 하지 않는다. 그리고 이 법칙은 가장 기초적이면서도 중대한 지식이 되어 지금까지의 과학에 핵심적인 기둥으로 자리를 잡았다.

내 업적은 바다에서 조개껍질 한 줌을 주운 것과 같다 – 뉴턴

불우하게 자랐고 사회성도 부족했던 뉴턴이지만, 불량 청소년으로 자랐을지도 모르는 뉴턴의 삶을 남녀노소를 막론하고 본받아야 한다. 뉴턴은 반사 망원경의 발명가이자 미적분의 선구자이며, 자연이 일정한 법칙에 따라 움직이는 기계라는 것을 깨우쳐주었다. 그런데 이 위대한 뉴턴은 자신의 업적을 '조개껍질 한 줌'에 비유하며 누구라도 자신보다 위대해질 수 있다고 하였다. 대체 어떻게 하면 평범한 인간이 그토록 위대해진다는 말인가? 하지만 우리가 비록 그의 천재성을 본받지는 못하여도, 불우한 삶을 탓하지 않고 '긍정의 힘'으로 탐구에 열중한 뉴턴의 자세는 우리의 롤모델 그 자체이다.

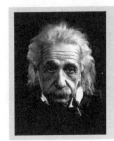

알베르트 아인슈타인
(1879~1955)
시공의 왜곡을 알아낸
평화주의자

Albert Einstein

하늘에서 별처럼 쏟아지는 업적들

아인슈타인은 어려서부터 수학과 과학에 관심이 많았고 학교에서 수학 성적이 매우 좋았다. 하지만 유대인인 그는 반유대주의로 마음에 상처를 받고 17세에 자퇴한 후 독학으로 공부하여 어렵게 취리히 연방 공과대학교에 입학하였다. 그는 재학시절에 만난 아내 밀레바 마리치와 함께 졸업 후에도 연구를 계속하여 '분자 차원에 대한 새로운 규정'이라는 논문으로 박사 학위를 취득하였다. 그리고 그 해에만 '특수 상대성 이론'에 대한 최초의 논문 등 5개의 논문을 발표하였다. 그 후 37세에는 특수 상대성 이론을 확장한 '일반 상대성 이론'을 완성하여 발표하였다. '특수 상대성 이론'에서 유도된 질량에너지등가원리($E=mc^2$)는 '질량은 곧 에너지'라는 것을 밝힘으로써 방사성물질에서 나오는 에너지가 어떻게 생기는지를 설명하였고, 태양과 별의 에너지가 어떻게 만들어지는지를 설명해 주었다.

이 이론은 원자력과 원자 폭탄의 가능성을 예언하는 복선이었다. 아인슈타인의 상대성 이론으로 인류는 전혀 다른 차원의 시공간 개념을 갖게 하였고, 중력의 본질에 대해서도 이해할 수 있게 되었다.

이럴 줄 알았다면
1905년의 연구를 폐기했을 것이다 – 아인슈타인

1933년 미국으로 망명한 아인슈타인은 2차 세계대전 발발 후 독일이 핵무기를 개발하려는 것을 알고, 루스벨트 대통령에게 그에 대한 대비의 필요성을 역설하는 편지를 보냈다. 1945년 트루먼 대통령은 핵무기 생산 및 시험 발사를 성공하여 일본에 원자폭탄을 투하함으로써 길고 길었던 전쟁을 끝냄과 동시에 우리나라가 일제로부터 독립하는 데 결정적인 역할을 하였다. 그러나 본질적으로 평화주의자였던 아인슈타인은 원자탄이 일본군이나 전범의 수뇌부가 아닌 민간인 학살에 쓰였다는 사실에 죄책감을 느끼고 눈물로 밤을 지새웠다.

국제적 명성과 노벨상 수상

그의 논문은 이전에 인류가 풀지 못했던 난제를 푸는 데 크게 이바지하였다. 런던 왕립 학회가 1919년 5월 29일의 일식을 촬영하고, 빛은 구부러진다는 일반 상대성 이론의 예측을 검증해 냈다. 이로서 상대성 이론은 미검증 가설에서 어엿한 이론이 되었다. 게다가 그에게 노벨상을 안겨준 것은 광전효과에 대한 이론인데, '광양자

가설'로 알려진 이 이론에 의하면 빛은 에너지이자 입자이다. 이것은 1900년 플랑크가 제시한 에너지의 양자화 개념을 뒷받침하여 20세기 과학의 최대 걸작인 양자역학을 낳게 하는 시금석 중의 하나가 되었다. 미국에서는 그의 이름을 기념하여 아인슈타인상賞을 마련하고 해마다 2명의 과학자에게 시상하고 있다. 아인슈타인이야말로 20세기 최고의 물리학자라는 찬사를 받을 만한 위대한 업적을 이루었다.

이태규 (1902~1992)
'국내1호 화학박사'
한국인 첫 노벨상 후보추천위원
Lee Tae Kyu

조선인도 할 수 있다!

1902년 충남 예산에서 태어난 이태규 박사. 그가 학교에 들어가 공부를 할 무렵 우리나라는 일제의 손아귀에 떨어져 있었다. 하지만 학생 이태규의 재능을 알아본 일본인 교사와 도지사는 그를 추천해 1915년 경성고보에 무시험 입학하도록 한다. 경성고보를 수석으로 졸업한 이태규는 다시 일본 제일의 과학을 배울 수 있다는 교토제국 대에 무시험 입학했다. 그리고 1931년, 이태규는 서른 살의 나이로 조선인 최초의 화학박사이자 2번째 이공계 박사가 되었다.

동아일보는 이 뉴스를 1면에 실었다. 이 박사의 성취도 대단했지만, 이것은 동시에 나라를 빼앗긴 상황에서 이토록 큰 인재가 나올 수 있다는 것을 소리 높여 외치는 행동이었다. '조선인도 할 수 있다!'라는 메시지를 간접적으로 온 국민에게 전하는 소식이었다.

혼란과 격동의 시대에 이뤄낸 인생 최고의 업적들

1945년 이태규 박사는 조국으로 돌아와 서울대학교 설립에 참여했다. 그러나 시련이 찾아왔다. 학생들은 서울대학교 설립에 반대했고, 일부 반대파 동료들은 어느 날 월북했다. 결국 그는 잠시 미국으로 피신해 연구를 계속했다.

이 교수는 미국 유타 대학에서, 과거 프린스턴 대학에서 만난 아이링 교수와 연구를 계속하며 '리-아이링 이론'을 발표했다. 이 이론은 유체의 흐름을 연구하는 분자점성학의 기초가 됐고 이 이론으로 이태규 박사는 일약 세계적 과학자 반열에 올랐다. 또 두 사람이 당시 함께 연구한 쌍극자 능률 계산에 대한 논문은 화학분야에 양자역학을 도입한 첫 사례라는 평가를 받고 있다. 이로 인해 그는 노벨상 후보 추천위원으로 위촉되었다. 같은 시기, 이태규 박사는 한국인 유학생들을 가르치는 데에도 힘을 쏟았는데, 이 유학생들은 차세대 한국 과학자가 되어 우리나라의 앞길을 이끄는 견인차가 되었던 것이다.

'예리한 관찰과 끊임없는 노력' - 이태규 박사의 좌우명

이태규 박사는 1964년 미국에서 잠깐 돌아와 박정희 대통령에게 이렇게 말했다.

"이 나라에도 희망이 있습니다. 학생들의 탐구욕, 세계 일류 학자가 들려주는 어려운 강연을 끝까지 듣고 이해하려는 그

강인한 탐구욕에 머리가 수그러졌습니다. 한국의 내일은 밝
습니다."

박정희 대통령은 1968년 카이스트를 세우고 해외 인재를 모으려
했다. 이태규 박사는 1973년에 귀국해 맨땅 맨주먹밖에 없던 나라를
위해 1992년까지 무수한 연구와 교육활동을 펼쳤다. 사후 그는 국립
현충원에 최초의 과학자로서 안장되었다. 그리고 오늘날까지 가장
암울한 시기에 대성하여, 가장 가난한 시기에 나라와 국민을 위해
활약한 영웅으로 기억되고 있다.

장영실 (?~?)
천한 신분으로 우리 과학사를
고귀하게 빛낸 한국의 자랑

Jang Yeong-sil

바람처럼 왔다간 재간꾼

장영실의 출생연도는 잘 알 수 없다. 하지만 시작과 끝을 알 수 없
는 바람이 모든 것을 흔들고 지나가듯, 그가 우리 역사에 긋고 간 획
은 매우 뚜렷하고 굵직하다. 장영실은 조선 초기의 눈부신 과학 발전
을 이끌었으며, 조선의 몇 안 되는 유능한 과학기술자로 남아있다.

무릇 만인을 편안케 할 재주

세종 재위 초, 본디 관노였던 장영실은 왕실의 물품을 수리하는
별좌로 올라섰다. 이후 장영실은 재주를 인정받아 천문 관측을 위한
간의대와 혼천의를 만들었고, 이전보다 한층 발전된 구리활자인 갑
인자의 제작을 감독했다. 하지만 그가 만든 것 중 걸작을 꼽으라면
역시 자격루와 앙부일구, 측우기일 것이다.

자격루는 자동으로 움직이는 물시계이다. 이전의 시계는 품질도 떨어졌고 옆에 종을 치는 관리가 한 명 붙어있어야 했다. 장영실은 세종의 명을 받들어 다른 기술자들과 함께 더욱 정밀하고 무엇보다 스스로 작동하는 놀라운 물시계, 자격루를 만들어냈다. 일정 시각마다 구슬이 떨어지며 내부 부품을 건드려 나무인형이 종을 치는 구조였다. 이 놀랍고 아름다운 발명품은 장영실을 정4품의 호군으로 올려놓았다. 단, 지폐 도안으로 잘 알려진 물시계는 중종 대에 새로 만든 것으로 장영실의 시계와는 겉모습이 전혀 다르다.

이 외에도 장영실은 앙부일구와 측우기의 제작에 관여했다. 앙부일구는 해시계로 그 원리는 매우 오래된 것이지만, 무척 특별한 점이 있다. 하나는 시계 판을 오목하게 만들어 다른 해시계보다 그림자를 읽기 쉬웠다는 점이다. 또 하나는 이 시계가 임금이 백성을 위해 곳곳에 널리 퍼트린 애민의 시계라는 것이다. 측우기는 더욱 놀라운 물건으로, 이는 세계에서 가장 앞선 우량계이며 두 번째로 세상에 나온 우량계는 200년 뒤의 이탈리아의 것이다.

그 어떤 난관인들 반상의 구분보다 높을꼬?

1441년 청계천에 수표를 설치한 장영실은 상호군으로 올라섰다. 하지만 이듬해 만든 세종의 가마가 부서지며 장형을 받고 파직되었다. KBS의 프로그램 '역사저널 그날'에서는 장영실이 가마를 새로 고치려고 했지만 조순생이라는 관리가 반대했다고 한다. 이후 장영실은 행적이 묘연하나, 후대인들은 여전히 그의 업적과 뜻을 기리고 있다. 이에 장영실의 모습을 그린 드라마, 만화 그리고 그의 이름을 딴 학교와 공원이 생겨났으며 미래창조과학부는 매주 뛰어난 국내 제품에 장영실상을 수여하고 있다.

조선인에게는 낮은 신분이 가장 큰 시련이었다. 장영실은 관기의 아들로 태어났으나, 자신의 삶을 포기하거나 폄하하지 않고 지식과 기술을 갈고닦았다. 신분제가 사라진 21세기의 현대인은 누구나 장영실과 같이 될 수 있다. 장영실은 앞길이 활짝 열린 우리에게 손짓하고 있다. '천민이었던 나도 이토록 해냈거늘 무엇을 두려워하느냐'며 웃어주고 있는 것이다.

정근모 (1939~현재)
한국 과학기술 발전의
토대가 되다

ChungKun-mo

KAIST의 산파이자 초대 부원장. 제12, 15대 과학기술처 장관. 호서대학교 총장. 명지대학교 총장. 정근모는 과학자이자 행정가, 교육자로서 한국 과학기술을 부흥시키고 미래세대 육성을 위해 헌신하였다. 특히 정근모는 원자력 분야에서 많은 업적을 이루었다. 핵융합을 연구한 그는 한국형 표준 원자로를 개발, 이후 국제원자력기구총회 의장, 국제원자력한림원 회장 등 원자력 분야 중책을 맡아 한국 원자력 기술의 토대가 되었으며, 한국을 넘어 세계 원자력 기술의 발전을 위하여 헌신하였다.

한 알의 밀알이 되라

정근모는 서울대 물리학과를 졸업하고 서울대 행정대학원에 진학, 원자력원의 원장 보좌역으로 있으며 인생에 큰 영향을 미친 김

법린 원장을 만났다. 대학원 과정 도중 미시간 주립대 유학이 결정
됐는데, 김법린 원장은 그에게 이렇게 말했다.

"한국이 선진국이 되려면 무엇보다 과학기술의 발전이 이루어져
야 하네. 그런데 과학기술의 발전은 한두 사람의 힘 갖고 되는 게 아
닐세. 박사학위를 위해 공부하는 것도 중요하네만, 그보다는 한국
의 전반적인 과학기술능력을 어떻게 높일 수 있을 것인가에 대해 많
이 배우고 연구하게나."

후에 정근모는 그 조언을 통해 한국 과학기술 발전에 대해 생각하
게 되고, 미래세대를 위한 한 알의 밀알이 되기로 결심했다.

카이스트의 산파

하버드대 행정대학원 과학기술정책 최고경영자 과정 도중, 정근
모는 한국 과학계를 생각하며 논문 「후진국에서의 두뇌유출을 막는
정책수단」을 발표하고 당시 미 국무성 존 한나 국제개발처장에게 한
국 고등과학교육기관의 필요성을 제의하며 교육기관 구상을 담은
보고서를 제출하였다.

보고서는 박정희 전 대통령에게도 보고됐다. 당시 정부의 현안이
이공계 특수대학원 설립이기 때문이었다. 즉시 정부는 뉴욕에 있던
정근모를 초청하였다. 회의 끝에 산업개발 인력의 신속한 육성이 중
요시돼 그의 설립안을 토대로 과학기술처가 설립을 진행했다.

KAIST 설립의 결정 후, 정근모는 미국으로 돌아가려 했다. 첨단 플라즈마 발생 장치를 연구하기 위해서였다. 하지만 정부는 KAIST 사업을 구상한 정근모 박사가 실무 책임자로서 필요하다고 요청했다. 정근모는 고민 끝에 신기술을 개척하는 미국에서의 3세대 과학자를 포기하고 자신을 키워준 조국을 위해 과학계 기초기반을 닦는 한국에서의 1세대 과학자를 택하였다. 그는 KAIST 설립을 진행하고 교수진을 확보하여 KAIST의 산파라 불리며, 31세의 나이로 KAIST 초대 부원장이 되었다.

한국 원자력의 토대

정근모는 한국전력기술주식회사의 사장직을 맡았다. 당시 한국전력기술주식회사는 원자력 및 수·화력발전소의 기술을 담당하는 회사였지만 전문 기술 부족으로 주 설계는 외국회사가 하고 그 외의 보조업무만 수행하였다. 또한 외국계 원자로는 국내 기술자들의 전문성과 훈련이 부족했기 때문에 기술 자립의 필요성과 한국형 표준 원자로 설계 방안을 고안했다.

우선 정근모는 회사 내에 직장대학원을 설립하여 기술자들로 하여금 학위과정을 이수하게 하고, 단순 작업만이 아닌 근본적인 기술을 배우게 하였다. 기술자들의 수준을 높인 후 그는 한국형 원자력발전소 표준 설계사업을 정부와 한국전력공사에 제안하고 과학기술처의 지원으로 연구 계약을 체결하게 되었다.

그리하여 한국만의 독창적인 연구로 한국형 표준 원전이 개발되었던 것이다. 늦게 시작한 연구인 만큼 다른 원자로보다 개량되었고 안전도는 사고확률 면에서 10분의 1로 감소되었다. 한국형 표준 원전은 후에 차세대 한국형 원전의 토대가 되었고 한국은 원자력 선진국으로서 아랍에미리트에 22조 원 규모의 수출을 이루어 냈다.

김빛내리 (1969~현재)

노화와 질병에 관여하는 유전물질을
최초로 밝힌 한국의 퀴리 부인

V. Nany Kim

독창적인 분야를 개척해 그곳에서 선두가 되고 싶다

전령RNA의 꼬리는 DNA가 단백질로 전환되는 데 중요한 열쇠를
가지고 있다. 오랫동안 전령 RNA의 꼬리 활동을 잘 볼 수 있는 세포
시료 확보에 어려움이 있었다. 김빛내리 교수팀은 시료 속에서 꼬리
를 가진 전령RNA만을 모아주는 새로운 기법을 활용해 분석 효율을
1,000배나 높일 수 있었다. 또한 세계 최초로 마이크로 RNA 생성에
결정적 역할을 하는 드로셔DROSHA 단백질의 3차원 구조를 밝히는
데 성공하여 많은 주목을 받았다.

한국의 퀴리 부인에겐 힘든 시절도 참 많았다

작은 시골마을에서 태어나 집안의 관심을 받지 못한 넷째 딸, 김
빛내리 박사. 어릴 땐 몸이 약해 항상 자신감이 없었다고 했다. 대학

교에 입학해서도 주변 친구들이 더 잘나 보였고 해외 과학자들은 따라갈 수 없는 수준의 사람들로 느껴졌다고도 했다.

몇 년 뒤, 연구를 결심하여 영국 옥스퍼드 대학에서 박사 학위를 받고나서도 다시 연구에 대한 고민이 다가왔다. 큰딸을 낳은 뒤에 1년 넘게 집에서 쉬고 나니 계속 연구를 진행할 수 있을지 자신이 없었다. 그때 남편과 시댁 식구의 격려와 도움으로 미국으로 건너가 박사 후 연구과정을 다녀오면서 마음을 잡았다.

그녀는 자신의 여러 힘든 시절들을 돌아볼 때, 힘들어하는 사람들에게 "당신은 훨씬 더 넓은 세상으로 나가 많은 일을 해낼 수 있는 잠재력이 있는 사람"이라고 위로를 건넸다.

"미래에 대해 상상하라"

예상하지 못한 결과를 보고 고민하다가 새로운 가설을 떠올릴 때 가장 즐겁다고 하는 김빛내리 교수. 그녀는 다음과 같은 연설을 통해 우리에게 도전적인 몇 가지 상상력을 부탁했다.

"기회는 항상 존재하며 여러분을 기다리고 있습니다. 다만 기회는 익숙하지 않은 모습으로 찾아올 것입니다. 기회를 알아볼 수 있는 상상력을 키워야 합니다. 무인자동차, 우주여행, 유전자 편집, 인공지능 등 인류의 미래를 열어가는 사람들의 공통점은 상상력이 풍부한 사람이란 것입니다. 여러분의 상상력의 크기가 인류의 미래를 결정합니다. 치열하게 공부하고, 질문하고, 미래와 사회와 세계에 대해 상상하세요."

자신의 희망찬 미래에 대한 상상력과 학문에 대한 상상력은 한 시골 아이를 21세기의 세계적인 생명과학 전문가로 우뚝 세웠던 것이다.

김순권 (1945~현재)

노벨상 후보에
다섯 번 올라간 '옥수수 박사'

Kim Soon-kwan

촌놈 같으니 육종학이나 하라고? 좋아, 두고 보라지

김순권 교수는 바닷가 마을에서 태어나 고등학교 시험에 떨어지고 1년이라는 시간 동안 농사를 지으며 힘든 시기를 보냈다. 그때 처음 옥수수 육종을 할 수 있는 인내심과 근면한 농민의 자세를 배울 수 있는 밑거름을 얻었다.

엄격한 아버지 밑에서 선행학습을 마치고 울산농고에 입학하게 된 학생 김순권. 그러나 갑자기 가세가 기울면서 대학시험이 아닌 농협입사 시험에 응시했지만 두 번째 낙방을 경험했다. 결국 그는 유학의 길이 열린다는 경북대 농대에 입학하여 공부를 파고들었다.

그는 졸업을 앞두고 '씨 없는 수박'을 만든 우장춘 박사처럼 육종학자가 되어 흙과 함께하는 것보다 멋진 농업경제학 교수가 되기 위해 대학원에 도전하였다. 그러나 여기서 인생에서 큰 전환점이 된 세 번째 낙방의 쓴 맛을 보았다. 낙방 시에 "촌사람처럼 생겨서 육종학을 하라"는 충고를 들었는데, 이를 받아들여 육종학자의 운명을 걷는 계기로 삼은 것이다.

옥수수 종자를 들고 세계 순회 구원을

김순권은 농촌진흥청 연구실에서 근무하게 되었다. 그러나 그는 여기에 만족하지 못하고, 옥수수 육종학에 대한 갈증을 채우기 위해 하와이로 떠났다. 놀랍게도 그곳은 김순권의 꿈이 열매를 맺는 계기가 되었다. 1976년 아시아 최초로, 생산량이 세 배가 되는 하이브리드 옥수수를 개발하는 데 성공한 것이다.

그 이후 나이지리아에서 아프리카형 교잡종 옥수수를 개발하고, 옥수수암癌이라 불리는 위축바이러스에 저항을 지닌 품종이나, 아프리카 토착 생물인 스트라이가Striga와 공생하는 품종을 개발하는 데 성공하였다. 덕분에 아프리카의 많은 생명들에게 살아남을 길이 열렸다.

김 교수는 말라리아와 사투를 벌이면서 생명의 위협도 느꼈지만, 두 번의 명예추장이 되기도 하여 '마이에군'(Mayegun: 가난한 이들을 배불리 먹이는 사람)과 '자군몰루'(Jagunmolu: 위대한 성취자)란 칭호를 얻었다. 그는 또한 북한 전역을 돌면서 옥수수 품종 개발에 헌신하여, 기아 해결과 남북 화해의 중요한 역할을 담당하기도 했다.

노벨상 후보에 다섯 번 오른 '옥수수 천사'

김순권 박사는 노벨상 후보에 다섯 번이나 이름을 올리기도 했다. 비록 실제 수상으로는 이어지지 못했지만, 그는 옥수수 종자로 세계 평화에 기여하고 가까이에선 농민들에게 실질적인 도움을 주었다. 이미 전 세계의 수많은 이들에겐 이미 노벨상보다 더 크고 위대한 사람으로 가슴에 새겨져 있다. 김순권 교수야말로 옥수수와 함께 희망을 심어주는 현대사의 영웅이다.

The Greatest Challenger 100

문화
· 예술

루트비히 판 베토벤
(1770~1827)
운명을 개척한 고전파의 영웅
Ludwig van Beethoven

사상 최고의 음악가이자,
가정을 등에 짊어진 불우한 7살 아이

악성이라고 불리는 루트비히 판 베토벤은 오늘날에도 대중의 사랑을 받는 작곡가 중 한 사람이다. 난청과 불안정한 성격, 시대의 격변과 같은 어려움 속에서도 베토벤은 음악에 정열을 불태우며 불후의 명곡들을 남겼다.

1770년에 독일의 음악가 집안에서 태어난 베토벤은 일찍이 음악에 천재성을 보였다. 이에 욕심을 낸 아버지 요한은 어린 아들에게 혹독한 연습을 시키고, 나이를 7세에서 6세로 속여 가며 연주회를 열기도 했다. 스승인 네페에게 가르침을 받으며 13세의 나이에 궁정 악단에 들어갔으나, 어머니가 돌아가시고 나자 베토벤은 알코올 중독인 아버지와 어린 두 동생을 사실상 책임지게 되었다.

소리를 들을 수 없는 음악가

친구들의 도움으로 빈에 정착한 베토벤은 하이든 등의 지도를 받으며 음악적인 성장을 해 나갔다. 정력적으로 피아노 연주회를 열고, 작곡가로서의 실력도 인정받아 그의 음악을 사랑하는 귀족들의 후원을 받았다. 그러나 앞날이 창창해 보이던 이 젊은 천재에게 뜻밖의 불운이 닥쳤다. 음악가로서는 치명적이라고 할 수 있는 난청을 앓게 된 것이다. 서른을 넘어서는 연주 활동을 단념해야 했으며, 동생들에게 유서를 남기기도 했다.

하지만 베토벤은 가혹한 운명에 굴복하지 않았다. 오히려 작곡에 매달리며 고독하지만 심오한 음악 세계를 형성해 나갔다. 우리에게 잘 알려진 아홉 개의 교향곡과 <월광 소나타>, <엘리제를 위하여>와 같은 작품은 그렇게 해서 탄생할 수 있었다.

"선생님, 이 박수갈채가 들리십니까?"

가장 걸작으로 평가되는 교향곡 9번을 작곡할 당시, 베토벤은 이미 필담으로만 의사소통이 가능한 상태였다. 그러나 그는 자신의 모든 것을 쏟아 부은 이 작품을 연주할 때 어떻게든 함께하고 싶었다. 그래서 1824년 <합창 교향곡>이 초연될 당시에는 전무후무한 광경이 펼쳐졌다. 실질적인 지휘자와 명목상의 지휘자인 베토벤, 두 사람이 나란히 오케스트라 앞에 선 것이다.

연주가 끝나고 청중이 일제히 기립 박수를 보내며 환호성을 울렸으나, 관객을 등지고 선 베토벤은 이조차도 들을 수 없어서 우두커니 서 있었다. 이를 보다 못한 알토 가수가 베토벤을 돌려 세우자, 그제야 청중의 뜨거운 반응을 눈으로 확인했다. 포기할 줄 모르는 그의 의지력과 음악에 대한 헌신이 보답을 받은 것이다.

레오나르도 다 빈치
(1452~1519)
르네상스를 대표하는
천재화가

Leonardo da Vinci

뭐든 싫증 내는 청년은 사실 팔방미인

인류 역사상 가장 많은 분야에서 뛰어난 재능을 보인 천재는 두말할 것 없이 레오나르도 다 빈치이다. 이름을 해석하면 'Vinci 마을 출신 레오나르도'라는 뜻이다. 레오나르도는 건축, 회화, 철학, 시, 작곡, 조각, 물리학, 수학, 해부학, 심지어 육상까지도 잘했으며 매우 키가 큰 미남이었다고 한다.

레오나르도는 수차와 수문을 만든 적도 있고, 넓은 농지를 관개하는 방법을 고안하기도 했다. 또 기중기, 드릴, 비행기, 잠수함 등을 구상했다고 전해지며, 인체의 세부와 비율이 완벽에 가깝게 묘사된 <인체비례도>와 명암·원근법이 잘 사용된 <최후의 만찬>, 신비로운 미소가 살아있는 <모나리자>는 그의 상징이 되었다.

열다섯 살이 되던 해 그는 피렌체에서 미술을 본격적으로 배우기 시작했다. 그의 스승 베로키오는 <그리스도의 세례>라는 그림을 그렸다. 레오나르도는 그림 왼쪽 아래에 어린 천사 두 명을 슬쩍 그려 넣었는데, 스승은 이 천사의 그림을 보고 너무 놀라 다시는 그림을 그리지 않았다. 하지만 좋은 실력을 가졌는데도, 그는 작품 대부분을 미완성으로 두었다.

똑똑한 사람이 노력까지 하면 경악스러운 일이 일어나더라

이런 괴상한 버릇을 가진 그가 심혈을 기울인 작품이 있다. 최후의 만찬 그리고 모나리자 두 작품은 천재가 노력하면 무슨 결과가 생겨나는지 잘 보여준다. 최후의 만찬은 그가 수도원에 그린 작품인데, 특이한 것은 물감에 달걀을 섞어 그렸다는 것이다. 당대 사람들의 증언에 따르면 그가 새벽부터 저녁까지 식음을 잊고 그렸으며, 때로는 몇 시간씩 붓을 놓고 구상만 하고 있었다고 한다.

레오나르도 다 빈치는 또 하나의 역작 <모나리자>를 무척 신경 써서 그렸다. 모나리자는 피렌체의 부자 상인의 부인 아내 리자의 초상화이다. 당시 칼럼니스트인 피에트로 아레티노라는 사람은 레오나르도가 신비로운 미소를 그릴 수 있게 음악대까지 불러 음악을 들려주며 그림을 완성했다고 한다. 그 덕분인지 현재 모나리자는 루브르 박물관의 상징격인 물건이자, 계절과 시간에 관계없이 미어터지도록 관객들이 찾아오는 '세계 최고 인기녀'가 되었다.

최고가 되기 위한 지독한 연구, 노력 그리고 관찰

하지만 그의 일화 중 가장 경악스럽고 비범한 것은 그가 해부도를 그릴 때의 일이다. 그는 시체들을 가져와 방에 눕혀놓고 해부하였다. 요즘도 인체를 잘 살펴보려고 누드크로키를 그리기는 하지만, 방부제도 냉장고도 딱히 없던 시절에 30구를 해부해 본 것은 그야말로 미친 듯한 열정과 집착이 있어야 가능한 일이다. 덕분에 그는 인체의 장기와 뼈, 근육, 자궁과 태아까지 살펴볼 수 있었다. <모나리자>의 신비한 미소의 비결로 레오나르도의 인체학 지식이 꼽히는 것을 보면, 그의 해부는 확실히 보람이 있었던 듯하다.

스티븐 스필버그(1946~현재)
꿈을 만드는 공장장

Steven Spielberg

스필버그 이전에 '블록버스터'는 없었다

25세 청년이 3주 만에 만든, 단순한 스토리의 저예산 영화 '듀얼'이라는 영화가 가져온 결과는 뻔했다. 왜냐하면 감독이 스티븐 스필버그였기 때문이다. 영화는 바로 TV로 방영되었고 이후 몇몇 장면이 더 붙어 극장에 내걸렸으며 심지어 외국 여러 나라로 번역되어 수출되기까지 했다. 스티븐 스필버그는 그렇게 세상에 자신의 작품을 내놓기 시작했다. 그 다음으로 내놓은 '슈가랜드 특급'은 칸 영화제 각본상을 받았고, 몇 년 뒤에는 스티븐 스필버그를 스타 반열에 올린 '죠스 1'이 나왔다. '죠스 1'은 제작비의 50배를 벌어들이며 '블록버스터'라는 말을 새로 만들어 냈고, 각국의 해수욕장 관리자들은 관광객이 대폭 줄어 울상을 지어야 했다.

영화에 꿈을 새기던 청년, 세계인의 가슴에 꿈을 새기다

스필버그의 데뷔 10주년 작품은 '레이더스(1981)'이었다. 우리나라에서는 '인디아나 존스와 잃어버린 성궤의 추적자'라는 제목으로 개봉했다. 스타워즈의 주요 인물 해리슨 포드를 앞세운 이 영화는 얼마 안 가 14개의 트로피를 휩쓸며 흥행했다. 예상치 못한 대박에 계획에 없던 속편이 몇 년씩 간격을 두고 쏟아졌으며, 차기 속편은 2019년 개봉된다고 한다. 그 다음 해, 스필버그 영화에는 빼빼 마른 배불뚝이 손님이 등장했다. 바로 E.T.라 불리는 외계인이다. E.T.는 4억 달러가 넘는 수입을 벌어들이며 무려 15년 동안 흥행 1위의 기록을 지키게 된다. 우리나라에도 개봉된 E.T.는 큰 흥행을 거뒀고, 외계인이나 마른비만 체형의 대명사가 E.T.로 굳어지는 계기가 되었다.

1993년, 스필버그는 '쥬라기 공원'으로 돌아왔다. 이 영화가 전 세계 흥행 1위를 기록하며 E.T.는 2위로 밀려났다. 한편 같은 공룡 영화 '영구와 공룡 쮸쮸'를 똑같은 해에 개봉한 심형래 감독은 인터뷰에서 "'쥬라기 공원'을 보고 펑펑 울었다"며 심경을 고백했다. 하지만 당시 스필버그의 마음도 편하지는 않았다. 유대인 출신인 그가 유대인이 나치의 손에서 벗어나는 과정을 그린 '쉰들러 리스트'를 만들고 있었기 때문이다. 그는 역사를 공부하며 심각한 히스테리에 시달렸고, 이 때문에 영화사는 스필버그에게 일단 '쥬라기 공원'부터 만들도록 지시했다. '쉰들러 리스트'는 흥행과 아카데미상은 물론 스필버그가 '단순한 괴물영화 감독'이 아니라는 이미지까지 가져오는 데 성공했으며, 전 세계는 이 영화로 인해 인간성과 역사에 대한 깊은 고찰에 빠지게 되었다. 5년 뒤에 개봉한 '라이언 일병 구하기' 역시 흥행에 대성공하며 전쟁을 있는 그대로 그려내었다는 평가를 받았고, 이후 2차 대전을 배경으로 한 게임에는 본 영화의 초반 장면을 넣는 것이 유행이 되었다.

스필버그는 2016년 하버드 졸업식에서 '악당이 가득한 세상에서 영화 속 영웅이 되라'라는 주문을 했다. 그는 세상이 차별과 혐오로 가득 차 있다고 외치며 호기심을 갖고, 문제의 근원을 살펴보라는 조언을 건넸다. 멋진 주인공 캐릭터를 만들어 내는 거장 감독은 현실에 있는 사람 하나하나의 눈 속에서 영웅의 모습을 보고 있었던 것이다. 정의로운 주인공이 스크린을 뚫고 현실에 나올 수도 있다는 생각을 하는 스필버그는 얼마나 꿈 많고 올바른 사람인가.

피카소 (1881~1973)
20세기 최고의 미술가를 보다
Pablo Picasso

"이게 무슨 그림이야? 애들 장난 그림이지."

맞다. 나도 그렇게 생각했다. 어린 시절, 초등학교 때 피카소가 서양화가로 '입체파 미술가'라고 외웠다. 그림의 문외한이라 그랬던 게 사실이다. 오늘날에도 미술을 깊이 이해하지 못하는 사람들은 피카소의 작품을 보고 그렇게 말한다. '20세기 천재화가이며 최고의 미술가'로 칭송받는 피카소는 스페인의 작은 어촌 마을에서 태어났다.

피카소의 화풍은 하나하나가 '시대'로 불린다

아버지는 미술 선생이었고 어머니의 집안에도 유명한 화가가 있었다고 한다. 피는 못 속인다고 할까, 피카소 역시 미술에 많은 재능이 있었다. 15세 왕립 미술학교에 입학했지만 불평불만이 컸다. 피카소는 판에 박힌 그림을 거부했다. 미술 교육이 싫증나 예술의 고장 파리로 여행을 가곤 했다. 거기서 많은 부류의 사람들과 접촉했고 그들의 성향을 눈여겨봤던 것이다.

피카소의 미술 세계를 이야기할 때 몇 가지의 시기로 분류해서 말한다. 그의 화풍은 시기마다 특색이 있다. 1905년부터 피카소는 서커스를 하는 사람들과 사귀며 그들을 소재로 많은 그림을 그렸고 그 시기를 '서커스의 시대'라 칭한다. 그리고 인상파 그림에 관심을 둔 '분홍색 시대'를 거쳐 아프리카 원시조각에서 영감을 얻어 그린 <아비뇽의 아가씨들>은 '니그로시대'로 불리며, 이 그림이 바로 피카소의 입체파의 시작을 알리는 그림이 되었다. 그 후 입체파 운동에 앞장서 화단에 입체파라는 세력을 형성했던 것이다.

많은 노력과 도전으로 새로운 화풍을 만든 위대한 미술가, 피카소

그리고 '신고전주의 경향'으로 갔다가 다시 1925년부터는 '초현실주의'의 영향을 받았다. 피카소는 붓을 거칠게 눌러 괴상한 얼굴을 표현할 때는 그게 바로 '표현주의 시대'라 불렀다. 아울러 1947년 이후 피카소는 석판화를 많이 그렸고 세상의 아름다움을 작품으로 나타내기 위해 다양한 시도를 끊임없이 했고 노력 또한 많이 했다. 피카소는 정치적 문제에도 관심이 많았다. 스페인 내전 당시 독일 폭격기가 게르니카 마을을 파괴한 사건을 소재로 그린 그림이 그 유명한 <게르니카>다. 이 그림은 서양미술사를 논할 때 빼놓을 수 없는 놀라운 작품이란 평가를 받고 있다.

판에 박힌 그림을 거부하고 많은 노력과 도전정신으로 새로운 화풍을 만든 피카소는 위대한 미술가임이 틀림없다. 우리 역시 어느 직종에서든지 마찬가지다. 기존의 틀을 과감하게 벗어 던지고 창조적인 새로운 아이템을 개발하며, 자신만의 노하우를 개발하면 최고의 자기발전이 될 것이다. 항상 새로움이 있기에 현대사회가 빠른 속도로 발전하기 때문이다. 사람이 밥으로 크고 밥으로 힘을 내는 것처럼, 세상은 무언가 새로운 것을 먹으며 나아가기 때문이다.

어니스트 헤밍웨이 (1898 ~1961)

패배하지 않는
인간상을 보여주다

Ernest Hemingway

전쟁터를 떠돌던 햇병아리 기자

미국의 대문호 어니스트 헤밍웨이는 20세기를 대표하는 작가다. 독특하고 간결한 문체로 쓰인 그의 사실주의 소설은 후대에 많은 영향을 미쳤다.

미국이 1차 세계 대전에 참전할 당시 헤밍웨이는 갓 고등학교를 졸업한 나이였다. 처음에는 수습기자로 일했던 헤밍웨이는 1918년 적십자의 구급차 운전병으로 지원했으며, 종군 중 다리에 부상을 입기도 했다. 그러나 기자 생활 중에 익힌 짧고 강렬한 문체는 이후 그의 소설의 특징이 되었다.

휴전 후 그는 파리에서 특파원으로 머물면서 거트루드 스타인, 제임스 조이스 등 당대의 쟁쟁한 문학가들과 교우 관계를 맺고 문학적

인 소양을 넓혀 갔다. 1926년에 첫 장편 소설인『해는 또다시 떠오른
다』를 발표하면서, 헤밍웨이는 '잃어버린 세대' 작가 중 한 사람으로
꼽히게 되었다. '잃어버린 세대'란 1차 대전 이후 전쟁에 환멸을 느
끼는 작가를 뜻한다. 이어 1929년에 참전 경험을 바탕으로 쓴『무기
여 잘 있거라』(1929)가 주목을 받으면서 헤밍웨이는 유명 작가의 반
열에 올라섰다.

인간의 한계에 도전한 노인처럼

헤밍웨이는 아프리카 수렵 여행을 다녀와 수필집인『아프리카의
푸른 언덕』(1935)과 단편 소설『킬리만자로의 눈』(1936)을 발표하는
등 다수의 작품 활동을 벌였다. 그러나 1937년 스페인 내란이 발발
하자, 또다시 종군 기자로서 전장을 찾아 전쟁의 참상을 목격한다.
이때 취재한 내용을 기반으로 오랜 시간에 걸쳐 탈고한『누구를 위
해 종은 울리나』(1940)는 이전에 쓴 작품보다도 많은 호응을 이끌어
냈다.

2차 대전에 참전한 후 귀국한 헤밍웨이는 쿠바에 자리를 잡고 집
필 활동에 전념했다. 그러나 오랫동안 작품을 발표하지 않다가 10
년 만에 내놓은『강을 넘어 숲으로』가 혹평을 받자, 정신적인 고통
에 시달렸다. 하지만 이에 좌절하지 않고, 심혈을 기울여 완성한
'자신이 살아생전 쓸 수 있는 최선의 작품'인『노인과 바다』(1952)를
완성했다. 이 작품은 그에게 퓰리처상과 노벨 문학상을 함께 안겨
주었다. 자연과 맞서 싸우며 인간의 한계를 극복한 늙은 어부가 한

말과 같이, 헤밍웨이의 생애는 우리에게 강렬한 메시지를 던지고 있다.

"인간은 파괴될 수 있다. 그러나 패배하지 않는다."

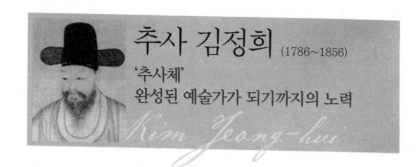

추사 김정희 (1786~1856)
'추사체'
완성된 예술가가 되기까지의 노력
Kim Jeong-hui

해동제일통유(조선 제일의 유학자)라 불리던 예술가

추사 김정희를 검색해 보면 우리가 익히 알고 있는 것 이외의 사실들이 속속 등장한다. 그는 추앙받는 문인이었으며 화가였고, 금석문 연구가였으며 불교 경전에 조예가 깊었다. 현재는 그의 차 문화 또한 연구의 주제일 만큼 그의 삶의 모든 부분이 예술이라는 큰 틀 안에 있었다. 이렇듯 여러 방면의 예술에 능통한 그를 청나라의 유학자들이 '해동海東 제일第一 통유通儒: 조선의 제일가는 유학자'라 불렀을 정도이니 '추사체'라는 하나의 서체를 만들어 내기까지 그의 삶은 완성된 예술가의 모습이라 할 수 있을 것이다.

"글씨로 대성하겠으나 그 길은 고단할 것이니 다른 길을 택하게 하시오."

추사 김정희는 어린 시절부터 신필로 이름을 날렸다. 그에 관해서는 이런 일화가 전해진다. 옛날엔 봄을 맞이하는 입춘첩을 대문에 써 붙이는 풍습이 있었다. 그런데 어린 나이의 김정희가 쓴 입춘첩을 재상 채제공蔡濟恭이 우연히 보게 되고, 그의 아버지에게 위와 같은 말을 남겼다. 비록 사회 여건상 다른 길을 택하라고는 했으나, 재상이 글씨로 대성할 것이라고 말한 것은, 그의 솜씨가 주머니 속 송곳처럼 일찍부터 두각을 드러냈음을 보여준다.

모방은 창조의 어머니라

당나라에서는 신언서판身言書判이라 하여 관리를 뽑는 기준을 두었다. 그중 서書는 글씨를 가리킨다. 예로부터 글씨는 그 사람의 됨됨이를 말해주는 것이라 하여 매우 중요시하였다. 그런 중국이었으니 옹방강의 서체를 비롯해 조맹부, 소동파, 안진경 등 유명한 문장이 많았다. 조선에서는 이들의 글씨를 얼마나 똑같이 따라 쓸 수 있는가로 명필을 가렸다. 김정희 역시 시작은 다르지 않아서 연경에까지 가서 친필들을 감상하고 그들의 서체를 익혔다. 하지만 배우고 익혀 따라 쓰는 것만으로 멈추지 않았다는 점에서 그의 도전정신이 빛난다. 금석문의 연구가이기도 했던 그는 금석문의 서체를 본떠 '추사체'라는 독특한 서체를 만들었다.

추사체는 한문의 궁서체에 익숙해진 우리들이 보기엔 낯설 정도로 독특하다. 글씨를 단순히 글을 전달하는 도구로 사용한 것이 아니라 글씨 그 자체를 이미지화 했다는 느낌이 강하게 든다. 내용을 더욱 효과적으로 전달하기 위해 굵기를 조절하거나 배치를 자유롭게 하고 글자의 크기를 다르게 하는 등 파격적이라고 표현할 수 있을 정도의 자유분방함이 느껴진다.

추사 김정희를 요즘으로 말하자면 어떨까. 글씨를 시각적으로 아름답게 이용해 의미와 개성을 강조하는 캘리그라피의 선구자, 또는 새로운 서체를 연구하는 폰트 개발자로 소개할 수 있지 않을까. 그의 도전으로 이루어딘 작품이 100년의 간극을 넘어서 이 시대를 살아가는 우리와도 이렇게 연결점이 있다는 점에서 추사체의 경이로움은 더해만 간다.

간송 전형필 (1906~1962)
한국의
흩어진 자존심을 모아라

Jean Hyeong-pil

안목이 높았던 사람, 뜻은 더 높았던 사람

우리 조상이 얼마나 대단했는지는 결코 유치한 문제가 아니다. 조상이 쌓아 올린 찬란한 지식과 문화는 그대로 후손의 양분이 되고 자긍심이 되어 가슴에서 눈에서 빛난다. 그리고 당연히 좋은 양분을 먹고 자랄수록 튼튼한 후손이 되어 아름다운 미래를 맞이할 수 있었다. 그리고 그 지식과 문화는 우리가 문화재라 부르는 것들을 통해 전승되었다. 다시 말해 문화재야말로 우리의 어버이가 우리에게 내려주는 양식이자 긍지다.

간송 전형필은 상처와 잿더미뿐인 역사 속에서 그 문화재를 품에 안고 지켜낸 인물이다. 부유한 자로서 당연한 행동이라고 여길 수 있으나, 우리 문화재를 모으고 소중히 간직하는 행동은 결국 개인의 재산과 관계없이 큰 뜻에서 비롯되는 것이다. 간송은 부자로서 당연

한 일을 한 사람이 아니라, 일개 사람이 당연히 품지 못하는 대의를
실천한 사람이다.

훈민정음 해례를 지켜내라

1943년, 한글이 반포된 지 약 5백여 년이 흐른 뒤, 안동에서 훈민
정음 해례가 발견되었다. 해례는 집현전 학사들이 훈민정음에 담
긴 철학과 제작 배경, 훈민정음의 용법을 설명한 귀중한 문화유산이
다. 간단히 말해 지금 우리가 쓰는 우리글이 어디에서 어떻게 온 것
인지 알려주는 증거이다.

해례본을 발견한 사람은 기와집 한 채 값인 천 원을 불렀다. 하지
만 간송이 해례본을 손에 넣기 위해 지불한 금액은 그 열 배였다. 후
대에는 간송이 해례본을 '그 정도는 내고 모셔 와야 하는' 귀중한 문
화재라고 여겼기 때문이라는 이야기가 전해져 온다. 그리고 귀한 값
을 치른 귀한 유산은 광복 후 세상에 공개된다.

간송 전형필에게는 뭔가 특별한 것이 있다

1950년 6월 25일, 북한군은 대한민국을 기습 공격했다. 우리가 그
상황에 처한다면 무엇을 먼저 챙겨야 할까? 귀중품이나 식량이라고
답할 이가 가장 많을 것이다. 조금 재치 있는 사람들은 목숨만이라
도 잘 간수해야 한다고 할 것이고, 약간 생각이 깊은 이들은 내 손을
꼭 붙잡은 자식을 챙겨주겠다고 할 것이다. 하지만 결국 자신의 생

명과 안전을 지키겠다는 대답이 가장 흔하고 상식적이다.

　간송의 생각은 달랐다. 그는 피난길 내내 해례본을 상자에 넣어 품에 안고 있었다. 단순히 집 열 채 값을 낸 물건이라 아까워서 그랬을 것이라는 생각은 금물이다. 그가 문화재를 돈으로 보는 사람이었다면 처음부터 해례본에 만 원이나 들이지 않았을 것이다. 문화재는 단순히 비싼 매물이나 다시는 못 얻는 신기한 물건이 아니라 민족의 밑천이고 증거이며 자존심이라는 것을 잘 알고 있던 것이다. 간송이 우리의 얼을 지켜낸 비결은 그의 크고 바른 안목이며, 부유함은 그것을 얼마나 더 많이 간직하게 해 주었는지를 갈랐을 뿐이다.

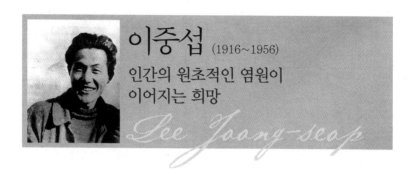

이중섭 (1916~1956)
인간의 원초적인 염원이
이어지는 희망
Lee Joong-seap

민족정서의 본질을 찾아내고 발현해내다

화가 이중섭은 프랑스 유학 시절, 시를 프랑스어로 외우며 열정적인 야수주의 표현주의를 표상해 냈다. 그는 거친 붓질로 그림을 그려 내었지만 그 속에서 늘 민족정서의 본질을 찾아내려 했다. 이를 뒷받침하는 근거는 이중섭이 고구려벽화의 봉황이나 청룡을 그려 내어 민족의 자화상을 현대화시키려 노력한 점을 예로 들 수 있다.

유학 시절 그는 몸은 해외를 떠돌았으나 마음은 고국을 생각했다. 식민당국 시절에도 그는 한글로 이름 쓰기를 실천했었다. 이름 쓰기의 실천은 국어 말살정책에 대한 반발이었다. 이중섭은 한발 더 나아가 일제에 반항하며 일본인들 사이에서 물의를 일으키기도 하였다. 이중섭의 삶에는 한국 근대사의 어두웠던 그림자가 남아 있다.

단어만으로도 추억이 될 수밖에 없었던 '가족'

부산 피난 때 이은 1951년 제주도의 생활을 시작했다. 이때의 이중섭의 생활은 남루하고 가난하기까지 했지만, 가족과 함께 생활한 그 시절은 가난을 메우고도 남을 행복한 시절이었다. 이중섭이 '소의 말' 중에서 '삶은 외롭고 서글프고 그리운 것 허나 아름답도다.'라는 시구를 남길 정도였다. 가족과의 생활은 7년 밖에 유지를 하지 못하였지만 그의 부인인 마사코(이남덕)는 7년을 살고 그 추억으로 60년을 버텼다고 밝힌 바 있다.

가족을 주제로 한 그림에는 그가 꿈꾸던 유토피아를 볼 수 있다. 그의 그림에는 자연과 인간의 해방, 구원을 꿈꾸는 희망적인 면모가 담겨있다. 그림을 보는 우리들의 눈은 무한함을 담아낼 수 있기에, 이중섭의 가족에 대한 사랑은 처음 보는 사람도 충분히 느꼈다. 암흑기를 살아간 화가 이중섭의 그림에서 우리가 희망과 위로를 느끼는 것도 그 때문일지 모른다.

고은 (1933~현재)
25개 나라에 번역된
시들의 아버지

격동의 세월, 삶은 혼란이었다

시인 고은은 1933년 일제강점기 가운데 태어났다. 어른이 되기 전
광복의 기쁨을 맞았지만 얼마 가지 않아 전쟁이 터졌다. 소년에서
청년으로 향하던 길에 본 수많은 죽음에 그의 정신은 피폐해졌다.
정신적 충격으로 산과 들을 떠돌고, 주변 사람들은 모두 그를 미쳤
다고 했다.

정신착란과 자살미수로 추락하던 고은은 우연히 만난 스님에게
자석처럼 끌려가게 되었다. 10년 가까이 승려로 살면서 그는 조금씩
마음의 안정을 찾았으나 여전히 살갗에는 죽음의 공포와 염세가 달
라붙어 있었다. 하지만 송곳은 결국 주머니를 뚫고 나오는 법. 그의
시가 조지훈의 눈에 띄어 고은은 26세의 나이로 등단하며 동시에 환
속하였다.

마음속 어둠을 걷고 2막 공연을 시작한 고은

문인이 되고 가짜 고은이 곳곳에 나타났다. 이름을 사칭해 사기를 치는 사람, 심사위원 노릇을 하는 사람, 심지어 고은을 사칭해 여자를 꾀어 결혼한 사람까지. 하지만 정작 그 무렵 고은은 불면증에 시달리고 있었고 자살도 여러 번 실패한 상태였다. 끔찍하게 오래된 절망과 불면증을 날린 것은 어느 술집에서 우연히 읽은 신문기사 한 편. 거기에는 전태일이라는 사람의 죽음에 대해 쓰여 있었다.

고은은 전태일의 죽음이 사회의 아픔과 모순에서 비롯되었음을 알고 참여시를 썼다. 불면증은 거짓말처럼 사라졌다. 고은은 이때를 두고 골짜기에 갇혀 있다가 빠져나온 기분이라고 회상했다. 김대중 내란음모죄에 말려들어가 2년간 옥에 갇혀있기도 했다. 하지만 반드시 불행하기만 하리라는 법은 없는지, 그 뒤 사랑하는 아내와 결혼식을 올리고 집을 얻어 창작활동에 전념하였다.

별을 먹고 싶다는 생각을 하다

시로 세상에 돌아온 이후로 그는 끊임없이 펜을 쥐었다. 25년간 집필한 만인보는 총 30권, 그 안에는 무려 4,001편의 시가 들어있다. 소설, 평론까지 포함한다면 그의 작품은 160여 권에 달한다. 국내에서만 알려진 문인도 수두룩하건만 고은의 책은 25개 국가로 퍼져나갔다. 그런 고은에게는 깊고 축축한 상처로 난도질된 세월이 있었다.

"고모, 별 따 줘. 먹으면 배부르겠다."

어린 시절 굶주림에 한 말이 그에겐 한동안 부끄러운 비밀이었다. 남들이 별을 보며 꿈과 소망과 부끄러움을 말할 때 자신은 배고프다는 말을 했다는 것은 밝힐 수 없었다. 하지만 지금 그는 그 일화를 창피하게 여기지 않는다. 밥을 먹고 싶다는 생각도 꿈이었고 그 꿈은 절절했기 때문이다. 간절해야 비로소 꿈다운 꿈이라는 것, 그 메시지가 고은이 우리에게 던져주는 시로 들려온다.

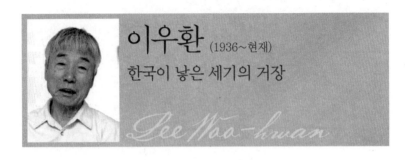

이우환 (1936~현재)
한국이 낳은 세기의 거장

Lee Woo-hwan

세기의 전시, 서울에 오다

지난 봄 이우환 화백과 만나 베르사유의 아치-일명 '강철무지개'라는 그의 작품을 전시할 적당한 공간을 찾기 위해 종일 한강과 남산 등을 돌아다닌 적이 있다. 이 작품은 2014년 파리 베르사유 궁 정원에서 세계 대가 시리즈 7번째로 선정돼 전시한 이우환 작품 10점 중 하나로, 김영호 한국학중앙연구원 교수의 요청으로 서울에 설치될 예정이다. 이우환 화백은 경남 함안 태생(1936년)으로 일본과 유럽을 오가며 활동했다. 그는 고 백남준과 중국의 차이궈창에 이어 아시아 작가로는 세 번째로 뉴욕 구겐하임 미술관에서 2011년 회고전을 가졌다.

이우환은 많은 나라에서 존경을 넘어 숭배를 받고 있으며 특히 구겐하임미술관의 전시는 그를 역사적 인물이자 동시대 거장의 자리에 올려놓는 기회가 되었다. 이후 이우환은 국내 미술계에서는 생존 작가 중 가장 독보적인 위상을 갖는 인물이다. 그는 지난 10년간 국내 경매에서 백남준을 제치고 가장 많은 작품 거래액을 기록했다. 현존 화가 중에는 43번째로 높다.

세계를 돌아다닌 이우환 화백의 메시지

이 화백은 1956년 서울대학교를 중퇴하고 니혼대학日本大學 철학과를 졸업했다. 1973년부터 1991년까지는 도쿄에서 미술대학 교수로 지냈다. 동시에 그는 파리비엔날레, 상파울루비엔날레, 카셀도큐멘타 등 권위 있는 국제전에 참여했다. 그 뒤로도 이우환은 밀라노의 무디마미술관, 국내의 국립현대미술관, 갤러리현대, 박영덕화랑, 파리의 Jeu de Paume 갤러리에서 개인전을 열었다. 그밖에도 베네치아 비엔날레 특별전, 요코하마의 <전후 현대일본의 전위미술>, 퐁피두센터의 <메이드 인 프랑스>, 서울의 <프로젝트 8> 등에 참여하였다. 주요 작품으로는 <선으로부터>, <동풍>, <관계항>, <조응>, <점에서>, <상응> 등이 있다.

작품을 믿은 화가, 그 화가를 믿어준 세상

그는 타국 땅을 돌며 외롭게 활동했지만, 화가이자 조각가인 동시에 철학이론가로서 자신의 예술론을 확고히 다졌다. 이 화백은 일본에서도 모노파物派 운동의 중심인물이었다. 이 예술사조는 돌이나 나무 등 자연의 사물을 거의 손대지 않고 있는 그대로 설치해 대비시킨다. 이우환의 작품은 절제와 정화를 강조해 형성한 동양적 여백이 특징이다. 그는 철판과 돌을 서로 마주보게 놓아둔다든지, 큰 붓으로 물감을 묻혀서 화폭에 찍거나, 붓에 물감을 묻혀 물감이 나오지 않을 때까지 선을 연속으로 그어대는 작업을 반복했다. 철판과 돌, 혹은 물감과 화폭에 서로 관계를 만들어주고 해석하게 하는 식이다.

그의 작품이 국제적 명성을 가지기 전, 이 화백은 유럽에 진출하고 싶어 프랑스 파리의 유명 전시장에 작품을 보냈으나 되돌아왔다. 그는 돌아온 작품을 트럭에 싣고 비를 맞으며, 별장에서 휴가를 보내던 미술관장을 찾아가 자기 작품의 의미와 철학을 설명했다. 이 화백은 결국 설득에 성공해 자신의 새로운 사조의 작품을 처음으로 유럽의 국제적 화랑에서 전시하며 한국인의 도전정신을 여실히 보여주었다.

The Greatest Challenger 100

방송 · 연예

찰리 채플린 (1889~1977)
모두에게 위안을 안겨준
영화 거장

Charlie Chaplin

자신은 울어도 남은 웃겼던 비범한 인물

세계를 웃긴 찰리 채플린의 성장기는 검고 우울했다. 아버지는 알
코올 중독에, 어머니는 외도에 빠져 이혼했다. 집안은 가난했고 어
머니는 정신병원에 들어갔다. 다행히 아버지가 채플린을 아동 극단
에서 연기하도록 도와줬고, 그의 연기는 좋은 평을 받았다. 이것이
찰리 채플린의 1막이었다.

영국 극단 배우로 살던 채플린은 23세에 미국 영화배우로 전향했
다. 그러나 채플린은 자신이 속한 키스톤사社 영화가 마음에 들지
않았다. 결국 그는 떠돌이 캐릭터를 구상하고 동료에게서 빌린 옷
을 입고 출연한다. 뚱뚱한 사람에게서 빌린 헐렁한 바지, 몸집 작
은 사람에게서 빌린 너무 작은 상의, 뻬딱하게 쓴 모자와 작은 콧수
염, 여기에 자신의 지팡이까지. 이것이 바로 우리가 흔히 기억하는

찰리 채플린의 모습이다. 채플린은 이 옷을 입고 'Kid Auto Races at Venice(1914)'라는 영화에서 사고뭉치 역할을 보여주었다.

이후 채플린은 유명세를 타며 아예 키스톤에서 영화를 만들기 시작했다. 채플린의 영화는 소중한 경험이 된 데다 히트를 치며 그를 유명인사로 만들었다. 이후 그는 아예 키스톤을 나와 여러 영화사를 돌며 코미디 영화를 만들었고 여러 상품의 모델로 출연하기도 했다. 심지어 그의 모습을 따라하는 경연대회도 열렸는데, 가명으로 몰래 출연한 채플린은 2등을 차지했다.

반은 달콤한 웃음, 반은 씁쓸한 풍자, 모던타임스

1936년 채플린은 그 유명한 '모던 타임스'를 선보였다. 이 영화에서 가장 많이 거론되는 것은 바로 도입부로, 채플린이 공장에서 일하는 장면이다. 출근하느라 우르르 몰려가는 직원들의 모습을 양떼에 비유한 모습, 1초에 2개씩 지나가는 부품의 나사를 정신없이 조이는 모습, 렌치를 내려놓은 뒤에도 나사를 조이는 동작을 계속하는 모습, 잠깐 쉬며 흡연하려 할 때 모니터에 사장이 등장해 호통을 치는 모습이 나온다. 지나치게 바쁘게 일하고 숨 가쁘게 달려갈 수밖에 없는 사람들의 안타까운 모습이 해학적으로 그려져 있으며, 당시 채플린이 보여준 사회의 단점은 80년이 지난 현대에도 유효한 내용들이다.

채플린은 서양 영화사 그 자체였다

　가정불화와 대공황에 이어 채플린에게 찾아온 시련은 이념갈등이었다. 2차 대전 연합군에 대한 원조를 촉구하는 연설회에서 채플린은 소련 대사 대신 연설을 했다. 미국에서 활동하던 배우가 소련의 입장에서 연설을 하는 것도 놀라운데, 그의 발언이 "동무들!"이라는 말로 시작하였기 때문에 그는 공산주의자라는 의심을 받고 감시당한다. 결국 그는 10여 년 뒤 미국을 떠났다가 1972년 아카데미 명예상을 수상하기 위해 돌아오게 되었다. 영화계에 크게 공헌한 업적을 인정받은 것이다. 채플린의 등장에 참석자들은 열렬히 환호하고 기립박수를 쳤으며, 5년 뒤 채플린은 집에서 평화롭게 숨을 거두었다.

오프라 윈프리 (1954~현재)

가난과 절망을 딛고 일어난
신화가 된 여자

Oprah Winfrey

**"결국 삶이란 여러분이 되고자 했던
완벽한 인격체로 거듭나는 것입니다." – 윈프리**

오프라 윈프리는 전 세계 흑인 여성 중 가장 성공한 인물이자 세계적으로 부와 명예를 가진 미국의 방송인이다. 그녀는 미국 쇼 비즈니스 세계, 혹은 전미에서 가장 영향력 있고 존경받는 사람으로 주목받고 있다.

아픈 어린 시절

오프라 윈프리는 어린 시절 상당한 고난을 겪어야 했다. 그녀는 시골인 미시시피 주에서 가난한 흑인가정의 사생아로 태어났다. 그녀는 9살에 사촌오빠로부터 성폭행을 당해 지울 수 없는 상처를 입었다. 14살에 미혼모가 된 데다 그녀의 아들이 2주 후에 죽는 고통을 겪었다. 그 후 윈프리는 인생을 방황하며 마약에 빠지는 등, 절망 속에서 힘든 사춘기를 보냈다.

인생의 새로운 변화

암울한 유년시절을 보내던 중 그녀는 재혼한 아버지, 새어머니와 함께 살게 되면서 새 가정의 따뜻한 관심 속에서 마음을 다잡았다. 그러던 중·고등학생 때 오프라 윈프리에게 인생을 본격적으로 바꾸게 되는 계기가 생겼다. 담임교사의 소개로 지역 라디오 방송국에서 아르바이트를 시작하게 된 것이다. 그녀는 방송국 아르바이트를 하면서 뉴스캐스터와 방송 진행자의 꿈을 품으며 꿈을 향해 전진하는 고등학교 시절을 보냈다.

오프라 윈프리 쇼의 시작

19세에 지역의 저녁 뉴스의 공동 뉴스캐스터를 시작한 그녀는 풍부한 상식과 꾸밈없는 즉흥적 감정 전달로 명성을 얻게 되었다. 1983년 오프라 윈프리는 시카고에서 낮은 시청률을 가진 30분짜리 아침 토크쇼인 에이엠 시카고AM Chicago방송 진행자가 되었다. 이 방송은 한 달 만에 같은 시간대 시청률 1위로 올라섰다. 그 쇼는 전국적으로 방영되는 '오프라 윈프리 쇼'로 바뀌었다. 이 프로그램은 세계적인 대박을 거둬들였으며 당대 미국 최고의 토크쇼로 자리를 잡았다.

"제 쇼의 출연자들도 그렇지만, 저도 제 이야기를 하면서 카타르시스를 느낍니다. 이해할 수 있어요. 일단 말로 풀어 꺼내 놓으면, 다시는 그것에 얽매이지 않으니까요." - 윈프리

오프라 윈프리 쇼는 2001년에 끝났지만 그녀의 이야기는 오프라히즘Oprahism, '인생의 성공은 타인이 아닌 자신에게 달렸다'라는 신조어를 낳을 정도로 우리의 가슴 깊이 남아있다.

안드레아 보첼리 (1958~현재)

시각장애를 극복한
테너이자 변호사

Andrea Bocelli

누구도 보지 못하지만 모두가 바라보는 가수, 보첼리

안드레아 보첼리는 시각장애인이지만, 장애를 극복하고 뛰어난
가창력으로 세계적인 명성을 쌓았으며, 1994년 산레모 음악제에서
신인상을 수상하면서 데뷔하였다. 지금 그는 전 세계적으로 인정받
는 팝페라 가수이자 테너이다.

보첼리는 농기구와 포도주를 제작하는 집안에서 태어났다. 원래
태어날 때부터 녹내장 증상이 있었으며, 결정적으로 12살 때 축구를
하다 머리에 충격을 받은 뒤 시력을 완전히 잃게 되었다.

시각 장애인 변호사

안드레아 보첼리를 대부분 테너 가수로 알고 있지만, 사실 그는 가수 이전에 변호사였다. 시각장애에도 불구하고 보첼리는 피사대학교 법과대학원에 진학하고 변호사로서 살기도 했다. 어릴 적부터 시각을 잃었으면 삶을 포기하고 방탕해질 만도 하지만, 보첼리는 오히려 공부에 매진했다. 그 결과 각고의 노력 끝에 이탈리아의 명문대학인 피사대학을 나온 보첼리는 법정 변호사로 수년간 활동하였다.

음악에 대한 열정과 진정성

그는 어릴 때도 피아노, 플루트, 색소폰, 트럼펫 등 여러 악기를 연주했지만, 본격적으로 음악을 직업으로 삼기 시작한 건 야간 재즈 바에서 피아노를 칠 때부터였다. 음악에 대한 열정을 버릴 수 없었던 그는 평탄한 변호사의 길을 버리고 재즈 바에서 힘들게 돈을 모아 프랑코 코렐리에게 레슨을 받기 시작했다. 그때 안드레아 보첼리의 나이가 32세. 32세라는 적지 않은 나이에 보첼리는 새로운 도전을 시작하였다.

"이렇게 되기까지 너무나 고되고 힘든 길을 걸어왔다. 하지만 나는 행운아다. 내 목소리는 신의 선물이다. 신이 주신 목소리에 감사할 뿐이다. 시력을 잃지 않았어도 나는 노래를 택했을 것이다. 내 노래가 듣는 이에게 삶의 활력소가 되고 사랑과 기쁨의 에너지가 되길 진심으로 바란다."

장애가 아닌 실력을 보고 탄생한 〈Time to say good bye〉

안드레아 보첼리는 항상 본인이 원하는 인생을 살기 위해 노력했다. 그리고 본인이 가진 것을 과감하게 버리고 새로운 도전을 하였다. 이 과정에서 그의 능력과 재능 그리고 진정성을 알아본 이들이 기회를 만들어 주었다. 그와 사라 브라이트만이 불러 공전의 히트곡이 된 <Time to say good bye>는, 사실 브라이트만이 이탈리아를 여행하다가 우연히 갓 데뷔해 이름을 알리기 시작한 안드레아 보첼리의 '콘 테 파르티노'라는 곡을 듣게 되며 만들어진 곡이다. 사라브라이트만은 그가 시각장애인이라는 것은 개의치 않고, 그의 능력과 실력에 매료되어 콘 테 파리티노를 <Time to say good bye>로 바꿔서 함께 부를 것을 제안했다. 그리고 이 곡은 전 세계적으로 1,200만 장의 판매고를 올렸다.

이처럼 안드레아 보첼리의 성공은 단순히 그만의 노력이 만든 성공이 아니었다. 그것은 그의 장애를 보기 전에 그의 능력과 재능을 우선 알아본 주위의 동료와 함께 만든 성공이었다.

존 레논 (1940~1980)

영국이 낳은 전설적 록밴드,
비틀즈의 멤버

John Lennon

대중음악의 선구자, 존 레논

존 레논은 전설로 불리는 4인조 그룹 비틀즈의 멤버로, 1960년 대중음악에 혁명을 가져오며 당시의 음악 시장에 거대한 영향을 미친 뮤지션이다. 그는 20세기에 가장 영향력이 있는 뮤지션으로 알려져 있다. 그는 활동 당시는 물론이고 차세대의 뮤지션들에게 엄청난 영향을 미쳤고, 다양한 방법으로 록의 한계를 확장시켜 전설로 불리고 있다. 뿐만 아니라 사회운동에 적극적으로 참여하며 대중들의 사회의식을 깨우치는 데에도 공헌했다. 그는 아직까지도 사람들의 삶에 녹아들어 많은 이들에게 기억되고 있다.

방황 그리고 록큰롤

그의 인생은 어렸을 때부터 순탄치 않았다. 상선의 선원이었던 레논의 아버지는 당시 집을 비우는 날이 아주 많아 레논과 함께 지내지 못했다. 레논의 어머니 또한 다른 남성과 동거하고 있어서, 레논은 친부모와 떨어져 이모네 집에서 자랐다. 때문에 그는 질풍노도의 사춘기를 겪었다. 많은 싸움을 일으키고 다니며 반항적으로 행동했던 그는 우연히 록큰롤을 접하게 되었다. 때마침 어머니와도 다시 연락이 되었고, 그의 어머니는 레논이 음악에 관심을 갖게 했다.

어머니의 죽음

그가 성인이 될 때 쯤 갑작스럽게 그의 어머니는 교통사고로 사망하게 된다. 이 사건은 그를 큰 충격에 빠뜨렸다. 어머니의 죽음에 혼란을 겪었지만, 그는 좌절에 빠지지 않고 계속해서 자신의 음악세계를 펼쳐나가기 시작한다. 또 이로 인해 비슷하게 모친을 잃은 폴 매카트니와의 우정을 굳히게 되면서 한층 더 성장을 이루게 된다.

비틀즈의 음악적 발전 그리고 사회운동

비틀즈는 레논과 매카트니의 작품으로 승승장구하며 다양한 시도를 해보았다. 그 과정에서 다양한 화음, 코드 진행을 발전시키며 록의 한계를 확장시켰고 많은 이들에게 록 뮤지션에 대해서 알릴 수 있었다. 덕분에 그를 따르는 뮤지션들이 생기게 되었고 이는 대중문화의 음악적 발전을 이루는 계기가 되었다. 심지어 영국 리버풀 공항은 지난 2002년 이 지역 출신인 비틀즈의 전 멤버이자 세계적인 뮤지션 존 레논의 이름으로 공항 명칭을 바꾸기도 했다.

뿐만 아니라 그는 활동 거점을 뉴욕으로 옮긴 1970년대에 많은 반체제 활동가와 뮤지션을 알게 되면서 정치적 활동에도 적극적으로 참가하게 되었다. 특별한 정당을 지지하지는 않았지만, 자신의 신조를 드러내면서 데모 행진을 하기도 했다. 또한 형무소에서의 폭동, 인종문제, 성차별 등 다양한 사회문제를 해결하기 위해 노력했고, 정신지체아와 루게릭병 환자를 돕기 위한 행사를 진행하는 등 다양한 활동을 하였다.

　존 레논은 그의 음악적 활동을 통해 대중문화의 부흥을 일으켰을 뿐만 아니라 그것들을 통해 사회문제의 해결책을 강구하면서 세상을 변화시키게 되었다. 가정불화, 어머니의 죽음 등 다양한 고난이 있었음에도 불구하고 자신의 재능을 펼쳐나갔던 존 레논이 있었기 때문에 당시의 대중문화의 폭이 넓어질 수 있음은 물론이고 대중들의 사회인식을 깨울 수 있었다. 그의 사후, 존 레논이 사용했던 기타는 캘리포니아에서 열린 경매에서 240만 달러에 팔렸다.

폴 포츠 (1970~현재)

전 세계 사람들을 감동시킨 천상의 목소리

Paul Potts

"폴, 오늘 무엇을 하러 나왔나요?"

"오페라를 부를 겁니다."

영국의 오디션 프로그램 '브리튼즈 갓 탤런트' 예선전. 부러진 앞니에 어눌한 태도, 자신감 없는 표정을 하고 낡은 양복을 입은 남자가 무대에 올랐다. 심사위원들은 한숨을 내쉬고 심드렁한 표정으로 그를 쳐다봤다. 노래가 시작되자마자 사람들의 표정이 놀라움으로 바뀌었다. 객석에서는 환호성이 터져 나오고 심사위원들은 자세를 고쳐 앉았다.

폴 포츠의 예선전을 담은 이 영상은 유튜브에서 누적 1억 건이 넘는 조회 수를 기록했다. 노래가 끝났을 때, 그곳에는 웨일즈에서 올라온 소심한 휴대폰 판매원이 아니라 세계인에게 사랑받는 스타가 서 있었다.

힘든 삶 속에서도 포기하지 않았던 꿈 그리고 도전

폴 포츠는 어렸을 때부터 외모 때문에 괴롭힘을 당했다. 그의 꿈은 오페라 가수였다. 휴대폰 판매원으로 살면서도 그는 꿈을 놓지 않았다. 가수가 되기 위해 많은 오페라 회사의 문을 두드렸지만 사람들은 그의 외모만을 보고 무시했다. 2003년 충수염으로 입원했다가 양성 종양이 발견돼 오랜 시간 병원 신세를 지고, 같은 해 교통사고를 당해 쇄골이 부러지는 중상을 입고 2년간 아무 일도 할 수 없었다. 부상으로 일을 하지 못해 3만 파운드의 빚까지 졌다. 쇄골 골절로 성대를 다쳐 다시는 노래를 부를 수 없을지 모른다는 말을 듣고도, 그는 음악을 포기하지 않았다.

> "여러 가지 힘든 일들이 많았지만, 언젠가는 나에게도 절호의
> 기회가 올지도 모른다고 생각했어요." - 폴 포츠

그 '희망'이 지금까지 그를 지탱해준 힘이 됐다. 하지만 폴 포츠가 희망만을 바라며 아무것도 하지 않은 것은 아니다. 빚을 내가면서도 오페라 수업을 듣고, 문전박대를 당하면서도 음반회사의 문을 두드리고, '브리튼즈 갓 탤런트'에 신청서를 냈다. 그는 거듭되는 실패에 절망하지 않고 기회를 찾아다녔다.

폴 포츠의 첫 번째 음반 제목이자 그의 이야기를 기반으로 만들어진 영화 제목인 '원 찬스'는 그의 인생을 대변한다고 할 수 있다. 기회를 기적으로 바꾼 힘은 그에게 있다. 꿈을 이루기 위해 최선을 다해 노력했기 때문에 그는 그 한 번의 기회를 붙잡을 수 있었던 것이다.

이제 그는 어엿한 가수이다. 언제나 나 자신에 대해 완전한 믿음을 가지는 게 어려웠다고 말하던 폴 포츠는 이제 어떤 일을 이루는 데에는 단지 자신에 대한 믿음만이 필요하다고 말한다. 그리고 사람들에게 말한다.

"꿈을 갖고 도전하라. 내게 일어난 일이 자신에게도 일어날 수 있다는 희망을 가져라."

송해 (1927~현재)

삶을 가득 채운 도전정신,
90세 노익장 과시하다

Song Hae

인생은 끝없는 도전

최근 KBS 김지원 아나운서가 SNS를 통해 게시한 글에 대선배 송해의 모습이 담겨 있어 화제가 되었다. 노령으로 잘 보이지 않는 작은 글씨의 대본을 큰 글씨로 필사하여 원고지에 옮겨 담은 후 방송 내용을 전부 외운다는 내용이었다. 철저한 준비를 바탕으로 매끄러운 진행과 재치를 보여준 남자, 그가 명MC 송해이다.

송해는 향년 90세의 고령이다. 그럼에도 불구하고 그는 탁월한 진행력, 조리 있는 말솜씨, 높은 친화력 등으로 언제나 방송계에서 호평을 받아 왔다. 1980년부터 송해가 진행을 맡아온 KBS 전국노래자랑은 37년간 한국 사람들의 일요일 정오를 울리는 메아리가 되어 왔다.

이별의 연속, 눈물의 곡절

방송생활 환갑이 넘은 해에게 인생에 우여곡절이 없었던 것은 아니다. 도리어 일반인들이 겪는 고통보다 더한 아픔을 겪어 왔다. 한국전이 한창이던 때에 "어머니, 밖에 나갔다 오겠습니다." 하고 나왔다가 난리통에 해주를 떠나게 되어 가족 및 친구와 생이별을 하게 되었다.

우리나라로 와선 통신병으로 활약하면서 38선 이남 곳곳에 종전을 타전했던 이가 그였다. 이후 방송생활을 하면서 평안한 삶을 살 것 같았으나, 대학 2학년이던 아들이 한남대교에서 오토바이 교통사고로 사망한 후 큰 슬픔에 빠졌다. 방송에 나와 회고하길, 응급실에 들어가기 전 아들이 "아버지, 살려주세요."라고 외치던 기억에 사무친다고 했다.

한결 같은 모습을 보이다

그러나 아픔에도 송해의 도전은 계속되었다. 매주 전국 방방곡곡을 돌아다니며 전국노래자랑 프로그램을 30년 동안 꾸준히 진행하고, 최근에는 KBS 예능 프로그램 '나를 돌아봐'에 출연하며 활동 영역을 넓힌 바 있다.

우리가 보고 기억하는 송해의 모습은 늘 한결같다. 검은색 뿔테안경에 다채로운 색깔의 재킷을 입고 나온 송해는 '전국! 노래자랑!'으로 방송을 시작한다. 솜씨를 뽐내러 온 무대 참가자들에게 살가운

말을 건네며 그들과 함께 어울린다. 남이 보기에 한결 같은 모습을 유지한다는 것은 자신에게는 매일을 새로운 도전으로 받아들인다는 것과 같다. 송해는 말한다. "나 죽는 날이 은퇴하는 날이지…."라고.

김병만 (1975~현재)
불가능을 현실로 만든 도전인

Kim Byung-man

"나는 실패의 달인이었습니다."

지금으로선 사람들에게 뜨거운 박수를 받으며 공연장을 떠나는 김병만이지만 불과 몇 년 전만해도 불행의 아이콘이었다. 개그맨 시험에는 7번 낙방했고, 공사판을 떠돌거나 신문을 돌리며 살던 적도 있었다. 한때는 4층에서 추락해 죽을 뻔했고, 기계에 손목이 잘릴 뻔한 적도 있었다. 물에 빠지고 나무에서 떨어진 일도 있었다고 한다.

김병만은 TV 속의 신인 연예인 발굴 프로그램에서 고교 동창을 봤다. 그리고 걷잡을 수 없는 승부욕으로 무작정 상경한 것이 꿈에 대한 그의 첫걸음이었다. 그러나 맨땅에 헤딩하는 격으로 도전한 그에게 땅바닥은 너무나 차갑고 딱딱했다. 대사 울렁증과 사투리 때문에 밤을 새가며 연습해야 했다. 연극학원 원장님에게는 키가 작아

방송하기 힘들다는 소리를 들었고, 결국 아버지께 울분을 쏟아내기도 했다. 그 뒤로도 김병만은 스스로를 방송에 나오는 유명한 선배들과 선을 그으며 살아왔다.

"해 봤어요? 안 해 봤으면 말을 하지 마세요."

하지만 그는 이 어렵고 힘든 순간에도 포기를 모르고 끝까지 도전했다. 내성적인 성격과 무대공포증까지 가지고 있었던 그에게는 연습이 유일한 희망이었다. 개그맨이 되기 위해 지하철에서 무작정 사람들을 웃겨가며 자신의 성격을 고쳤다. 어려운 가정형편 탓에 아버지의 속을 태우면서까지 막노동에 잡일을 하며 서울에서 외로운 시간을 보냈다. 하지만 개그맨에 대한 열망이 누구보다 간절했기에 MBC 공채에 4번, KBS 공채에 4번에 끊임없이 도전하며 칠전팔기라는 별명을 얻고 개그맨에 발을 들이게 되었다.

'달인'이라는 개그 프로그램에 출연한 후 드디어 그의 노력이 빛날 수 있었다. 철봉 위에서 묘기하고 천연덕스럽게 얼음 위를 걷는 그를 보며 수많은 사람들은 못하는 게 없는 사람이라고 생각했다. 하지만 뒤에서 누구보다 열렬히 도전하고 노력하는 그는 과연 노력의 달인이라고 불려야 마땅했다. 일하다 죽을 고비까지 몇 번 넘겨본 그에게 몸이 고된 콩트 정도는 견딜 만한 일이었을지도 모른다. 사람들에게 웃음을 주기 위해 매일 새로운 아이디어를 구상하고 실천하기 위해 그는 담을 수 없을 만큼 많은 땀을 흘렸다.

"꿈이 있는 거북이는 지치지 않는다." -김병만

개그맨이라는 꿈을 이룬 후에도 그의 열정은 계속되었다. 피겨선수 김연아가 출연하는 '키스 앤 크라이'에 등장한 김병만은 피겨에 관심을 가지고 새로운 도전을 하게 되었다. 평발이라는 난관 앞에서 좌절하지 않고 빙판 위에서 인상 깊은 연기를 선사한 그에게 사람들은 폭풍 같은 박수갈채를 보냈다.

맨몸으로 온갖 잡일을 하며 성장한 김병만은 TV프로그램 '정글의 법칙'에서 다른 참가자들의 유일한 희망이 되었다. 생존하기 위해 먼저 나서 사냥을 하고 터전을 찾으며 뒤처진 부원들을 포기하지 않게 이끌어주는 김병만은 참으로 리더다운 리더이다.

성실함 하나로 오랜 시간을 버티며, 단점이라 생각했던 작은 키를 개그맨으로 성공하는 강점으로 바꾸고, 도전과 실패를 반복한 끝에 마침내 그는 2013 SBS 연예대상 대상을 수상했다. 하지만 자신의 한계를 극복하고 정상 위까지 올라선 그는 절대 나태해지거나 자만하지 않았다. 성공을 유지하기 위해 무엇보다 초심을 잃지 않는 것이 가장 중요하다는 것을 알고 매일매일 새로운 한계에 노력으로 맞서며 김병만은 또다시 스스로에게 도전한다.

싸이 (1977~현재)

B급으로 세계의 취향을 저격한
한국의 가수

Psy

도발적인 '놈'의 등장

노스트라다무스가 예언했던 종말은 보기 좋게 빗나갔고 새천년
이 도래했다. 그리고 1년 뒤 종말쯤에서 오지 않았을까 싶은 가수,
싸이가 나타났다. 1집 이름도 'Psy From The Psycho World' 꽤나 도발
적이다. 이름만 신기한 게 아니다. 젝스키스, HOT 같은 아이돌 1세
대의 후임 격인 그는 신비롭지도, 멋있지도 않았다. 잘 먹은 부잣집
아이처럼 살이 오른 얼굴에 왁스로 한껏 밀어올린 머리, 처음에는
잘 갖춘 것 같은 정장도 뜯어보면 광택이 줄줄 흘렀고 목까지 가려
진 옷은 알고 보니 민소매였다. '세상은 바뀌었다'는 것을 몸소 보여
주는 것 같은 모습. 그의 데뷔곡 '새'의 '이 십 원짜리야'라는 가사는
극에 달한 도발이었다. 정말 세상이 바뀌어서일까. 그의 도전은 약
간 불편한 시선만 존재했을 뿐 금지당하지 않았고 그는 '엽기 가수'
라는 별칭을 얻으며 세상에 발을 들였다.

B급 딴따라, 제대로 사고치다

초창기 싸이의 노래는 전체 관람가가 아니었다. 1집은 미성년자 판매금지 판정을 받았고 19금 판정으로 도배된 2집은 흥행에 실패했다. 사회면에 이름을 올리는 불명예스러운 과정을 겪으며 그의 노래는 많이 순화되었고 비주류에서 주류로 거듭났다. 건전해지긴 했지만 이 과정에서 그의 색채는 점점 약해졌다.

그가 자신만의 B급 감성을 제대로 되찾게 된 건 10년 후였다. 새로운 소속사의 양현석 대표의 조언에 따라 초심으로 돌아가기로 한 것. 그리고 욕 하나 들어있지 않지만 B급 감성 충만한 강남스타일이 세상에 나왔다. 해외진출은 애초에 의도하지 않았지만 유튜브 속 말춤을 통해 그의 B급 감성은 제대로 세계의 취향을 '저격'했고 그는 일약 세계적 스타로 발돋움하게 되었다.

'싸이다움'은 영원하리

강남스타일의 부담 때문인지 그 이후 미국시장을 노리고 발매한 젠틀맨이나 행오버의 성적은 전작에 훨씬 못 미쳤다. 싸이는 다시 그만의 감성을 지켜 나가기로 했다. 적지 않은 공백기를 두었지만 덕분에 그는 부담을 버리고 다시 유감없이 자신의 진가를 발휘할 수 있었다.

엽기 가수부터 월드스타까지 그에겐 다양한 수식어가 붙어있지만 그는 항상 자신이 딴따라임을 부정한 적이 없다. 그는 공연 때마다 여장 퍼포먼스를 했다. 왁스로 밀어붙인 머리는 여전하지만 여성 댄서 의상을 입고 격하게 흔들었다. 최근에는 가슴모양의 콘까지 달고 나와 불을 뿜었다. 세계적 인기를 누린 후에도 여전하니 '싸이답다'고 밖에 할 말이 없다. 약간은 저급해 보이지만 그의 코드는 이때까지의 그를 만든 개성이고 원동력임을 부정할 수 없다. 그는 세계를 대상으로 도발적 행보를 이어갈 '딴따라'다.

유재석 (1972~현재)

명실상부한
이 시대 최고의 방송인 No.1

Yoo Jae-suk

7년의 무명시절.
그에게 찾아온 작지만 놀라운 깨달음

방송 3사 연예대상 역대 최다 수상자. 지상파 방송 3사에서 모두 대상을 수상하는 그랜드슬램 최초 달성. 백상예술대상 사상 두 번째로 TV부문 대상을 수상한 예능인. 2005년에서 2015년까지 11년 연속 대상 수상. 이 기록의 주인공은 대한민국 대표 방송인이라는 칭호가 아깝지 않은 국민MC이자 개그맨, 유재석이다.

유재석이 처음부터 지금처럼 최고의 인기를 누렸던 것은 아니었다. 오히려 그의 긴 무명시절은 사람들에게 잘 알려져 있다. 그는 1991년 스무 살의 나이로 KBS 공채 개그맨에 합격하며 데뷔했지만, 이후 단역만을 전전하며 빛을 보지 못했다. 유재석의 동기는 김용만, 박수홍, 남희석, 김국진 등 당시 한창 전성기를 구가하는 사람들이었다. 그는 몇 번이고 개그맨을 관두려 했다. 열등감 때문에 일부러 TV코미디 프로그램도 보지 않았다. 그리고 군에 입대했다.

같은 날 군대에 입대한 탤런트 이정재와 함께 군 생활을 하면서 유재석은 자신에게 가장 필요한 것은 자신감이라는 걸 깨달았다. 제대 후에도 조그만 배역을 맡아 하는 것은 변함없었지만 그는 예전과 달라져 있었다. 모두 내 연기를 보고 웃을 거라고 자기최면을 걸었다. 능청스러운 코믹연기에 시청자들이 반응을 보였고, 그는 무명에서 벗어나기 시작했다. 기회는 모든 사람들에게 공평하게 찾아온다는 것을 알았다.

무모하고 무리한 도전에서
무한도전으로

유재석은 콩트와 작은 코너 진행을 하며 점차 인지도를 쌓아갔다. 프로그램 등을 모니터링하며 항상 진행과 대사를 연습하고, 소재를 찾아 연구했다. 노력은 결실을 맺었다. 2000년경 MBC 예능 프로그램 <목표달성 토요일>의 '스타 서바이벌 동거동락'코너에서 첫 메인MC를 맡은 유재석은 프로그램 진행을 성공적으로 해내면서 본격적으로 이름을 알리기 시작했다. 이후로도 유재석은 <일요일은 즐거워>, <해피투게더>, <진실게임> 등의 MC를 맡으며 능력을 인정받았다. <실제상황 토요일>의 '엑스맨' 코너를 맡으며 국민 MC라는 별명을 얻게 된 것을 시작으로, 그는 <무한도전>, <해피투게더 시즌3>, <패밀리가 떴다>에 출연하며 대한민국 예능계에서 최고 MC로서 입지를 굳히게 되었다.

무한도전은 초창기 무모하다, 딴따라들의 쓸데없는 짓이라는 비난의 손가락질과 함께 애국가 수준의 시청률을 기록했다. 그럼에도 포기하지 않고 견뎌낸 덕일까. 무한도전은 국민예능으로 자리를 잡고 메인 MC인 유재석에게는 날개가 달리게 되었다. 오늘날 유재석 등의 대표 프로그램인 무한도전은 10년이 넘는 시간동안 전 국민의 사랑과 관심을 받고 있다. 그 과정에서도 동료들의 많은 사건 사고가 있었지만, 일이 터질 때마다 그는 멤버, 제작진을 대신해 진심으로 사과했다. 유재석은 정형돈과의 대화에서 이렇게 말했다. "힘들었던 적은 있지만 그만두고 싶었던 적은 없다.", "나는 많이 쉬었다. 한 9년 쉬고 나니 이제는 쉬기 싫다." 그의 멈추지 않는 도전정신을 보여주는 대화이다.

도전은 무한히,
인생은 영원히

유재석이 만약 무명시절 그대로 포기했다면 지금의 '유느님'은 없었을 것이다. 또한 그가 자신의 위치에 안주했다면 다른 연예인들처럼 잠깐의 인기를 누리다 사라졌을 것이다. 착하고 모범적인 이미지를 토대로 대중의 사랑을 받는 지금도 자기관리를 철저히 하여 구설수에 오른 적이 없다. 노력과 도전 그리고 마음가짐이 지금의 그를 만든 셈이다.

최근 유재석은 진행뿐만 아니라 프로그램이 나갈 방향을 설정하고 출연진과 시청자 반응을 살피는 등 프로듀서 능력까지 갖추었다는 평가를 듣는다. 줄곧 지상파 방송만 하던 그였으나 최근에는 종편에도 진출했다. 중국 진출을 염두에 두고 있다는 소식도 들린다. 유재석은 지금도 무한한 도전을 하고 있다.

조용필 (1950~현재)
가수들의 왕이라 불리는 남자

Cho yong-pil

LP와 카세트테이프와 CD를 거쳐
디지털 음원까지 석권한 가수

2013년, 조용필은 19집 'Hello'를 발표했다. 10년 만의 앨범이자, 60대 중반에 발표한 것이었지만 대중의 관심은 뜨거웠다. 국내 음악 사이트 1위는 어디를 가도 'Hello'의 차지였고, 이하 10위권도 대부분 조용필의 다른 노래들이 기록했다. 특히 음악사이트 관계자는 30대 이하의 소비가 가장 많았다고 밝혀, 조용필의 노래가 그의 전성기 이후 세대도 감동시켰다는 것을 증언했다.

손자뻘 학생들마저 홀린 비결로는 조용필의 명성보다는 그의 재능과 조용필이 시대의 흐름을 잘 따라잡은 것이 꼽힌다. 조용필은 노래를 한 시대를 떠오르게 하는 매개라고 불렀고, 그 지론에 맞게 공감과 소통을 가장 중요한 요소로 꼽았다. 사람들이 어떤 노래를 떠올릴 때 그 노래를 부르던 시절도 같이 추억할 수 있어야 한다는 말이다. 데뷔 40년이 된 가수의 노래에서 현대적 연출과 리듬이 뚝뚝 묻어나는 것도 조용필의 철학 때문일 것이다. 비슷한 예로 2008년 조용필 40주년 콘서트에서는 전자기타와 레이저 장식을 이용해 화려한 공연을 펼쳤다.

내놓는 곡마다 히트, 가왕의 탄생

조용필은 1968년 가출했다. 먹고살기 힘들던 시절 '딴따라'가 되겠다는 자식이 가출하는 것은 신기한 이야기는 아니었다. 사실 당시 조용필은 노래에 대한 열정보다는 반항심과 호기심이 더 컸다고 밝혔다. 그런데 막상 가출하니 밥벌이를 하려면 노래를 해야 하는 상황. 그의 첫 공연은 1969년, 미군부대 공연 무대였다. 노래해야 할 친구가 갑자기 입대해서 그 대역으로 조용필이 나간 것이다. 하늘도 사람도 조용필의 노력과 재능을 알아봤는지, 3년 뒤 그의 데뷔곡 '돌아와요 부산항에'는 대인기를 끌며 조용필을 화려하게 등장시켰다. 이 노래는 부산시의 상징이 되었고, 일본의 수많은 가수들과 대만의 덩리쥔도 따라 불렀다.

이후 그는 왕성한 활동을 통해 국내 최대 야외 공연(관객 10만 명, 해운대), 국내 최초 단일 앨범 100만 장 판매, 음반 총 판매량 최초 1천만 장 돌파, 국내 최초 뮤직비디오 제작, 한국인 최초 카네기홀 공연 등의 엄청난 기록을 세웠으며, 각종 음악 수상식과 여론조사에서는 수없이 1위를 차지했다. KBS의 연말 가수왕 시상식에서는 조용필이 자신의 수상을 스스로 발표하는 일도 벌어졌다. 전년 가수왕이 당해 가수왕을 발표하는 규칙 때문이었다.

앞서간 사람들의 일생과 노력이
깨달음이 되고 동기부여가 됩니다 - 조용필

그가 가왕이라 불리는 이유는 그의 노력을 살펴보면 깨달을 수 있다. 조용필은 트로트, 발라드, 오페라, 판소리, 민요, 블루스, 팝, 동요, 록 음악에 도전했다. 흥행 여부야 말할 필요도 없다. 대단한 영예를 거머쥐고도 늘 새로운 분야에 거리낌 없이 도전하는 모습에서, 세월도 비껴가는 조용필의 예술혼이 엿보인다.

조용필은 새로운 무대연출에 신경을 많이 쓰는 가수인데, 그 이유를 들어보면 조용필이 어떤 사람인지 간단히 정리할 수 있다. 조용필이 공연을 하면 팬들은 어디든지 따라가 듣고 즐기며, 여러 날에 걸쳐 같은 공연을 반복해 보는 사람도 많다. 게다가 조용필은 대한민국 국민들의 이목이 크게 집중되고 데뷔한 지도 오래 되어서, 예전의 연출을 그대로 쓰면 사람들이 실망할 것을 늘 걱정한다. 그가 얼마나 오랫동안 큰 인기를 누리는 가수인지, 그리고 그 인기에 보답하기 위해 얼마나 노력하는지 알 수 있는 대목이다. 그리고 동시에 성공을 거두었다고 해서 그에 안주하지 않고 늘 참신한 것을 찾는 자세가 2013년의 열풍을 가져왔다는 것도 알 수 있다.

또한 국민가수나 가왕 같은 호칭보다 이름으로 불리는 게 좋다고 밝히며 권위적인 모습을 벗어던지기도 했다. 사람은 인기와 권력에 쉽게 취하지만, 조용필의 겸손한 태도는 그 자체로 교훈이 된다. 그것이 실제로 드러난 때가 2010년의 소록도 공연이었다. 이 때 그가 나병 걸린 관객 300여 명과 손을 맞잡고 포옹도 하며 흥겹게 노래하는 모습이 언론에 알려졌고, 사람들은 명실상부한 최고의 가수라고 입을 모아 칭찬했다. 아내가 남긴 유산이나 소속사와 콘서트의 수익, 개인 재산을 기부하는 모습도 그의 이름을 빛냈다.

탐험·스포츠

로알 아문센 (1872~1928)

인류 최초로
남극점을 정복한 위대한 탐험가

Roald Amundsen

로알 아문센은 인류 최초로 양극점을 정복한 노르웨이의 탐험가다. 그의 철저한 준비성과 실용적 사고방식은 같은 시기에 남극점을 탐험했던 로버트 스콧과 비교되며 현재까지도 끊임없이 회자되고 있다.

탐험의 꿈, 북서항로 정복으로 이루다

아문센은 크리스차니아 대학에서 의학을 공부했으나 1895년 탐험의 꿈을 이루기 위해 1등 항해사가 되었다. 1897년부터 2년간 벨기에의 남극탐험대에 참가한 아문센은 경험을 쌓아 1901년 그린란드 해양을 조사했다. 아문센은 탐험에 필요한 모든 기술을 자기 자신이 스스로 갖추려고 노력했으며, 다른 이들이 쉬는 시간에도 북서항로에 대한 문서를 모았다. 이후 사상 처음으로 대서양에서 북극해를 거쳐 태평양에 이르는 북서항로 항행에 성공했다.

남극에서 벌어진 거물과 신출내기의 위대한 경쟁

아문센은 이에 만족하지 않고 북극에 도전했다. 북극 탐험은 그의 오랜 바람이기도 했다. 하지만 1909년 미국의 로버트 피어리와 프레데릭 쿡이 북극점에 도달했다는 소식이 전해지자 목표를 남극으로 바꾼다.

그는 이 도전을 위해 남극을 연구하고 철저히 준비한다. 극지방에 거주하는 이누이트 족에게 그들의 생활방식과 식생활을 배워 적용했다. 이전 탐험가들의 기록을 상세히 조사하고 그들의 경험과 실패를 교훈삼아 계획을 수정하고 보완했다. 아문센은 이누이트 족이 입는 털가죽 방한복과 훈련받은 개썰매를 준비했다. 보급품은 남극점으로 향하는 길의 여러 곳에 나누어 저장하고, 바다표범을 잡아 현장에서 식량을 조달, 비축했다.

조급한 마음이 불러온 실패, 그리고 재도전

1911년 9월, 스콧에게 질지도 모른다는 초조함에 시달리던 아문센은 날씨가 풀리는 봄이 찾아오기도 전에 성급하게 출발했다가 참담한 실패를 겪어야 했다. 개들은 목숨을 잃고 대원들은 동상에 걸렸다. 아문센은 침착하게 상황을 판단하여 무리하게 진행하지 않고 다시 캠프로 돌아왔다. 한 달간 휴식을 취하고 치료하면서 그는 이 실패를 잊지 않고 교훈으로 삼았다.

한 달 뒤, 아문센은 다시 남극점으로 출발했다. 결국 1911년 12월 14일 아문센은 인류 최초로 남극점에 도착했다. 당시 최강국이었던 영국의 로버트 스콧의 대규모 원정대가 아닌, 막 독립한 신생국가 노르웨이의 아문센 탐험대가 도전에 성공할 수 있었던 이유는 자만심이나 무모함이 아닌 철저한 준비와 연구 덕분이었다. 그는 이후에도 끊임없이 도전하여 북자극 위치를 확인하고 북동항로를 항행했으며, 북극점 상공 횡단비행에 성공하는 업적을 세웠다.

펠레 (1940~현재)
영원한 축구 황제

Pelé

오늘에서야 펠레가 나보다 위대함을 알았다
– 무하마드 알리

축구 황제라 불리는 펠레도 담배를 피우다 아버지에게 들키는 어린 시절이 있었다. 이때 아버지의 대처가 놀랍다. 아버지는 펠레가 흡연하면 훌륭한 축구선수가 될 수 없다고 타이른 뒤, 돈을 주며 그 돈으로 담배를 피울지 아니면 뛰어난 선수가 되기 위해 노력할 것인지 선택하라고 했다. 펠레는 이에 울며 돈을 돌려주고 절대 담배를 피우지 않겠다고 맹세했다. 브라질 정부가 존재 자체를 국보로 지정한 축구 황제의 흥미로운 일면이다.

축구는 모르지만 펠레는 안다 – 마이클 조던

1950년, 브라질은 월드컵 결승전에서 크게 얕봤던 우루과이에게

패했다. 브라질은 개최국이었고 우루과이보다 훨씬 강했다. 경기장에는 17만 이상의 관중이 있었고 이 중 4명이 충격을 받아 사망했으며 브라질은 이후 유니폼을 바꿨다. 펠레는 자서전에서 예수상 앞으로 가 우루과이를 꺾고 브라질에 승리를 가져다주겠다고 기도했다고 밝혔다. 결국 8년 뒤인 1958년, 펠레는 17세의 나이로 월드컵에서 6골을 넣으며 조국 브라질을 승리로 이끌었다.

난 대통령입니다. 하지만 당신은 소개할 필요가 없죠. 모두가 당신을 아니까요 - 레이건

1966년 월드컵에서 브라질은 포르투갈과 예선전을 치렀다. 브라질 대표팀의 운명은 불안했고 펠레는 부상을 입은 채였다. 감독은 절박한 마음으로 펠레를 내보냈지만, 상대 선수의 태클에 그는 큰 부상을 입었다. 펠레는 자서전에서 그 순간을 '축구가 아니라 격투기였다', '최악의 부상이다' 등의 표현을 써서 회상했다. 그리고 그는 축구에 불만을 표하며 국가대표로 출전하지 않겠노라고 선언했다.

하지만 대중과 언론은 그를 가만히 두지 않았다. 게다가 펠레는 이대로 그라운드를 떠나기에는 너무 일렀다. 결국 1970년, 펠레는 월드컵에 복귀해 10골 4어시스트를 기록하며 다시 브라질을 우승으로 이끌었고, 규칙에 따라 줄리메 우승컵은 브라질이 영원히 소유하게 되었다. 덧붙여 이 월드컵에서 브라질은 한 번도 패배하지 않았다.

그는 1,500년의 명성을 누릴 것이다 – 앤디 워홀

월드컵 유일 3회 우승, 공식 757골의 사나이 펠레는 경기장을 떠난 뒤에도 한가로이 살지 않았다. 펠레는 은퇴한 뒤 브라질의 체육부 장관이 되었다. 언뜻 생각하면 지지율을 올리기 위한 힘 좋은 마스코트로 보일 것이다. 하지만 펠레는 브라질 축구계의 부정부패를 잘 알았고 무엇보다 부패의 주축이 되는 인물과 타협하지 않았다. 펠레는 축구협회가 조금이라도 더 청렴하고 정당하게 운영되도록 힘썼으며 특히 예산 관리가 더욱 투명해지는 데 기여했다는 평을 받았다. 선수로서의 마지막 순간은 물론 은퇴한 뒤에도 자신이 사랑하는 길을 정비하는 그의 모습은 세상에서 또 찾기 힘든 영웅의 뒷모습이다.

데이비드 베컴 (1975~현재)
축구의 귀공자

David Beckham

잘생긴 선수의 멋진 경기

　데이비드 베컴은 그야말로 흥행 보증수표이다. 뛰어난 외모, 아름답고 유명한 아내, 전설로 남은 축구 실력, 어마어마한 수입과 영국 왕실에서 받은 4등급 훈장. '엄친아'에게 '엄친아'가 있다면 그 사람이 베컴 정도가 아닐까. 베컴은 1993년에 맨체스터 유나이티드에 입단하며 축구 인생을 시작했다. 이후 그는 하프라인에서 날린 깜짝 슛으로 득점하기도 하고, 유럽 챔피언스 리그의 '캄프 누의 기적'이라 불리는 경기에서 코너킥을 맡기도 했다.

　캄프 누의 기적 당시, 맨유는 1점 차이로 지고 있었고 시간은 겨우 3분이 남아 있었다. 이렇게 중요한 상황에서 마지막 두 번의 코너킥을 맡은 선수는 베컴이었다. 그리고 그 코너킥은 결국 두 번 모두 득점으로 연결되어 맨유는 기적 같은 역전승을 거두게 된다.

세상이 나를 버려도 나는 나를 버리지 않는다

2003년 베컴은 레알 마드리드로 이적했다. 이 무렵 그는 부상과 포지션 변경으로 부진했고 언론은 악성 기사를 내보내며 사생활 파헤치기에 집중했다. 내외에서 동시에 찾아온 악재를 극복할 방법은 단 하나, 축구선수로서 뛰어난 결과를 보여주는 것이다.

하지만 새로 부임한 카펠로 감독은 베컴을 경기에 내보내지 않겠다고 선언했고 이에 베컴도 레알 마드리드를 곧 떠나겠다고 밝혔다. 카펠로 감독은 수많은 팀들을 돌아다니며 우승을 안겨준 덕에 '우승 청부사'라 불리던 사람이었다. 그러나 계속 악화되던 상황은 니스텔로이와 라울이라는 새 단짝을 만나며 급속히 바뀌었다. 베컴은 미드필더로서 최전방 공격수에게 공을 정확히 전달하는 장기를 지녀 택배기사라는 별명까지 얻었던 선수이고, 이들 공격수가 득점하기 위해서는 베컴의 정확한 공 전달이 꼭 필요했던 것이다. 결국 베컴의 도움으로 레알 마드리드는 엄청난 활약을 선보이고, 자신의 결심을 뒤집은 카펠로 감독은 그 안목을 의심받으며 레알 마드리드를 떠나게 되었다. 이후 2010 남아공 월드컵에서 카펠로 감독은 베컴을 중용하려 했으나, 이때는 안타깝게도 베컴이 부상으로 참전하지 못하게 되었다.

흥미롭게도, 유로 2008을 앞둔 시점에서도 비슷한 상황이 일어났다. 잉글랜드 팀 감독 맥클라렌은 팀의 공격이 베컴의 공을 공격수가 받아 득점하는 단조로운 방식으로 이뤄지는 것을 보고 다양한 전술을 펼치기 위해 베컴을 제외하고 경기에 임했다. 그러나 이후 베컴이 없는 경기에서 잉글랜드의 경기력이 현저히 떨어지고 비난이 쏟아지자 맥클라렌도 자신의 결정을 뒤집어야 했다.

데이비드 베컴은 2013년 은퇴한 뒤 모델, 홍보대사, 연기자 등으로 활동하고 있다. 엄청난 부를 지녔고 20년간 경기장에서 계속 뛰었기에 쉴 법도 하건만, 그는 인생의 2막을 열고 지친 기색 없이 다시 부지런히 뛰어다니고 있다.

마이클 조던 (1963~현재)

농구 역사 120년 중
가장 위대한 선수

Michael Jordan

뛰어난 선수, 부족한 팀

마이클 조던은 1984년 시카고 불스에 영입되었다. 그는 영입 이후 완벽하게 적응하여 시즌 평균 28.7점이라는 대단한 득점력을 선보이며 신인왕을 차지하게 되었다. 다음 해 발목 부상으로 슬럼프에 빠지기는 했으나, 그 해 플레이오프에서 엄청난 활약을 보이며 잠시 잊혀가던 그의 존재를 팬들 사이에 확실히 각인시키는 활약을 해냈다. 당시 플레이오프에서 당대 최강인 보스턴 셀틱스와 맞붙은 시카고 불스는 조던의 대활약으로 선전했다.

1987년부터 득점왕을 차지하기 시작한 조던은 80년대 내내 득점왕을 차지하지만 그를 받쳐줄 유능한 동료 선수의 부재로 팀을 우승으로 이끌지는 못했다. 그러나 조던의 노력과 팀의 개편에 힘입어 1991년 NBA 결승전에서 매직 존슨의 로스앤젤레스 레이커스를 꺾고 팀 역사상 최초의 우승과 함께 MVP에 올랐다. 마이클 조던의 첫 우승은 자신의 힘으로 약팀을 강팀으로 이끌어 올리고 온갖 장애물을 극복한 성과였다.

아버지의 죽음과 은퇴, 그리고 새로운 도전

첫 우승 이후에도 승승장구하며 NBA 3연패 우승을 차지한 기쁨도 잠시. 조던의 아버지가 10대 강도에게 살해당하는 사고가 발생하고, 조던은 농구 은퇴를 선언했다. 그 이후 아버지가 원하던 스포츠 선수인 야구선수로 시카고 화이트삭스와 계약하고 마이너리그에서 뛰게 되었다. 시즌이 진행되는 동안 저조한 성적이 계속되자 "에어 조던이 아닌 에러 조던"이라는 여론이 형성되기도 했지만, 조던은 노력 끝에 127경기 88안타 3홈런 51타점이라는 나쁘지 않은 성적을 기록했다. 다음 해 메이저리그 파업사태가 벌어졌고, 조던은 1년 26일 만에 야구를 그만두게 된다.

전설의 복귀와 함께 또 한 번의 역사를 쓴 마이클 조던

1995년 그는 다시 코트에 돌아왔지만, 많이 약해진 그의 팀은 일찌감치 패배하게 되었다. 하지만 돌아온 조던을 중심으로 다시 팀은 재편되고, 악동 데니스 로드맨을 영입한 불스는 이 해 72승 10패라는 NBA 역대 두 번째 시즌 최다 승을 기록했다. 이 해 조던이 우승을 결정지었던 파이널 6차전은 아버지의 기일에 펼쳐졌다. 우승이 확정되는 순간 공을 껴안고 코트에 쓰러져 흐느끼는 조던의 모습은 그간 얼마나 마음고생이 심했는지 알 수 있는 장면이었다. 조던은 "아버지께서 보고 계실 거다. 이 승리를 아버지께 바친다."라고 인터뷰하기도 했다. 그 후 조던은 1997년과 1998년에 유타 재즈를 꺾고 두 번째 3연패를 달성하였다.

　농구는 잘 몰라도 마이클 조던은 안다는 사람도 많다. 그러나 그의 성공의 바탕에는 피나는 노력과 드라마 같은 그의 농구 인생이 있었다. 그는 은퇴 이후 국제경찰기관장협회 산하 공동체·경찰관계연구소와 전국유색인종지위향상협회 법률구조기금에 100만 달러씩을 기부하고, 국립흑인역사문화박물관에 500만 달러를 기부하는 등 인종 갈등 해소를 위해 노력하고 있다.

리오넬 메시 (1987~현재)
세계 최정상에 선 축구선수

Lionel Messi

호르몬질환을 넘어 세계 속 선수로

발롱드르 상은 축구선수가 누릴 수 있는 최대의 영광으로 불린다. 이 상을 무려 다섯 번이나 수상한 선수가 있으니 바로 리오넬 메시. FC바르셀로나 입단 16년 차, 엄청나게 긴 시간이 흘렀지만 그는 2016년 현재 아직도 현역으로 달리고 있다.

메시는 8살 때 처음으로 축구단에 들어갔다. 하지만 열한 살에 그는 성장호르몬결핍증 판정을 받았다. 치료할 수는 있었지만 막대한 치료비가 들었고, 부모는 괴로움에 빠졌다. 그런 메시를 구원한 것은 바로 메시 자신의 실력. FC바르셀로나는 메시의 치료비를 모두 지원하는 조건으로 2000년 12월 결국 리오넬 메시를 데려왔다. 그의 나이 13살 때 일이었다.

1986년의 나보다 메시가 더 뛰어나다 —디에고 마라도나

메시는 꽹장히 많은 장점을 지녔다고 평가받는다. 시속 32.5킬로미터에 달하는 전력질주 속도, 정확한 드리블과 슛, 균형감각, 경기 조율 능력에 정확한 판단력까지 갖추었다는 평을 받는다. 체격과 지구력이 조금 부족하다는 이야기도 있으나 크게 문제가 될 정도는 아니며, 오히려 뚜렷한 장점을 많이 보유해 세계 팬들의 찬사를 받는다. 앙리는 BBC스포츠에 출연해 메시에 관한 이야기 하나를 들려줬는데, 메시가 심판의 판정에 화가 난 채로 골키퍼에게 다가갔다고 한다. 그리고 그가 들고 있던 공을 자기에게 달라고 한 뒤 그대로 달려가 단숨에 골을 넣었다고 밝히며 '내가 본 누구와도 다르다'라는 말을 남겼다. 한편 스페인에서는 미디어프로 프로덕션에서 그의 이름을 제목으로 한 영화가 개봉되었다.

메시는 국가대표 은퇴를 선언했으나 곧바로 감독과 아르헨티나 축구협회가 설득에 나섰고, 얼마 지나지 않아 메시는 다시 2018년 월드컵 국가대표로 활약하게 되었다. 국가대표로서 113경기에 출전해 55골을 넣은 그의 대활약이 러시아에서도 이어지리라는 기대로 전 세계의 팬들은 한껏 기대에 부풀어있다.

김정호 (1804?~1866?)

한반도 천하를 손 안에 넣고 내려다본
거인, 고산자 김정호

Kim Jeong-ho

대동여지도는 생각보다 훨씬 '어마어마한' 물건이다

근대적 측량이 이루어지기 전 제작된 한반도의 지도 중 가장 정확
한 지도가 바로 <대동여지도>다. 심지어 대동여지도는 현대의 기
준으로 봐도 놀랄 만큼 정확하다. 그 당시 자동차, 대중교통도 없는
시대에 전국 지도를 만들어낸다는 것은 불가사의한 일로 감히 상상
이 안 된다. 하지만 고산자 김정호는 기존의 지도를 날카롭게 살피
고, 두 다리와 끈기로 곳곳을 답사하며 역사상 가장 위대한 지도, 보
물 같은 불후의 명작인 대동여지도를 만들어 냈다.

특히 조선시대에는 유교적 사회로 신분제가 철저히 이뤄졌고 인
성교육에 지나치게 빠진 나머지 과학기술은 천업 또는 천직으로 무
시당했다. 신분이 철저히 고정된 사회에서 그는 평범한 중인의 삶에
안주하지 않았다. 오히려 남들이 상상도 못하는 도전과 개척정신으

로 우리나라 지도를 만들어냈다. 김정호는 과학자는 아니었지만 가장 과학적인 방법으로 우리나라 지도를 만드는 데 일생을 바쳤다. 그 결과물인 대동여지도는 높이 7미터, 폭 3.5미터의 거대한 물건으로 한 번에 보기 힘들다. 다시 말해 우리가 교과서에서 보던 손바닥만 한 대동여지도는 사실 원본보다 온갖 정보가 많이 축소된 물건이었던 것이다.

거대한 지도 위에 씌워진 약간 큰 오해

2016년 9월 개봉한 영화에는 김정호가 잘못된 지도 때문에 그의 아버지가 누명을 쓰고 죽은 탓에 김정호가 지도를 만들었다고 나온다. 물론 이것은 극적인 전개를 위한 허구이다. 추사 김정희의 제자인 신헌의 책에는 '내가 오래전부터 우리나라 지도에 뜻을 두었기 때문에, 정부 자료를 비롯한 여러 책을 모아 김정호에게 전달했다.'라고 나온다. 즉 고산자 김정호가 지도를 만들기 시작한 것은 신헌과 뜻이 맞았거나 왕궁의 지시 때문이었을 가능성이 높다.

세간에는 이 지도를 본 흥선대원군이 국가기밀급의 자료를 민간에서 제작했다고 노해 지도를 파기하고 김정호를 옥에 가둬 죽였다고 알려져 있다. 하지만 이는 사실이 아니다. 김정호는 규장각, 비변사 등의 자료를 참고해 대동여지도를 제작했다. 또한 실록과 김정호의 주변인의 책에는 그가 옥사했다는 말이 전혀 없다. 또 현재 국립중앙박물관과 고려대학교, 숭실대학교에는 김정호가 만든 것이 확실한 대동여지도가 멀쩡히 남아 있다. 흥선대원군이 김정호를 고문해 죽였다는 이야기는 최남선이 쓴 조선총독부의 책에 나오며, 그 책은 '조선왕조가 버린 훌륭한 지도를 일본 정부가 발견해 유용하게 활용했다.'라는 결말로 이야기를 끝낸다.

지도로 천하의 형세와 제도와 문물을 살필 수 있다.
지도는 정치의 경전이다 – 김정호

사실 당시 대부분의 사람들은 자기 동네의 지리만 알면 된다고 생각했을 것이다. 하지만 김정호는 생각이 달랐다. 자신이 사는 나라가 어떤 모습인지 알고 싶었던 것이다. 그리고 그 생각은 작은 호기심과 큰 열정을 품었다는 점에서 에디슨이나 콜럼버스, 뉴턴과 본질적으로 같은 생각이다.

손기정 (1912~2002)

한국인 최초의 금메달리스트, 우리의 자랑

Sohn Kee-chung

손기정! 대한민국 최초의 마라톤 영웅, 한국인 최초 올림픽 금메달리스트이다. 그는 지난 1936년 제11회 베를린 올림픽에서 마라톤 세계신기록(2시간 29분 19초)으로 우승한 자랑스러운 한국인이다. 우리 모두는 올림픽 시상대에서 일장기를 화분으로 가리고 침통한 표정을 짓던 모습을 교과서와 TV와 신문에서 봤다. 손기정은 나라 없는 처지, 태극기 없는 가슴에서 비애를 느꼈던 것이다.

손기정은 조선인이라는 이유 때문에 대표선수로 선발되는 데 많은 어려움을 겪었으나 이를 잘 견디어냈다. 자기가 정한 목표를 달성하기 위해 부단한 자기 노력과 미래에 대한 희망과 꿈을 포기하지 않고 도전정신으로 대업을 이룬 것이다. 그는 당시 "한국인들이 개인적으로 명성을 얻는다는 것은 불가능했지만, 스포츠는 예외였다. 베를린으로 출발하기 전부터 나는 꼭 1등을 하겠다고 단단히 마음

먹었다."라고 증언했다.

손기정은 시상대에 대왕참나무 묘목을 들고 올라섰다. 그리고 그는 큰 나뭇잎으로 가슴의 일장기를 가렸다. 동메달을 차지한 남승룡 선수는, 자신은 나무가 없어서 손기정 선수가 무척이나 부러웠다는 고백을 후일에 남겼다. 동아일보의 기자는 사진을 옆에서 찍는 바람에 일장기가 살짝 보였으나, 검은 칠을 해 일장기를 지우고 보도했다가 극심한 탄압을 받았다.

마라톤을 시작한 것은 돈이 안 들기 때문

손기정은 어릴 때부터 달리기를 좋아하여 가게 점원, 인쇄공 일 등을 하면서도 달리기를 계속했다. 그리고 16세에 일본에 건너가 고학을 했고, 20세에 양정고보에 입학하여 만학의 길을 걸었다. 고등학교 재학시절부터 마라톤 선수생활을 시작했다. 손기정은 이렇게 자신의 미래를 개척해 가면서 돈이 안 드는 마라톤이야말로 블루오션blue ocean이라고 생각했다.

마라토너 손기정은 훗날 "내가 어릴 때 우리 집이 스케이트를 살 만큼 부자였더라면 나는 아마 스케이팅 선수가 됐을지도 모른다. 달리기를 하게 된 것은 돈이 한 푼도 들지 않았기 때문이었다."라고 회고했다. 물론 누구나 알듯이 손기정은 그 가정형편을 훌륭하게 극복해 냈다. 손기정은 평소 "지금 젊은 사람들은 나라 없는 설움에 대해서 모른다. 내가 우승한 뒤 일본 국가가 연주될 때 나는 고개를 떨어뜨렸다."라고 말했다. 수상식 뒤, 동아일보의 일장기말소 사건을 들은 손기정은 "그때 전류처럼 나의 전신을 파고드는 울분은, 조국은 죽지 않았다는 엄연한 사실을 명심케 해주었다."고 고백하기도 했다.

트랙에서 나온 뒤에도 멈추지 않은 손기정

손기정은 해방 후 다양한 활약을 했다. 대한체육회 부회장과 마라톤 대표팀 감독, 대한육상경기연맹 부회장 등을 거치며 대한민국 체육계에 큰 공헌을 했고, 한국이 처음으로 참여한 1948년 올림픽에서 개막식 기수로 당당히 태극기를 들고 입장하였다.

1988년, 손기정 옹에게 큰 기쁨이 찾아왔다. 조국이 올림픽을 자력으로 개최하며 성화 첫 봉송 주자로 손기정을 부른 것이다. 올림픽에 태극기도 못 달고 나가던 나라가 올림픽에 참여하는 것을 넘어, 직접 올림픽을 열게 된 것이다. 남아있는 영상을 보면 손기정은 하늘을 향해 두 팔을 휘저으며 신나게 달려갔다.

1992년 바르셀로나 올림픽. 마라톤 시상대에는 한국, 일본, 독일 국기가 올라갔다. 한국인으로서 일본 국기를 달고 독일에서 우승했던 손기정 선수도 그 모습을 바라보았다. 우승자 황영조는 시상식 직후, 손기정 선수에게 달려가 금메달을 목에 걸어드렸다. 그날은 8월 9일로, 손기정 선수가 금메달을 딴 1936년 8월 9일로부터 꼭 56년이 흐른 날이었다.

재방송이 안 되는 인생, 후회 없이 사십시오 – 손기정

손기정은 "생은 반환점이 없는 마라톤이다. 되돌릴 수 없는 인생을 후회 없이 마무리하기 위해선 언제나 최선을 다하는 게 중요하다"고 역설했다. 그렇다. 어느 가수의 노랫말처럼 '인생은 재방송이 안 된다'라고 했다. 손기정은 이 노랫말처럼 '되돌릴 수 없는 인생'이기에 현재 주어진 일에 최선을 다하여 후회 없는 삶을 살라는 말을 남겼다. 그리고 그는 2002년 병환으로 타계했다.

엄홍길 (1960~현재)
세계 최초로 히말라야 8,000m 16좌를
완등한 산악인

Um Hong-gil

불굴의 도전자, 작은 탱크 엄홍길

2007년, 엄홍길은 세계 최초로 히말라야 8,000m 16좌를 모두 오르는 데 성공했다. 1988년 가을에 에베레스트를 오른 것을 시작으로, 2007년 로체샤르에 마지막으로 오르며 엄홍길은 위대한 여정에 종지부를 찍었다. 그의 키는 167cm로, 그가 올랐던 구름을 뚫고 올라간 높은 산봉우리보다는 한참 작다. 하지만 산에서 사는 동물들도 감히 오르지 못하는 곳을 엄홍길은 20년에 걸쳐 모두 정복했다. 그 과정에서 그는 동료들은 눈앞에서, 등 뒤에서 목숨을 잃는 참사를 겪기도 했다.

이처럼 어마어마한 기록 수립에는 그가 UDT출신이라는 점이 큰 도움이 되었을 것이다. 인간병기를 만들어 내는 해군 특수부대 UDT는 지원자의 6할이 탈락하는 혹독한 심사와, 그 심사를 뚫고 합

격한 대원들의 뛰어난 실력으로 유명하다. 군 복무 당시 엄홍길 대
장은 경주에서 독도까지 5박 6일에 걸쳐 수영하기도 했다고 한다.

산은 정상을 빌려줄 뿐,
인간에게 정복당하는 것이 아니다 – 엄홍길

엄홍길의 휴대전화 뒷자리 번호는 8848이다. 에베레스트 산의 높
이를 뜻한다. 그의 증언에 따르면, 해발 8천 미터 이상에서는 그야
말로 자신의 목숨을 신에 맡겨야 한다. 그래서 그는 산을 정복했다,
산을 이겼다는 표현을 탐탁지 않게 본다. 오히려 높은 산에 오를수
록 인간이 약하고 작은 존재라는 것을 느껴 겸손해진다고 말한다.
그가 산에 오르기 전에 유서를 썼던 것을 생각하면 이해가 쉽다.

처음에는 산이 도전과 극복의 대상이었다. 그러던 어느 순간 엄홍
길 대장은 산이 나를 받아주지 않으면 오르지 못한다는 것을 깨달았
다. 웬만한 산은 자신의 다리 힘만으로 오를 수 있지만 진정 높은 산
은 산의 허락이 없이는 감히 오르지 못할 존재라는 것을 깨달은 것
이다. 그는 그 뒤로 수도승처럼 순응하는 마음을 가지고 산을 대하
게 되었다.

실패로 시작된 도전

엄홍길이 히말라야 16좌 중 처음 오른 것은 에베레스트다. 가장
높은 산을 가장 처음에, 그것도 가장 추운 계절에 가장 어려운 루트

로 올랐다. 그리고 실패했다. 두 번째 도전에서는 실패한 데다 동료를 한 명 떠나보냈다. 그런데 오히려 엄홍길은 그 실패가 성공의 밑거름이 되었다고 한다. 두 번의 등반 경험을 통해 산에 대해 경험을 쌓았고, 겨울에 도전했다가 실패했기에 나중에 가을에 도전할 때는 오히려 자신감을 가졌다고 한다.

엄홍길은 환경오염에 대해 경고하는 사람이기도 하다. 사실 20년간 히말라야를 꾸준히 오른 엄홍길이야말로 지구 환경 변화를 잘 알려줄 수 있는 사람이다. 그는 1980년대에는 히말라야의 나쁜 날씨가 며칠 가지 않았으나, 최근에는 날씨가 변덕이 심하고 눈이 많이 녹았다고 했다. 몇 개월 전에는 눈에 덮여 있던 곳이 다음에 가 보면 벌겋게 흙이 드러나 있는 곳도 많았다고 했다. 이러다 히말라야에 눈이 남지 않을지도 모른다는 걱정도 들었다고 한다. 더욱 무서운 것은 빙하 녹은 물이 언제 터질지 모르는 물주머니처럼 마을 위에 들어차 있는 모습이었다. 그 모습보다 무서운 것은 지구가 이렇게 파괴되었는데도 눈 하나 깜짝 않고 나무를 베고 석탄을 태우는 인간일 것이다.

엄홍길 휴먼재단으로 이어지는 도전

엄홍길은 네팔에 많은 신세를 졌다. 그곳에 산이 있고 셰르파와 숙소가 있기 때문이다. 엄홍길은 재단 사업을 통해 또 다른 도전을 시작했다. 처음에는 학교만 지으면 된다고 생각했다. 그런데 학교를 만들자니 필요한 것들이 많았다. 화장실, 운동장을 비롯한 부대

시설이 필요했고, 지역이 네팔이었던 만큼 위험천만한 산길을 극복해야 했다. 결국 엄홍길은 처음에는 생각도 못 했던 기숙사와 병원까지 마련해 주기로 했다.

마을도 사정은 열악했다. 제대로 된 병원이 없었고, 비상사태가 발생했을 때 다른 곳으로 이동하려면 헬기장도 필요했다. 산 사나이 엄홍길은 그렇게 네팔에 보답하기 위해 새로운 인생을 펼치고 있다. 엄홍길 대장에게 많은 도움을 주었던 네팔 마을이, 그의 보답으로 더욱 나아지기를 진심으로 기원해 본다.

박지성 (1981~현재)

평발을 이겨낸 축수선수
'영원한 캡틴'

Park Ji-sung

눈부신 돌진으로 상대를 좌절시키고
아군에게 승리를 안겨주는 선수

2002년 월드컵 포르투갈 전의 득점으로 잘 알려진 박지성은 한국 최초의 프리미어 리거이다. 국가대표와 유럽 리그를 오가며 뛰어난 활약을 보인 그는 '우리의 캡틴' 혹은 '두 개의 심장'이라는 별명을 지녔다. 이는 박지성이 왕성한 활동력과 뛰어난 판단력을 통해 경기를 휘어잡고 흔들어놓기 때문이다. 그가 한창 활동하던 시기, 유럽의 축구선수와 관계자들은 박지성에 대해 지겹도록 물어보는 한국 기자들 때문에 머리를 싸맸다고 한다.

13살에 차범근 축구상을 수상한 수원공고 축구부 출신 박지성은 명지대학교 축구부에 들어갔다. 이후 명지대 축구팀은 울산으로 훈련을 떠났다가 시드니 올림픽 대표단을 만났다. 이들과 친선경기를 벌인 자리에서 박지성은 수비수 다섯 명과 골키퍼를 제치고 골을 넣었고, 이 장면을 본 허정무 감독은 박지성을 올림픽 대표로 발탁했다. 그러나 작은 체구와 이런저런 실수 탓에 한동안 낙하산 인사, 뇌물 인사라는 말을 듣고 한동안 좌절을 겪게 된다. 물론 그러한 비난은 박지성의 재능과 노력 앞에서 차례차례 허물어지게 되었다. 박지성은 평발임에도 불구하고 더 많은 노력을 통하여 약점을 이겨낸 승리의 도전정신을 갖고 있다.

2000년, 박지성은 교토 퍼플 상가에 입단하였다. 하위권이었던 팀은 박지성의 활약으로 결승까지 올라갔으나 박지성의 계약기간이 결승전 전날 끝나버리는 위기를 맞았다. 그러나 박지성은 결승전을 무보수로 참가했고, 1골 1어시스트를 기록하며 교토 팀에 처음이자 마지막 우승을 안겨주었다. 박지성은 이 경기 후 2002년 월드컵을 거쳐 PSV아인트호벤으로 이적했으며, 교토 팀은 그의 등을 향해 '한쪽 다리를 못 쓰게 돼도 너를 받아줄 것이다.'라는 말을 남겼다.

내가 발굴한 최고의 선수 – 거스 히딩크

박지성은 2002년 월드컵에서 2번의 평가전과 포르투갈전, 스페인전에서 1골씩을 기록했다. 그러나 무리한 영향으로 무릎수술을 받고 PSV 아인트호벤에서 부진한 성적을 기록했다. 그의 말에 따르면 '축구하는 것이 싫어진' 시기였으나, 히딩크 감독의 크나큰 신뢰로 차츰 회복해 활약하기 시작했다. 그리고 박지성은 호나우지뉴 등과 함께 챔피언스 리그 최고의 공격수 5인에 선정되었으며, 프리미어 리그의 퍼거슨 감독은 박지성을 탐내 맨유로 데려갔다. 이로 인해 박지성은 한국인 최초의 프리미어 리거가 되고, 이후 무려 7년간 200경기를 소화하며 수많은 활약을 선보인다.

박지성은 2014년 5월을 끝으로 축구계를 떠났다. 하지만 4개월 뒤, 그는 맨유 앰베서더로 위촉되었다. 이는 맨체스터 유나이티드 팀의 홍보대사로, 박지성은 8번째 앰베서더에 해당한다. 이전 앰베서더가 모두 유럽 출신이었으며 박지성이 최초의 비유럽 출신이라는 점을 보면 맨유가 그에 대해 얼마나 큰 예우를 한 것인지 이해할 수 있다. 박지성은 여기서 그치지 않고 2016년 9월부터 영국에서 스포츠 매니지먼트 석사를 이수하고 있다. 축구계 발전을 위한 박지성의 새로운 도전이 무척 기대된다.

김연아 (1990~현재)
대한민국을 빛낸 피겨 여왕

Kim Yu-na

기댈 곳 없던 소녀, 스스로를 믿다

국내에 피겨스케이팅이 도입된 지 100여 년이 넘었지만 그녀가 등장하기 전까지 한국 피겨는 황무지나 다름없었다. 전용 링크장 하나 없었고 남녀 선수를 통틀어도 100여 명 정도에 불과했다. 이런 환경에서 국내 피겨계가 별 성과를 거두지 못한 것은 당연한 일이었다. 척박한 환경 속에서 어린 김연아의 도전은 시작되었다. 주니어 시절 비인기 종목이라는 이유로 후원사가 없던 그녀는 코치를 사비로 구해야 했고 국제대회에 혈혈단신으로 참가했다.

재능과 노력, 성적과 미모,
그리고 부상과 편파 판정 속에서 황야에 얼음성을 세운 여왕

마땅한 지원이 없는 가운데 소녀는 자신을 믿었다. 7세 때부터 스케이트를 신었던 그녀는 레이업 스핀, 3회전 점프 등 고난도 기술을 자유자재로 구사했다. ISU공인 국제대회 우승, 주니어 세계선수권 우승, 세계선수권 쇼트 프로그램 세계 신기록 달성 등 독보적인 기록은 계속 이어졌다. 아사다 마오가 개인용 연습장을 갖춘 것과는 달리 마땅한 빙상장이 없어 태릉이나 잠실의 빙상장을 이용했다. 스케이트가 맞지 않아 무릎과 발목 부상을 당하기도 했고 타국 선수들의 질투와 견제가 끊이지 않았지만, 그녀는 몸과 마음의 상처를 견뎌내고 늘 은반 위로 발을 내딛었다.

여왕 폐하 만세! – 밴쿠버 올림픽 해설위원 샌드라 베직

계속된 도전 덕분에 그녀는 많은 기록을 남기며 도약할 수 있었다. 여자 싱글 피겨 사상 최초로 올림픽, 세계선수권대회, 4대륙 선수권대회, 그랑프리를 석권하며 그랜드슬램을 달성했으며 세계신기록 경신은 11번이나 이루어냈다. 그녀가 2010년 밴쿠버 올림픽 때 받은 228.56점은 여자 싱글 피겨 최고점으로 기네스북에 등재되기도 했다. 그녀의 기록은 여자 싱글 피겨스케이팅 선수 최초로 출전한 모든 대회에서 메달을 획득하는 '올포디움'을 달성하며 정점을 찍는다.

앞서가는 자, 그리고 함께 가는 자

김연아는 동시대 선수들을 아득하게 앞서가는 선수였다. 하지만 동시에 그녀는 후배 선수들을 비롯한 다른 사람에게도 빛이 되는 선수였다. 김연아 선수는 유니세프, 소녀가장, 참사 유가족, 피겨 꿈나무 등에게 40억 원 이상 기부하였으며 평창 동계올림픽 유치를 위해 눈부신 노력을 보여주어 모란훈장을 받았다. 이러한 도전과 성과로 유영 선수를 비롯한 많은 피겨 꿈나무들이 나타났고, 해외에서도 많은 선수들이 그녀를 롤모델로 삼고 있다.

The Greatest Challenger 100

나눔 · 봉사

알프레드 노벨 *Alfred Nobel*
– 세계에서 가장 큰 권위와 명예를 인정받고 있는 노벨상 제정자

테레사 수녀 *Mother Teresa*
– 가난하고 고통 받는 사람들의 어머니

슈바이처 *Albert Schweitzer*
– 생명의 고귀함을 보여준 노벨 평화상 첫 수상자

오드리 헵번 *Audrey Hepburn*
– 사랑받는 영화배우에서 유니세프 외교사절로

알렉산더 플레밍 *Alexander Fleming*
– 세균을 이겨낼 수 있는 기적의 약, 페니실린을 개발하다

허준 *Heo Jun*
– 치료뿐만 아니라 예방에 중점을 둔 동양의학의 정수인 동의보감 편찬

유일한 *Yu Il-han*
– 깨끗한 경영이 어떤 것인지를 몸소 보여준 기업가이자 독립운동가

이종환 *Lee Jong-hwan*
– 섬김과 나눔의 리더십

김혜자 *Kim Hye-ja*
– 검은 땅에 내리는 국민엄마의 사랑

이태석 신부 *Lee Tae-seok*
– 한국의 슈바이처, 당신은 사랑입니다

알프레드 노벨 (1833~1896)

세계에서 가장 큰 권위와 명예를
인정받고 있는 노벨상 제정자

Alfred Nobel

다이너마이트의 발명

1846년, 이탈리아의 화학자 아스카니오 소브레로가 질산이나 황산의 혼합물과 글리세린의 반응으로 생기는 무색의 액체를 발명했다. 노벨은 아버지를 따라 어뢰공장에서 일하면서 화약을 연구하다가, 크림전쟁으로 부친의 회사가 파산하자 스웨덴으로 돌아와 니트로글리세린을 거래 가능한 상품으로 만드는 연구를 시작했다.

니트로글리세린이라 불리는 이 물질은 강한 폭발력을 가지고 있었는데, 액체 상태라 옮기기 힘든 데다 충격이나 마찰 등 외부 자극에 민감하여 취급하기가 무척 위험하고 힘들었다. 1864년, 노벨가의 스톡홀름 공장폭발사고로 막냇동생을 포함한 5명이 사망했지만, 노벨은 연구를 이어갔다. 1866년, 그는 규조토나 초크 같은 퇴적암과 니트로글리세린을 혼합한 가소성 폭약을 만들어 다이너마이트라 이름 지었다.

죽음의 상인

다이너마이트는 상대적으로 안전했으며 취급도 용이했다. 다이너마이트는 엄청난 양이 판매되었고 노벨은 거액의 수입을 얻을 수 있었다. 다이너마이트는 굴착공사, 수로 발파, 터널, 채석, 철도 및 도로 건설 등의 분야에 혁명을 일으켰다. 폭발물의 시대를 열었다고도 할 수 있다. 하지만 다이너마이트는 새로운 문명을 건설하는 데만 쓰이지 않았다. 이러한 폭발물들은 인류의 살상능력 또한 크게 증가시켰고 전쟁에 이용되어 많은 사람들을 죽였다. 1888년, 그의 형 루드비히 노벨이 죽었을 때 한 프랑스 신문이 실수로 '죽음의 상인 알프레드 노벨이 죽었다'라는 사망 기사를 잘못 기재했다. 노벨은 이에 충격을 받았다.

과학의 진보와 세계 평화를 염원하며

노벨은 그의 유산의 94%인 약 3,100만 크로네를 스웨덴 왕립 과학 아카데미에 기부하며 이 재산으로 기금을 만들고, 거기에서 매년 나오는 이자를 지난해 물리학, 화학, 생리·의학, 문학, 평화 분야에서 '인류에게 가장 크게 공헌한 사람들에게 나누어 주도록' 유언을 남겼다. 이에 따라 스웨덴 왕립 과학 아카데미는 노벨재단을 설립하고, 매년 기준에 맞는 사람이나 단체를 선정하여 수여하고 있다. 이 상이 바로 오늘날 세계에서 가장 권위와 명예를 인정받고 있는 노벨상이다. 현재는 경제학상이 추가되어 총 여섯 분야에서 수여되고 있다.

테레사 수녀 (1910~1997)

가난하고 고통 받는 사람들의 어머니

Mother Teresa

"버려진 아기를 거둘 때와

숨이 다한 노인의 눈을 감겨줄 때가 보람 있다." – 성 테레사

'가난하고 고통 받는 사람들의 어머니'라고 칭송받는 테레사 수녀를 모르는 사람은 없을 것이다. 테레사 수녀는 가난한 빈촌에 들어가 그들과 동고동락하며 그들의 아픔과 고통을 함께 나누고 몸소 사랑을 실천한 숭고한 인물이다. 1979년도에 노벨 평화상을 수상할 당시, 테레사 수녀의 모든 재산이 공개되었다. 그녀가 일생을 살면서 남긴 재산은 무명옷 2벌과 초라한 샌들 1켤레, 그리고 십자가 3개였다. 그녀를 사랑하고 존경하는 많은 사람들은 검소한 그녀의 생활에 탄복을 넘어 눈물을 흘렸다. 테레사 수녀는 "쓰레기더미 속에서 버려진 아이를 주워다 품에 안을 때와, 죽을 곳조차 없어서 쓰러져 신음하는 노인을 거두어 뉘고 눈을 감겨 줄 때 가장 보람 있고 기쁘다"고 말하기도 했다. 인간사랑 없이 실천할 수 없는 숭고한 정신이 아닐 수 없다.

테레사 수녀는 유고슬라비아의 험한 산악지대에서 태어났다. 그
녀는 기독교 신앙에 별 관심이 없다. 그러던 테레사가 가톨릭신자가
된 것은 12세 때. 하느님을 따라야 한다는 계시를 받고 로페토 수도
회의 수련 수녀가 된 테레사는, 인도에 갈 기회가 생겨 그곳에 가서
20년 동안 캘커타의 가톨릭 선교학교에서 교사로 일한 뒤 교장까지
지냈다. 인도로 가기 전 테레사는 가난한 사람들을 구제하려면 그들
과 함께 생활해야 한다고 말했다.

테레사 수녀는 로페토 수녀회를 떠나 가난하고 굶주림에 허덕이
는 캘커타 빈민가로 들어가 길거리에서 죽어가는 사람들, 문둥병자
와 버려진 아이들과 함께 생활하면서 '사랑의 수녀회'를 만들었다.
테레사 수녀의 감동적인 이야기가 전 세계로 퍼져 나가며, '사랑의
수녀회'는 전 세계의 가난하고 불쌍한 사람들이 있는 곳으로 확대되
어 나갔다.

테레사 수녀의 숭고한 박애,
이타정신은 가난하고 고통 받는 사람들에게 희망의 등불 되다
테레사 수녀를 돕고자 나서는 사람들은 갈수록 많아졌다. 그중에
는 다른 나라의 대통령과 국왕도 있었다. 로마 교황청을 비롯하여
여러 나라에서 테레사 수녀를 돕고 명예로운 상도 주었다. 테레사
수녀는 고통 받는 사람들과 함께하는 것을 늘 행복해했다.

테레사 수녀처럼 자신의 모든 것을 버리고, 돈 없고 고통 받는 사람들의 편에서 함께하며 꿈과 희망을 준다는 것은 숭고한 박애정신이 없이는 불가능하다. 테레사 수녀의 숭고한 이타정신은 고통 받는 사람들에게 희망의 등불이 되었고 후세사람들에게 귀감이 되고 있다.

1997년 세상을 떠난 테레사 수녀는 2003년 복자품福者品칭호를 받았다. 세상 사람들 모두가 존경할 만한 위인이라는 뜻이다. 그리고 올해 2016년 교황청은 마더 테레사의 기도로 사람들의 병이 나은 것을 인정하며 성자 반열에 올렸다. 평생 성인聖人으로 살았던 그가 왜 19년이나 지나서야 성인으로 인정받았는가 하고 궁금하게 여길 수도 있지만, 사실 이것은 매우 이례적인 일이다. 보통 성자는 사후 수백 년은 지난 사람들이 대부분이고, 성자로 인정받기 위해서는 최소 두 번의 기적을 인정받아야 하기 때문이다. 이제 모두의 '마더'로 불리던 그녀는 성 테레사로서 우리의 기억에 영원히 남게 되었다.

슈바이처 (1875~1965)
생명의 고귀함을 보여준
노벨평화상 첫 수상자

Albert Schweitzer

태양은 곡식을 키우고, 올바른 교육은 슈바이처를 만들었다

슈바이처 집안 살림은 빠듯했다. 1931년에 나온 자서전 『나의 생애와 사상』에서 슈바이처는 고등학생 때 작은할아버지 댁에서 공부했다고 했다. 부친이 개신교 교회에서 받는 박봉으로 대가족을 돌보아야 했던 탓에, 작은할아버지 댁에서 학교를 다님으로써 생활비를 덜었기 때문이다. 그들에게는 자식이 없었기 때문에 슈바이처를 엄격하면서도 자상하게 가르쳤고, 슈바이처는 그들의 교육에 대해 진심으로 감사한다고 했다.

그의 유년 시절은 슈바이처의 신앙과 정신 성숙에 영향을 주었다. 루터교회 목사인 아버지는 아들이 성서를 읽으며 궁금하게 여기는 내용을 알기 쉽게 설명해 주었다. 슈바이처의 친구는 대부분이 가난한 농부들이었고, 슈바이처는 자연스럽게 가난한 사람들에 대해 관심을 가졌다. 또한 슈바이처의 아버지는 성찬예배 때 아프리카 사람들의 비참한 삶에 대해서 자주 설교했다. 이러한 성장 환경은 슈바이처가 아프리카 의료봉사자가 되는 데 중요한 밑거름이 되었다.

위대한 봉사자의 앞길을 가로막은 전쟁

그는 21세 때 '30세까지는 학문과 예술 속에서 살고, 그 후부터는 인류에의 직접 봉사 활동으로 들어가자'는 결심을 세웠다. 그리고 그는 의학을 공부하여 30세 되던 해인 1905년 의학대학에 진학했다. 그리고 1913년 슈바이처는 모든 것을 내려놓고 아내 헬레네 브레슬라우와 함께 흑인을 위한 의료 사업을 시작했다. 그는 프랑스령 적도 아프리카(현재 가봉 공화국)의 랑바레네에서 의료봉사를 시작했다. 통역은 백인 선교사들과 동행한 흑인 누첸이 해주었으며, 병원 건물은 선교사가 사용했던 양계장을 수리하여 사용했다. 그는 저술과 강연, 연주, 레코드 등에 의한 수입으로 병원을 자력으로 운영하였다. 그러나 자금이 달려 운영이 어려워지고 병원의 기금을 모집하기 위하여 유럽으로 돌아왔을 때 제1차 세계대전이 일어났다. 그런데 그가 태어난 알사스 지방은 당시 독일의 영토였으므로, 슈바이처는 독일 사람으로 분류되어 구금되었다. 1917년 그는 프랑스 포로수용소에 갇히게 되었다. 하지만 전쟁이 그에게 준 가장 큰 상처는 어머니가 1916년 프랑스 군마軍馬에 치여 죽은 사건이었다.

다 부서지고 뼈대만 남은 병원을 재건한 슈바이처

그 후 독일이 제1차 세계 대전에서 패하자 슈바이처의 고향은 프랑스 영토가 되었다. 슈바이처는 프랑스 식민지였던 가봉에서 활동하는 데 어려움이 없도록, 국적을 독일에서 프랑스로 바꿨다. 그는 그 후 6년간 유럽 각지로 돌아다니며 모금을 한 다음 다시 1924년 아프리카로 돌아갔다. 슈바이처는 여러 곳에서 원조금을 모아 부서지고 뼈대만 남은 병원을 다시 세웠다. 의사와 간호사들도 슈바이처를 돕기 위해 그곳으로 자원하여 왔다. 그는 한센병 환자 거주지도 추가로 세우고, 정신장애인들을 위한 의료시설도 만들었다. 그의 이러한 활발한 활동은 36명의 백인 의사, 간호사, 그리고 다수의 원주민 직원들의 봉사가 있었기에 가능한 일이었다. 병원 운영비는 3년에 한 번 꼴로 유럽으로 돌아와 연주회를 열어 번 돈, 저서의 인세, 강연으로 받은 돈과 기부금으로 충당되었다. 1957년에는 라디오 강연과 신문 기고를 통해 반핵운동을 펼쳤으며, 1965년 랑바레네에서 그가 사랑하는 바흐의 음악을 들으면서 숨을 거두었다.

슈바이처는 자서전에서 모든 생명은 거룩하며, 희생되어도 되는 생명은 없다는 주장을 펼쳤다. 그는 '생명을 소중히 여기지 않는 현대 사회에 분노하는 순수한 사람'이 있어야 역사가 바뀐다고 보았다. 슈바이처는 일생 동안 현실에 근거한 보편적 도덕 윤리를 찾고자 하였으며, 또한 이것이 모든 사람에게 전파되게 하고자 노력하였다. 슈바이처는 '생명에 대한 경외'라는 그의 고유한 철학이 인류의 형제애를 발전시키는 데 기여한 공로로 1952년 노벨 평화상을 수상하였다.

오드리 헵번 (1929~1993)
사랑받는 영화배우에서
유니세프 외교사절로

Audrey Hepburn

포화와 굶주림 속에서 피어난 한 송이 꽃

오드리 헵번은 1929년 벨기에에서 태어나, 런던 교외의 기숙학교에 다녔다. 그녀가 10살이 되던 해 제2차 세계대전이 일어나자, 그녀는 어머니와 함께 네덜란드로 건너갔다. 헵번은 가족과 함께 목숨을 걸고 탈출했으며 모든 것을 잃었다고 고백하였다. 그 후 어머니를 따라 어머니의 고국 폴란드에서 지내게 되었는데, 그곳에서 그녀는 나치의 점령으로 전쟁의 고난과 가난 등 온갖 역경의 시절을 보내게 되었다. 튤립 뿌리를 캐먹으며 연명하다 연합군 병사가 준 초콜릿을 먹고 살아나기도 했다. 어린 시절, 그녀가 견디기에는 버거웠던 전쟁은 그녀에게 지울 수 없는 상처를 남겼지만 작은 것에도 감사할 수 있는 마음을 갖게 해주었고, 자신의 삶에서 진짜로 원하는 게 무엇인지를 돌아보게 해주는 계기가 되었다. 오드리 헵번이 노년에 유니세프 활동에 뛰어든 것도 당시의 기억 탓일 것이다.

사랑받는 영화배우에서 유니세프 외교사절로

많은 사람들이 오드리 헵번의 영화 속 아름다운 모습을 기억할 것이다. 영화 '로마의 휴일'에서 젤라또를 먹는 모습, '티파니에서 아침을'에서 머리를 틀어 올리고 까만 선글라스를 끼고 있는 아름다운 모습 등으로 말이다. 그러나 그녀가 타계한 지 수십 년이 지나도 그녀의 아름다움이 계속해서 기억되는 것은 외모 때문만은 아닐 것이다. 그녀는 외모만큼이나 아름다운 마음과 지혜를 가졌고, 마지막 순간까지도 세계에 대한 박애정신을 실천으로 보여주었다.

그녀는 어린 시절 전쟁 통에 받은 도움에 보답하고자, 유니세프의 선행 홍보대사를 자처했다. 그리고 여러 나라를 돌아다니며 전 세계에서 벌어지고 있는 문제를 알렸다. 그녀의 홍보로 유니세프의 인지도는 크게 높아졌다. 자선기금도 두 배 가까이 받을 수 있었다.

> "어린이 한 명을 구하는 것은 축복입니다. 어린이 백만 명을 구
> 하는 것은 신이 주신 기회입니다." - 오드리 헵번

자선활동을 독려하는 그녀의 외침은 전 세계 신문의 헤드라인을 장식했고 세계적인 기부 열풍을 불러왔다. 오드리 헵번은 유니세프 친선대사로서 죽어가는 어린이들의 현실을 세상에 알렸다. 그리고 에티오피아, 수단, 방글라데시, 베트남 등을 방문하여 아이들을 돌보는 등 인도주의적인 구호 활동에 앞장섰다.

그녀는 1992년 9월 유니세프 친선대사로 소말리아를 방문했다. 그곳은 방문했던 어떤 지역보다도 더 비참하고 참혹했다. 대부분의

아이들이 죽어가고 있었으며 이미 죽은 아이들은 자루에 담겨 쌓여 있었다. 어느 때보다 더 충격을 받은 그녀는 마음 깊이 고통을 느꼈고, 더 많은 구호의 손길이 갈 수 있도록 호소했다. 그녀는 자신이 평생 쌓은 인기를 아낌없이 구호활동을 위해 썼고, 죽어가는 어린이들을 바라보며 가능한 한 많은 도움을 주려고 했다.

박애와 희생의 정신을 보여주던 그녀에게 갑자기 결장암이라는 병이 찾아왔다. 헵번은 미국으로 돌아가 수술을 했으나 결과가 좋지 않았다. 1993년, 그녀는 스위스 자택으로 돌아가 가족들이 지켜보는 가운데 유언을 남기고 63세로 생을 마감하였다.

아름다운 입술을 갖고 싶으면 친절한 말을 하라.
사랑스런 눈을 갖고 싶으면 사람들에게서 좋은 점을 보아라.
날씬한 몸매를 갖고 싶으면 너의 음식을 배고픈 사람과 나누어라.
아름다운 머리카락을 갖고 싶으면 어린이가 손가락으로 너의 머리를 쓰다듬게 하라.
아름다운 자세를 갖고 싶으면 결코 너 자신이 혼자 걷고 있지 않음을 명심해서 걸어라.
-오드리 헵번이 애송한 샘 레빈슨의 시에서 발췌

꽃 같은 아름다움과 진정한 아름다움, 그리고 타인에 대한 헌신을 그녀는 자신의 삶을 통해 세계인들에게 보여주었다. 오드리 헵번이 마지막 순간까지 보여준 박애정신은 그녀가 오늘날까지 많은 이들에게 기억되는 이유이다.

알렉산더 플레밍 (1881~1955)

세균을 이겨낼 수 있는 기적의 약,
페니실린을 개발하다

4대 재앙 중 질병을 은퇴시킨 약 – 소설 『멋진 징조들』 中

신비하고 기적 같은 약, 항생물질인 페니실린이 개발되자 그 당시 사람들은 구세주가 나타난 것처럼 환호와 함께 기뻐했다. 폐에 염증이 생겨 목숨이 위태로웠던 환자나 종기가 곪아 고생했던 사람이 이 페니실린 덕으로 기적같이 치료가 되었기 때문이다. 페니실린을 개발한 사람은 영국의 세균학자 플레밍이다. 그는 영국 스코틀랜드의 농촌에서 태어났으며, 학창 시절에 1등을 놓치지 않았다. 특히 날카로운 관찰력과 인내력을 지녔으며 온갖 사물에 대한 깊은 의문과 관심을 가졌다.

페니실린은 우연히 얻은 선물이자 노력으로 완성한 걸작이었다. 플레밍은 성 메리 병원 부속 의학교를 졸업하고 예방접종 연구소에서 근무하며 미생물을 연구하고 있었다. 이때 그는 자신의 콧물에서 라이소자임이라는 항생물질을 발견하였으나, 라이소자임은 힘이 너무나도 약했다. 그러다 1928년, 그는 자신이 키우던 포도상구균이 갑자기 죽어버린 것을 발견했다. 그리고 뛰어난 호기심으로 그 원인을 조사하던 플레밍은 페니실린을 발견한다.

안타깝게도 초기의 페니실린은 힘이 매우 약했다. 페니실린의 가능성을 찾아낸 것은 옥스퍼드 대학 연구진. 플레밍은 이들과 힘을 합쳐 페니실린의 효능과 생산량을 늘리기 위해 노력했다. 1940년에는 인공 생산에 성공했고, 이것을 패혈증에 걸린 경찰에게 투여해 약효가 뛰어난 것도 확인했다. 그러나 결국 그 경찰은 목숨을 잃었다. 그저 페니실린이 동났기 때문이었다. 설상가상으로 2차 대전의 압박이 거세졌으나, 다행히 이듬해 석유왕 록펠러가 후원을 약속하며 플레밍은 숨이 트였다. 그리고 다음 해 썩은 멜론에서 발견한 물질을 이용해 페니실린 대량생산에 성공하였고, 이 페니실린은 2차 세계대전과 6·25 전쟁에서 많은 사람의 목숨을 구하게 되었다. 이 공으로 플레밍은 노벨상을 수상했다.

많은 책에서는 페니실린의 발명을 백 퍼센트 우연인 것처럼 설명했다. 하지만 자세히 알아보면 지금의 페니실린은 운 좋게 얻은 공짜가 아니다. 물론 페니실린 발견의 계기는 우연이지만, 힘없고 쉽게 사라지는 초기 페니실린을 강력하고 튼튼한 물질로 바꾼 것은 플레밍을 필두로 한 여러 과학자들의 끈기와 연구 덕분이었다. 플레밍조차도 온전히 짐작하지 못했던 힘을 지닌 페니실린은 현재까지도 많은 사람의 목숨을 구하는 인류의 보배가 되었다.

허준 (1539~1615)

치료뿐만 아니라 예방에 중점을 둔
동양의학의 정수인 동의보감 편찬

Heo Jun

"허준은 제서(諸書)에 널리 통달하여
약을 쓰는 데에 노련하다." – 선조

허준은 우리에게 드라마나 소설로 익숙한 것과는 다르게 정확하
게 밝혀진 바는 적다. 유의태의 가르침을 받고 스승을 해부하는 금
기에 가까운 일을 해내면서 의성醫聖에 다가간 것은 작가의 상상력
의 소산일 뿐이다. 다만 어의로 활약하며 동의보감을 집필하기까지
는 수없이 많은 병을 다뤘던 경험이 있을 것이란 추측이 가능하다.

의술 하나로 신분의 벽을 넘어서다

허준의 출신은 서자였다. 기록마다 다르긴 하나 유희춘에 의해
천거를 받아 관직을 얻었다는 설이 유력하다. 1590년(선조23) 허준은
왕세자의 천연두를 치료한 공으로 당상관 정3품의 품계를 받았다.

1604년(선조37)에는 선조의 피난길에 동행한 공을 인정받아 종1품 숭록대부에 올랐다. 사후에는 광해군의 명에 의해 정1품 보국숭록대부를 추증해 중인으로서 믿기 힘들 정도의 파격적인 승진을 거듭했다. 이는 그의 의술 솜씨와 우직한 충정이 빚어낸 성취였다.

의술의 계승을 위한 마지막 도전 – 동의보감을 집필하다

우리는 그가 의학에 기여한 증거를 지금도 눈으로 볼 수 있다. 선조의 명으로 쓴 우리나라의 실정에 맞춘 의학서『동의보감』이 그것이다. 책 제목의 '동의東醫'란 중국 남쪽과 북쪽의 의학전통에 비견되는 동쪽의 의학 전통 즉, 조선의 의학 전통을 뜻한다. '보감寶鑑'이란 "보배스러운 거울"이란 뜻으로 귀감龜鑑이란 뜻을 지닌다. 허준은 조선의 의학 전통을 계승하여 중국과 조선 의학의 표준을 세웠다는 뜻으로 '동의보감'이라 이름 지었다고 한다. 그리고 이 책은 정말 '보감'이 되어 당시 선진국으로 인정받던 중국에서도 엄청난 인기를 끌었다. 주목할 만한 점은 모든 학설의 출전이 표시가 되어 있어 다른 의원들이 연구하기 쉽게 만들었다는 점과, 귀한 약재를 쉽게 구하지 못할 경우의 응급조치 수단을 함께 적었다는 것이다.

동의보감은 국보 319호로 지정되어 있으며, 2009년도에는 세계기록유산으로 지정되었다. 동의보감이 유네스코에게 인정받은 이유는 공공의료와 예방의학의 발전에 지대한 영향을 미쳤기 때문이라고 한다.

허준은 선조의 명을 받아 책을 집필하기 전에 세 가지 원칙을 세 웠다.

　첫째, "병을 고치기에 앞서 수명을 늘이고 병이 안 걸리도록 하는 방법을 중요하게 여긴다."
　둘째, "무수히 많은 처방들의 요점만을 간추린다."
　셋째, "약을 널리, 쉽게 쓸 수 있도록 약초 이름을 한글 이름으로 쓴다."

허준은 신분의 제약에 굴하지 않고 어의에까지 올랐으며, 자신 의 지식을 낭비하지 않고 귀양길에 올라서도 후대를 위해 집필활 동을 했다. 이러한 허준이 있었기에 동양의학은 큰 도약을 이룰 수 있었다.

유일한 (1895~1971)

깨끗한 경영이 어떤 것인지를
몸소 보여준 기업가이자 독립운동가

Yu Il-han

훌륭한 기업가는 조국을 잊지 않았다

유일한 박사는 대한민국의 모범이 되는 기업가이다. 그는 조국에
유한양행을 설립하여 빈약한 의료약품 공급에 공헌하였으며, 독립
운동을 통하여 수차례 건국훈장을 수여받은 독립운동가다. 해방 후
에는 대한민국 기업가로서 노블레스 오블리주를 몸소 보여 준 거의
유일한 인물이다.

유일한이 미국에서 살게 된 것은 유일한의 아버지가 1905년에 10
살짜리 아들을 미국으로 유학 보냈기 때문이다. 불과 5년 뒤 경술국
치가 있었으니 참으로 아슬아슬한 일이었다. 타국에서 살아가는 동
안 유일한은 무척 바빴다. 어린 나이에 신문배달, 농장 일, 학업까지
하면서도 독립군 소년병 학교에 다니기도 했다. 3·1 운동 뒤에는 한
인연합회의에 참석하였다.

'약팔이꾼'이 아닌 진짜 약사, 유일한

유일한은 1926년 종로에서 유한양행을 세웠다. 그리고 효능도 제조자도 모를(단순히 검증되지 않은 수준을 넘어 만병통치약으로 둔갑한) 약이 판치던 시대에 효능과 보증인을 명시한 광고를 냈다. 유한양행이 팔던 약은 수입 결핵약, 최초로 개발해 판매한 진통소염제 안티푸라민, 혈청 등이었다. 부인도 소아과 병원을 개업하여 저렴한 가격에 환자들을 치료했다.

대쪽 같은 회장님은 미국의 첩보원

미국 OSS는 나치와 손잡은 일본을 이기기 위해 '냅코작전'을 실행했다. 재미한인을 첩보원으로 훈련시켜 국내에 퍼트리는 작전이었다. 유일한도 나이 50세에 이 작전에 참가해 군사, 첩보훈련을 받았다. 비록 작전 실행 전에 일본이 항복해 버렸지만, 당시 훈련 책임자는 유일한을 '독립을 위해 회사의 운명까지 걸 수 있는 애국자'로 평가했다.

파도 파도 미담만… 산업훈장을 받게 된 이유

1939년, 유한양행은 종업원에게 주식을 나눠주었다. 회사가 뭔지도 모르는 사람이 수두룩하던 시절, 유일한은 기업의 부를 재분배하고 사원의 애사심을 높이는 방법을 알고 있던 것이다. 30여 년 뒤, 박정희 정부는 각 기업들에게 정치자금을 요구했고 유일한은 이를 거절했다. 박정희 대통령은 유한양행에 대한 세무조사를 시작했다.

그런데 당시 세무조사원이 "털어도 먼지가 안 나는 기업이 있다니!"
라고 말할 정도로 유한양행은 깨끗했다. 오히려 내지 않아도 되는
세금까지 자진해서 냈다는 이야기도 전해진다. 약품들도 검사 결과
아무런 이상이 없었다. 이 놀랍기까지 한 이야기를 들은 박정희 대
통령은 감탄하여 훈장을 줘야 한다고 여겼고, 유한양행은 1968년 정
부로부터 모범납세 법인으로 선정되어 동탑 산업훈장을 받았다.

창업주 가족 분들이 지금
무엇을 하는지는 모르겠습니다 – 유한양행 직원

대한항공 회항 사태가 전국을 달궜을 때 유한양행이 화제가 되었
다. 유명 취재 프로그램에서 유한양행에 전화를 했더니, 위와 같은
답변이 돌아온 것이다. 유일한은 기업을 가문의 소유로 여기지 않고
온전히 사회에 맡긴 뒤 은퇴했다. 또한 유일한은 근로기준법을 성실
히 지킨 것으로 유명하며, 납세도 철저히 했다. 세금도 안 내는 사람
은 소방공무원에게 불을 꺼 달라고 부탁할 자격도 없다는 그의 말이
지금도 전해진다. 얼마나 납세를 철저히 했냐면, 유한양행의 세금신
고가 늦어졌을 때 국세청 직원이 '유한양행이 신고가 늦는다면 그냥
실수일 것이다.'라며 기다려줬을 정도이다. 물론 실제로 실수였다.

양화대교 건립 당시, 유한양행과 다른 사람들의 토지가 다리 주변
에 있었다. 그런데 알고 보니 직원이 정부를 상대로 엄청나게 높은
가격을 부른 것이었다. 유일한은 직원을 불러 "국민을 위한 국가의
일에 훼방을 놓는다"며 크게 혼냈고, 양화대교 공사는 별 탈 없이 진
행됐다.

기업에서 얻은 이익은
그 기업을 키워준 사회에 환원해야 한다 - 유일한

유일한은 기업 세습을 하지 않고 대한민국 최초의 CEO제도를 도입했다. 연세대병원에도 의학과 연구 교육을 위한 활동을 위한 회사 주식을 기부하였다. 세브란스 병원이 대형병원으로 발전할 수 있었던 계기가 바로 유일한의 사회 환원 덕분이었다.

유일한은 회사 직원들의 설득에 아들 유일선을 부사장으로 앉혀 보았다. 그리고 아들이 기업의 이익에 집중하자 즉시 해고했다. 그리고 은퇴 전 자신의 일가친척에게 퇴직금을 주고 모두 회사에서 해고했다. 경영권 다툼을 우려한 것이다. 그런데 이를 두고 두 동생이 소송을 걸었는데, 소송의 목적이 부당해고 취소가 아니라 퇴직금 반환 소송이었다. 자신의 퇴직금 전액을 회사를 위해 쓰고 싶으니, 퇴직금 수령을 취소해 달라는 것이었다.

유일한 회장은 타계하기 전 유언으로 손녀에게 등록금을 물려주었다. 한사코 사양하던 손녀에게 물려준 돈 외에는 모두 사회에 기부했는데, EBS에 따르면 이 돈은 현재 가치로 7천억 원. 게다가 자신의 무덤 주변은 유한공원으로 만들어 시민들에게 개방했다.

이종환 (1924~현재)

섬김과 나눔의 리더십

Lee Jong-hwan

나눔을 강조하다

요즘은 각 기업마다 사회적 책임을 지킨다고 선언하곤 한다. 하지만 사람들은 이런 선언조차 사회적 기여를 대한 진심이 아니라 기업 홍보를 위해 도구로써 활용하는 것이라고 의심하기도 한다.

아시아 최대 규모의 교육재단인 '이종환 교육재단'을 이끄는 삼영화학그룹 전 회장 이종환의 의지와 도전정신은 남달라 보인다. 그는 한국 사회에서 기부문화가 정착되지 않았던 90년대와 2000년대 초에 재산 환원을 통해 사회에 섬김과 나눔의 리더십을 실천하였다. 기부 문화가 전무했던 당시 시대상 속에서 한 부자의 사회 발전을 향한 행보가 돋보인다.

세계 3대 메이커 우수제품

이종환 회장이 이끈 삼영화학그룹은 일반인에게는 다소 생소하다. 삼영그룹의 대표적인 계열사인 삼영화학공업은 식품용·콘덴서용 필름, 음료 용기와 같은 포장 필름을 만드는 회사이기 때문에 우리가 다소 알기 힘들다. 그러나 이 회사의 OPP필름은 세계 3대 메이커로 꼽힐 정도로 우수한 품질을 가지고 있고, 삼영화학공업은 수천억의 매출을 올리는 건실한 중견회사이다.

이종환이 창업한 50년대는 화학공업의 필요성에 대한 인식이 낮던 때였다. 그러나 이종환은 미래에 국가적 발전을 위해 화학산업의 발전이 필요하다고 보고, 59년에 화학 공업 산업에 용감하게 뛰어들었다. 처음에는 장판, 스펀지와 같은 낮은 수준의 화학제품을 만들었으나 점차 높은 수준의 화학제품까지 만들게 되었다.

"만수유(滿手有) 했으니 공수거(空手去)하리라."

'손에 가득 찼으니 비우고 떠나라'는 의미의 '만수유공수거'는 이종환 이사장의 신념이다. 그는 1조 규모의 교육재단을 운영하며, '빌 게이츠나 스티브 잡스 같은 인물이 2명만 나와도 한국이 경제대국이 된다'라며 아낌없이 장학 사업을 벌였다. 또 94세의 그는 동양의 노벨상을 만들겠다며 2020년까지 부문별로 15억 원을 지급하는 국제학술상 만들기에 도전했다.

기업이나 재벌 역시 우리 사회의 일원이다. 하지만 가끔 어떤 기업이나 재벌은 우리 공동체의 발전과 상생에는 관심이 없고, 오로지 자신의 금전적 이익만 좇는다. 반면에 이종환은 국가·사회의 성장과 사회 환원을 위해 아낌없는 나눔을 펼치며 자신의 사업을 일구고 기부사업을 벌여왔다. '나눔'에 도전하는 이종환 이사장의 모습이 진정 아름답다.

김혜자 (1941~현재)

검은 땅에 내리는
국민엄마의 사랑

kim hye-ja

'혜자롭다': 후한 인심이 담긴,
값이 헐한 물건이나 서비스 등을 이르는 신조어

이화여대에서 미술을 배우던 김혜자는 처음엔 KBS 탤런트로 합격했다. 그러나 '소질이 없는 것 같다'며 돌연 사라진 그녀는 몇 년 뒤에 MBC 소속으로 돌아왔다. 당시는 MBC가 막 태어난 시점이었으니, 김혜자는 MBC의 개국공신 격이다. 이후 '수사반장', '신부일기', '엄마가 뿔났다' 등 유명한 작품에 출연하며 백상예술대상 TV 부문 대상을 수상하기도 했다. MBC와 KBS에서도 도합 4번의 연기대상을 거머쥐었다. 특히 이 무렵 조미료 광고에서 보여준 '그래, 이 맛이야'라는 대사는 전국적인 유행어가 되어 김혜자를 더욱 스타덤에 올렸고, 20년 넘게 방영된 장수 인기 드라마 '전원일기'는 김혜자를 국민 배우로 만들었다.

김혜자는 20여 년 넘게 수많은 기부와 봉사를 한 것으로 유명하다. 근래 일어난 세계의 대형 재난 지역에는 그녀의 기부금이 날아왔고, 북한이나 아프리카와 같은 빈곤지역에도 수없이 후원했다. 태백에도 공부할 형편이 못 되는 아이들을 위해 학습센터 '꽃때말 공부방'을 세웠다. 김혜자가 쓴 베스트셀러『꽃으로도 때리지 말라』의 제목을 딴 공부방이다.

원숭이 구경이나 하려나 했다가, 그보다 더욱 값진 체험을 했다

배우 김혜자는 푸근한 인상과 착한 마음씨로 널리 알려져 있지만, 본격적인 기부인생을 시작한 것은 중년이 된 후의 일이다. 90년대 초, 드라마 촬영이 끝나고 유럽여행을 계획하던 그녀에게 자선단체 '월드비전'이 홍보대사가 되어달라고 요청하였다. 본인의 말에 따르면, 떠나기 전까지도 아프리카 행을 앞두고 '원숭이 구경' 정도나 기대하고 있었다고 했다. 세계에서 가장 부유하고 깔끔한 곳으로 떠나려던 그녀는, 그 바로 아래의 검고 열악한 대륙으로 발길을 돌리게 된다. 그리고 김혜자는 그곳에서 신기한 원숭이 같은 것이 아닌, 충격적인 모습을 보게 되었다. 사람들은 모두 비쩍 말랐거나 비대하게 부어 있었고, 입가에 앉은 파리를 쫓을 기운도 없이 누워 있었다. 그 광경은 김혜자의 삶을 크게 뒤바꿔 놓았다.

그녀는 '월드비전'의 '사랑의 빵 나누기' 홍보대사로 활약하고, 기부금과 식량을 들고 에티오피아를 방문했다. 이것을 시작으로 김혜자는 나눔과 봉사로 가득한 삶을 살았다. 마치 베풀기 위해 사는 사람처럼 곳곳에 기부하기 시작했다. 수십 명의 아프리카 빈민을 시작으로 현재 103명의 가난한 이들을 정기후원하고, 아프리카를 계속 찾아 봉사와 나눔의 손길을 건넸다. 파키스탄과 네팔, 아이티에 강진이 났을 때도 억대의 후원금을 내고 직접 찾아가 피해복구를 돕기도 했다. 시에라리온에는 '마담 킴스 프로젝트'를 통해 생활이 어려운 30개 가정을 후원하고 있으며, 그녀의 봉사가 싹튼 곳인 에티오피아에는 '김혜자 복지센터'까지 세워졌다. 김혜자의 책『꽃으로도 때리지 말라』의 수익금 전액은 아예 북한의 홍수 이재민과 태백시 아동 후원금으로 전부 돌아갔다. 특히 2014년에는 전쟁으로 아수라장이 된 중앙아시아를 방문해 도움과 응원의 손길을 건넸다.

김혜자는 말한다. 봉사활동은 거창한 가치관과 구호 아래 이뤄지지만, 실제로 하는 일은 아주 작고 단순한 것들이라고. 하지만 그 단순한 일들도 하다 보면 점점 재미있는 일이 된다고. 그래서 그녀는 아주 작은 도움이라도 남에게 베푼 사람들을 칭송한다. 그런 이들이 있기 때문에 이 사회가 더욱 돈독하고 건강해지기 때문이다. '사랑은 어떤 전쟁과 죽음보다 강하다'라는 김혜자의 말은 세상의 빛으로 길이 남을 것이다.

이태석 신부 (1962~2010)

한국의 슈바이처,
당신은 사랑입니다

Lee Tae-seok

이름도 몰랐던 이들을 위해 온몸 바친 신부, 이태석

세상을 살면서 언젠가 봉사와 기부를 하면서 살겠다는 것은 많은
사람들의 꿈일 것이다. 여기 한 생애를 걸쳐 하느님의 사랑을 위해
자신의 모든 것을 다 바친 사람이 있다. 위대한 사랑을 선물한 한국
의 슈바이처, 이태석 신부는 아프리카 수단의 원주민들을 위해 온몸
을 다 바쳤다. 그는 인간으로서 영웅적인 덕행으로 현대를 살아가는
우리들에게 인간이 인간답게 살아가는 데 가장 충만한 삶이 무엇인
지를 보여 주고 있다.

많은 사람들이 눈물을 흘리고 또 흘렸다

이태석 신부의 이야기를 다룬 '울지 마! 톤즈'라는 다큐멘터리 영
화는 감동으로 가득 차 있다. 사람이 꽃보다 아름다울 수 있다는 사

실을 보여주기 때문이다. 이태석 신부는 우리와 마찬가지로 고뇌하는 평범한 인간이었지만, 동시에 평범한 사람도 섬기는 지도자가 될 수 있다는 사실을 보여주었다.

그는 의과대학 시절 의료봉사로 아프리카 수단을 방문한 후 누구나 그토록 선망하던 의사 가운을 벗어던져 버렸다. 그리고 신학대학에 진학해 2001년 로마 교황청에서 사제 서품을 받자마자 위험한 수단으로 선교를 떠났다. 그는 가난하고 어려운 땅 톤즈의 아버지로 의사이자 친구로 살았다. 그의 불같은 삶은 진정한 신앙 그 자체였고, 수단 사람들에게는 선물이었다.

아프리카에 내려온 흰 마음씨의 소유자

아프리카의 남수단은 남북으로 갈라져 전쟁으로 인해 많은 사람들이 오염된 물을 마시고 원인 모를 피부병, 말라리아, 한센병에 시달리고 있었다. 이태석 신부는 그들을 위해서 부족한 자원으로 작은 '움막진료소'를 마련하면서 봉사의 삶을 시작했다.

이태석 신부는 학교와 병원을 짓고, 나병 환자들에게 하나뿐인 맞춤 신발을 만들어 주었다. 나병 환자들은 발가락이 떨어져 나가고 발이 뭉개져 발 모양이 모두 다르기 때문이다. 전쟁의 상처를 치유하기 위해 음악단을 결성하는 등, 아주 작은 재능까지도 톤즈 사람들만을 위해 자신의 모든 것을 던졌지만, 그는 안타깝게도 더 큰 꿈을 이루지 못하고 암 선고로 마흔여덟 살에 세상을 떠났다. 수단의 많은 사람들은 깊고 깊은 슬픔의 늪에 빠졌다. 이제 그가 뿌려놓은 씨앗이 시들지 않고 사랑의 열매를 맺길 바랄 뿐이다.

신부님은 그 어떤 강압적인 힘을 사용하지 않고도, 톤즈 사람들에게 한 줄기 햇살이나 바람처럼 많은 것을 변화시켰고 많은 사람의 마음을 움직였다. 신부님의 업적은 톤즈 사람들뿐만 아니라 지구촌 곳곳의 모든 사람들의 가슴에 지워지지 않을 커다란 감동으로 오래오래 기억될 것이다.

처음부터 위대한 사람은 없지만 그는 세상 가장 낮은 곳에서 어떻게 살아야 하는지를 몸소 보여주었고 너무나 높고 고귀한 삶을 살다 떠났다. 그런 이태석 신부야말로 제2의 슈바이처로 불릴 자격이 있다. 가슴 깊숙이 스며드는 강렬한 감동은 우리들이 그동안 묵혀두었던 착한 마음을 깨워 앞으로 어떻게 살아가야 하는지 방향등을 밝혀주고 있다.

The Greatest Challenger 100

종교

마틴 루터 킹 목사 (1929 ~1968)

차별 없는
세상을 꿈꾸다

Martin Luther King

젊은 지도자, 비폭력 운동가

1929년 1월, 미국 테네시 주 흑인 목사 집안에서 둘째 아이가 태어났다. 아버지의 이름을 물려받은 그는 바로 마틴 루터 킹 2세다. 노예 제도가 철폐된 후에도 인종 차별이 극심했던 남부 지역에서 살아온 킹은 세상이 흑인과 백인에게 공평하지 않다는 것을 뼈저리게 체감한다.

1955년 몽고메리 시에서는 15세 흑인 소녀가 버스에서 체포당하는 일이 일어났다. 백인 남성에게 좌석을 양보하지 않음으로써 인종 차별 정책인 '짐 크로우 법'을 어겼다는 이유에서였다. 이어 또 다른 흑인 여성이 같은 이유로 체포당하자 루터 킹은 에드거 닉슨과 함께 몽고메리에서 어떤 버스도 타지 않는 보이콧 캠페인을 벌였다. 1년 넘게 지속된 이 캠페인 과정에서 킹은 체포되었으며 집이 폭파되기까지 했다. 이때 킹의 나이 불과 26세였다.

이 일로 인권 운동가로서 널리 알려진 킹은 동료 운동가들과 함께 SCLC(남부 그리스교도 지도자회의)를 설립하고 흑인 인권 운동을 이끌었다. 하지만 킹은 현실적인 어려움에도 불구하고 폭력의 사용을 거부했다. 간디의 비폭력주의에 감화되어 스스로 무기를 손에 쥐지 않겠다고 맹세했기 때문이다. 킹과 SCLC는 올버니, 버밍엄 등에서 평화시위를 벌이며 인종 차별 정책의 철폐와 평등한 인권의 보장을 소리 높여 외쳤다.

한 사람의 꿈을 모두의 꿈으로, I have a dream

"나에게는 꿈이 있습니다. 언젠가 제 어린 네 명의 아이들이 피부색으로 판단되지 않고 인격으로 판단되는 나라에서 살아갈 것이라는 꿈입니다." 1963년, 워싱턴 링컨 기념관 앞에서 진솔하고 열성적인 목소리가 울려 퍼졌다. 미국 사상 최고의 명연설로 꼽히는 킹의 연설은 많은 이들의 마음을 움직였으며, 25만 명의 각양각색의 시민이 모인 워싱턴 행진과 함께 미국의 민권법 통과를 촉진시키는 커다란 계기가 되었다.

이후 킹은 인종 차별 반대뿐만 아니라 빈곤 퇴치와 반전 운동까지 활동 반경을 넓혀 인권 운동에 힘쓰고 1964년 노벨 평화상도 수여했으나, 1968년 캠페인 활동 중에 암살당했다. 그러나 미국에서 그의 생일을 국경일로 기리고 세계 여러 나라의 학교에서 그의 연설을 가르치는 등, 마틴 루터 킹의 꿈은 오늘날에도 수많은 사람들의 마음 속에 생생하게 전해지고 있다.

마르틴 루터 (1483~1546)

'Here I stand'

Martin Luther

항상 회개하던 모범적인 수도사

학창시절 루터는 에르푸르트 대학에서 인문과학 학사과정을 마쳤으며, 인문주의 사상에 많은 영향을 받게 된다. 그 후 루터는 아버지의 뜻에 따라 법률공부를 시작하였다. 그러던 중 1505년 7월 2일 그는 도보여행 중 벼락을 맞게 되고 함께 가던 친구의 사망을 목격한다. 그해 7월 17일, 루터는 아버지의 반대를 뿌리치고 에르푸르트의 아우구스티누스의 수도회에 들어가게 되었다.

그는 수도원에서 모범적으로 지냈음에도 불구하고, 죄에 대해 상당히 고뇌하였으며 하루에도 몇 번씩 고해성사를 했다고 한다. 루터가 너무 자주 찾아오니 담당 신부는 "제발 죄를 모아서 한꺼번에 가져오라"고 말할 정도로 루터는 철저하게 회개하였다. 하지만 루터는 구원에 대한 확신을 가질 수 없었다.

루터는 수도원에서 엄격한 계율에 따라 수도생활을 하며 1507년 사제가 되고 수도회와 대학에서 중책을 맡게 되었다. 그는 빠른 속도로 수도원에서 학식과 능력을 인정을 받기 시작했다. 1511년 비텐베르크 대학으로 옮겨 1512년 신학박사가 되고, 1513년 성서학 교수가 되어 강의를 시작하였으며 시편, 로마서, 갈라디아서, 히브리서 등 주석 강의에 착수하였다.

타락한 자들의 한복판에서 깨달음을 얻다

루터는 교황청이 있는 로마를 방문하게 되었다. 거기서 루터는 타락한 종교와 종교지도자들의 모습을 보았다. 그러던 중 루터는 로마서 1장 17절을 되새겼다. "오직 의인은 믿음으로 말미암아 살리라"라는 구절이었다. 로마에서 돌아온 그는 성경을 연구하면서 신은 인간에게 어떤 행위를 요구하는 것이 아니라, 예수를 통해 인간에게 접근하고 은혜를 베풀어 구원한다는 결론을 내리게 되었다. 또한 사람은 오직 신앙에 대한 절대적 의존과 신뢰에 의해서 의롭게 된다는 사실을 깨닫는다. 이것은 '이신칭의(以信稱義, 신앙을 통해 의로운 자로 불린다)'라는 사상으로 불렸다.

진리를 발견한 루터는 당시 로마 교황청이 신앙을 잃었음을 발견했다. 결국 1517년 루터는 갈수록 심해지는 교황청의 악폐에 대하여, 10월 31일 비텐베르크 대학교 예배당 정문에 교황청의 잘못을 지적하는 95개조 항의문을 붙였다. 이 항의문은 독일어로 번역되어 독일 전역에 퍼지게 되었다. 그리고 곧 루터는 이단으로 기소되었다. 교황 레오 10세는 그 다음 해인 1520년 7월 15일 루터에게 파문장을 발송하게 된다. 60일간의 여유를 줄 테니 주장을 철회하라고 협박한 것이다. 그러나 루터는 그 협박에 굴복하지 않고 교황이 보낸 파문장을 불살라 버렸다. 그리고 루터는 그의 영주이며 선제후 프리드리히의 보호를 받았다.

1521년, 결국 루터는 황제와 의회 앞에 출두하게 되었다. 루터는 그곳에서 자신의 주장을 취소하면 살려주겠다는 요청을 받았다. 그는 하루의 여유를 받지만 그는 결국 다음 날 황제와 의회 앞에서 심금을 울리는 유명한 말을 남겼다.

"Ich stehe hier, helfe mir, Gott!"
(내가 여기에 서 있다. 하나님! 나를 도우소서!)

구원은 돈이나 충성에서 나오는 것이 아니다

마르틴 루터는 이단자와 반역자로서 로마 카톨릭으로부터 파문을 당하게 되었고 황제 찰스 5세도 루터는 법의 보호를 받지 못하는 사람으로 선포하기에 이르렀다. 그는 추방되었고 그것은 결국 그의 죽음을 의미하는 것이었다. 그러나 영주 프리드리히 4세는 그들의 심복들을 시켜 마르틴 루터를 비밀리에 바르트부르크 성으로 보냈다. 9개월 동안 루터는 프리드리히 4세의 비호 아래 숨어 지내면서 신약성서의 독일어 번역을 완성하였다. 이것이 독일어 통일에 크게 공헌하였음은 잘 알려진 사실이다. 누구나 쉽게 읽을 수 있는 독일어 성서야말로 진정한 종교개혁의 출발이었다.

루터는 독실한 신앙을 가지고 올바른 길을 추구한 사람이었다. 그는 구원의 길이 교회나 종교지도자에 대한 충성이 아니라 오직 신앙과 성경에서 나온다고 주장했다. 그는 종교가 정치나 개인의 이익을 위한 도구가 아니라 오직 순수한 신앙으로 이루어지길 바란 자였다.

이제부터 월급을 받지 않겠다

조지 뮬러 목사는 1805년 독일에서 출생하여 방탕한 생활을 하다가 기독교인이 된 후, 영국에서 고아원과 성경학교를 세우고 신앙활동을 하였다. 그는 평생 5만 번 이상의 기도응답을 받은 것으로 유명하다. 그의 삶은 실로 파란만장한 많은 사건의 연속이었지만 정작 뮬러 목사의 월급은 항상 평온했고 평화로웠다.

1830년 그는 교인들에게 "이제부터 월급을 받지 않겠다."고 선언하였다. 그의 활동에 드는 모든 비용을 기도하여 얻기로 결단한 것이다. 그는 아무리 돈이 필요해도 어느 누구에게도 재정지원을 요청하지 않았고 어려움을 내색하지도 않았다. 한 일화로, 어떤 신자가 그가 경제적 어려움이 있으면 도우려고 재정상황을 알려달라고 하였지만 그는 거절하였다.

그의 일기에 의하면 뮬러 목사는 큰돈이든 작은 돈이든 기도로 구하여 필요한 시기에 공급을 받아 재정적인 문제를 해결하였다. 그리고 그는 성경의 '피차 사랑의 빚 외에는 아무에게든지 아무 빚도 지지 말라'라는 구절대로 아무에게도 빚지지 않았다. 물건은 모두 현금을 주고 샀다. 그리고 그는 자신이 돌보는 고아들을 누구의 후원도 없이 기도만으로 보살핌으로써 사람들에게 놀라움을 안겨주었다.

그는 모든 일에서 신을 의지하였다. 부유한 신자나 가난한 신자나 일상생활에 필요한 모든 것을 받을 수 있다고 믿었다. 그리고 신자는 어떤 것이라도 기도의 제목으로 삼아야 하고, 부끄럽지 않게 살며 부끄럽지 않은 기도를 올려야 함을 강조하였다. 죄를 짓는 생활을 계속한다면 어려움을 만났을 때 신에게 의지할 수 없다는 뜻이다.

구제하는 삶을 살아간 인도자

조지 뮬러는 사람을 구제하는 삶을 살았다. 그는 구제 활동에 필요한 재물을 사람에게 직접 요청하지 않았고 오직 신에게만 기도하여 그가 원하는 것을 전부, 아니 넘치도록 받았다. 그는 자신의 돈은 진실로 신앙 활동에 쓰는 것 이상은 아무 가치가 없고 자신의 삶은 신을 섬기는 데 쓸 때만 가치가 있다고 믿었다.

세상 모두가 뮬러 목사처럼 독실한 기독교인은 아니다. 하지만 적어도 모든 사람은 삶에서 난관을 만나고, 그 위기를 돌파하기 위해 도전했다. 그때 뮬러 목사처럼 자신의 확고한 신념과 가치관을 지녔다면, 우리는 험한 인생길을 꽤 부드럽게 지나갈 수 있을 것이다. 많은 이들이 하루하루 돈 걱정을 하며 살아가지만, 뮬러 목사는 월급 없이도 흔들림 없는 눈동자로 모든 어려움을 이겨내지 않았는가?

프란치스코 교황 (1936~현재)

약자에게 한없이 부드럽고,
악인에게 한없이 강한 종교 지도자

Pope Francis

나는 여기 아래 서겠습니다

프란치스코 교황은 즉위 3년 기존의 권위를 내려놓고, 가장 낮은
자리에서 약자와 소외받은 이들을 돌보았다. 그리고 카톨릭에서 금
지하는 행위에 관용의 손길을 내밀었다. 하지만 반대로 교황은 악한
이에게는 엄격했다. 마피아 본거지를 직접 찾아가 목숨을 걸고 그들
을 파문하기도 했다. 프란치스코 교황은, 약자에게는 한없이 부드
럽고 악인과 타협하지 않는 행동으로써 기존 교회가 가지고 있던 권
위주의적 모습들을 파격적으로 버렸다.

프란치스코 교황은 늘 겸손하고, 소박한 생활을 하고 있다. 추기
경 시절에는 화려한 관저가 아니라 작은 아파트에 거주하였으며, 바
티칸에서 대주는 비행기 값을 빈민들에게 모두 나누어주었을 정도
였다. 운전기사를 따로 두지도 않았다. 이동은 거의 항상 사복 차림

으로 대중교통을 이용했으며 식사는 직접 시장에 가서 재료를 사다가 손수 요리해서 먹었다. 특히 교황에 선출되자 소감을 묻는 질문에 "저처럼 모자란 놈을 교황이라고 뽑아준 분들을 주님께서 용서하시길 바랍니다"고 말해 사람들을 폭소하게 했다. 교황이 되어서도 관행처럼 이어오던 고급 차량 대신 구형 포드 포커스를 몰고 있다. 이와 관련하여 인터뷰에서 교황은 "사제들이나 수도자들이 고가의 최신차량을 타는 것을 보면 마음이 아픕니다. 물론 자동차가 필수적이긴 하지만, 비싼 차를 구입하기 전에 지금 이 순간에도 세계 각지의 어린이들이 얼마나 많이 굶어죽고 있는지를 생각해 보십시오"라며 성직자들의 사치 자제를 몸소 주문하였다. 뿐만 아니라 방탄차를 일절 사용하지 않는 것은 이미 유명한 이야기이다. 그는 "꽉 막힌 깡통 안에서는 소통이 안 됩니다"라는 말을 하며 의전 때는 소형차를, 퍼레이드 때는 사방이 뚫린 무개차를 즐겨 탄다. 교황으로서 처음 군중 앞에 선 날 그는 높은 연단을 거부했다. 그는 "나는 여기 아래 서겠습니다"라는 말로 즉위 후 지금까지 늘 낮은 자세로 사람들을 대했다.

가장 높은 자리에 있는 사람은 누구나
남을 위해 봉사해야 합니다

프란치스코 교황은 검소한 생활뿐 아니라 가장 낮은 자리에서 없는 자들을 위한 행보를 보였다. 순금 십자가 대신 철제 십자가를 가슴에 걸었고, 어떤 병에 걸린 사람과도 입을 맞추고 포옹을 했다. 프란치스코 교황이 보여준 파격 행보 중 하나는 기존 카톨릭이 금기시하던 사항에 대해서 관용을 베풀었다는 것이다. 카톨릭에서 금기였던 동성애와 낙태 문제에도 "만약 동성애자라 하더라도 선한 의지를 갖고 주님을 찾는다면 어떻게 심판할 수 있겠습니까?"라며 관용의 손길을 내밀었다. '하느님을 믿지 않거나 믿음을 추구하지 않는 사람들을 하느님이 용서할 것인가?'라는 물음에도, 하느님의 자비에는 한계가 없으며 신앙이 없으면 양심에 따라 행동하면 된다는 말을 하기도 했다.

삶을 발코니에서 관망하지 마십시오 - 프란치스코 교황

프란치스코 교황은 늘 도전하는 삶을 주장했다. 도전하는 인생만이 진정한 삶이라는 게 그의 가르침이다. 2년 전 한국을 찾아 카톨릭 신도와 아픈 이들을 어루만지기도 했던 프란치스코 교황은 "인생이라는 작품에서 중요한 것은 넘어진 적이 없다는 것이 아니라, 그렇게 넘어졌으면서도 그곳에 머무르지 않았다는 것입니다"라며, 더 정의로운 세상을 향한 꿈을 포기하지 말자고 이야기하였다.

달라이 라마 14대 ^(1935 ~현재)

바다와 같은 지혜로
티베트의 정신적 지도자로 서다

Dalai Lama

위대한 스승의 칭호, 달라이 라마

티베트의 영적, 종교적 지도자인 달라이 라마는 티베트의 절대적 정신적 지주다. 달라이 라마는 티베트 불교 겔룩파에 속하는 존재로 환생하는 라마(스승, 대사)이다. 달라이 라마의 칭호는 몽골의 알탄 칸이 3대 달라이 라마 소남 갸초에게 봉헌한 이름인데, 그는 겸손의 의미로 자신의 스승과 그의 스승에게 1대, 2대 달라이 라마의 칭호를 올리고 자신은 3대 달라이 라마가 되었다. 그 후 달라이 라마 칭호는 그 법통을 잇는 모든 화신들에게 사용되고 있다. 몽골어 '달라이'는 갸초(Gyatso, 지혜를 가진 영혼)와 함께 '바다'를 뜻하며, 티베트어 '라마'는 '영적인 스승', 즉 '바다와 같은 지혜를 가진 스승'이라는 뜻이다.

나라 없는 설움 속에서 정신적 지도자로 일치단결하다

티베트의 추종자들은 달라이 라마가 지속적으로 다시 태어난다는 것을 굳게 믿고 있다. 수도승들은 달라이 라마가 서거 시점에 태어난 어린 소년들을 대상으로 적임자를 찾는다. 그리고 그 소년을 새로운 달라이 라마로 확정하기 전에 환생의 여러 징표들을 찾아낸 다음, 지도자의 역할에 부합하도록 교육시킨다. 현재의 제14대 달라이 라마, 텐진 갸초는 1935년 태어나 1959년 중국의 티베트 통치에 반대하여 인도로 망명하였다. 그 후 그는 전 세계를 돌아다니며 불교의 가르침을 알리는 한편 국제 사회에 티베트의 독립을 지지해 줄 것을 호소하였다.

1949년 마오쩌둥毛澤東은 중화인민공화국을 세우고 티베트 정부를 강제로 합병하였다. 이후 중화인민공화국에서 중국의 일부가 된 것을 받아들이고 지역자치를 하라고 권하였으나 티베트 인들은 호응하지 않았다. 그러자 중국은 1950년 여름 무력으로 창두昌都를 점령하였다. 이에 달라이 라마(텐진 갸초)는 어쩔 수 없이 중국의 '화평해방'을 받아들여 1951년 티베트 협정에 조인한 뒤, 1954년 티베트 지방정부 주석, 전국 인민대표대회 티베트 대표, 정치협상회의 전국 위원 등을 역임하게 되었다.

비폭력 운동으로 노벨 평화상을 수상하다

현재의 제14대 달라이 라마(텐진 갸초)는 세계 각지에서 밀교 의식을 행하고 있다. 그는 즉위한 이래, 티베트 민족의 정신적, 신앙적

지주로서 평생을 티베트의 독립을 이끌어 내는 데 헌신해왔다. 14대 달라이 라마는 중국으로부터 티베트의 자유화 운동을 비폭력적으로 이끈 공로로 1989년 노벨 평화상을 받았다. 우리나라가 지난 1910년 36년간 일제 강점기 때 암울한 역사를 가졌듯, 티베트 역시 엄청난 희생과 아픔을 간직한 채 지금까지 중국 내 자치정부로 남아 있다. 티베트 사람들은 종교적, 정신적 지도자 달라이 라마를 중심으로 오늘도 광복을 맞을 날을 꿈꾸며 희망의 불씨를 놓지 않고 있다.

주기철 목사 (1897~1944)
일제강점기
신사참배에 굴복하지 않고 저항하다
Joo Ki-cheol

애국애족의 마음을 품다

주기철 목사의 원래 이름은 주기복으로, 1897년 11월 25일 경남 창원 출생이다. 주기철 목사는 집안 어른이었던 주기효가 세운 개통학교에 입학해 민족정신에 대해 배우고, 이후 남강 이승훈이 설립한 오산학교에 유학하며 애국심을 키웠다. 그는 오산학교에 재학할 당시 세례를 받고, 아명이었던 기복에서 기철이란 이름으로 바꾸게 되는데, 이는 기독교를 철저히 믿는다는 의미를 담고 있다.

오산학교를 졸업한 뒤에는 산업을 일으켜 민족을 바로 세우겠다는 뜻을 품고 연희전문대학 상과대에 진학하지만, 어렸을 때부터 앓던 지병이 심해져 이를 포기하고 고향으로 내려갔다. 다시 고향에 돌아온 주기철 목사는 마산 문창교회에서 열린 한 집회에 참석하고, 이곳에서 목회자의 길을 결심하게 된다. 당시 집회는 한국교회 최초의 부흥사인 김익두 목사의 부흥회였다. 이날 이후 주 목사의 삶은 자신의 이름처럼 평생 철저하게 믿음을 고수했다.

일제의 탄압에 맞선 '신사참배반대 결의안' 제출

평양신학교에 입학한 그는 양산읍교회에서 전도사로 첫 사역을 시작했고, 졸업 이후엔 목사로서 부산 초량교회와 마산 문창교회를 맡았다. 주기철 목사는 담임 목회 당시 성경에 입각해 철저하게 원칙을 지켰고, 특히 교육과 재정 관리에 철저하게 임하는 등 어려운 이웃들을 위해 구제 및 선교에 앞장섰다. 신앙생활 역시 소홀히 하지 않았으며, 나라에 대한 기도도 멈추지 않았다. 그는 부산 초량교회에서는 구덕산, 마산 문창교회에서는 무학산에 올라 매일 기도에 힘쓰는 모습을 보였고, 기도로 쓴 설교 원고는 수십 번씩 낭독하는 열정을 보였다. 또한 점점 심해지는 일제의 탄압에 맞서 신사참배를 성경에 어긋난다는 이유로 반대하면서 '신사참배반대 결의안'을 소속 노회에 제출해 가결 받기도 했다.

죽음을 각오한 민족정신과 신앙

주기철 목사는 성도들 앞에서 "5종목의 나의 기원"이라는 제목으로 마지막 설교를 하였다.

"첫째, 죽음의 권세를 이기게 하옵소서. 둘째, 기나긴 고난을 견디게 하여 주옵소서. 셋째, 노모와 처자를 주님께 부탁합니다.

넷째, 의에 살고 의에 죽게 하여 주옵소서. 다섯째, 내 영혼을 주
님께 부탁합니다. 나는 내 주님 밖에 다른 신 앞에서 무릎 꿇고
도저히 살 수 없습니다. 더럽게 사는 것보다 죽고 또 죽어 주님
을 향한 나의 정절을 지키려 합니다. 주님을 따라서 가는 죽음
은 나의 소원입니다. 다만 나에게는 일사각오(一死覺悟)가 있을
뿐입니다."

조선총독부가 평양의 교회를 압박하고 강력히 탄압하는 시기에,
평양에서 열린 제27회 장로회 총회에서는 대부분의 목회자들이 무
기력하게 신사참배를 공식 결의 하는 사태까지 발생했다. 하지만 주
기철 목사는 이를 절대 묵인하지 않고 당당하게 일본군의 총칼 앞에
맞서 끝까지 저항했다.

결국 주기철 목사는 일제에 의해 투옥되었다. 그럼에도 그는 신앙
과 양심의 자유를 지키기 위해 노력했고, 주 목사의 옥중 수난의 모
습은 산정현교회 신도들을 비롯한 많은 이들에게 힘과 용기를 줬다.
그러나 결국 광복을 1년여 앞둔 1944년 4월 13일, 평양형무소에서
수많은 고문으로 만신창이가 된 목사는 49세의 나이로 순교하였다.
주기철 목사의 유언은 "내 여호와 하나님이여, 나를 붙잡으소서"였
으며 마지막에는 미소를 띠었다고 한다.

한경직 목사 (1902~2000)

종교계의 노벨상으로 불리는
템플턴상을 수상한 최초 한국인

Han Kyoung-jik

한국 교회의 부흥을 꿈꾸다

한경직 목사를 거론하지 않고는 한국 교회의 역사, 특히 광복 후의 역사를 말할 수 없다고 한다. 그 정도로 그는 광복 이후 한국 기독교의 발전과 교육, 봉사, 나눔에 큰 기여를 한 종교인이다. 특히 그가 늘 강조해 온 '연합'의 정신은 한국 교회의 발전과 '민족 복음화 운동'의 토양이 되었다.

"나는 죄인입니다"라는 말은 한경직 목사가 생전 자주 하던 말이었다. 그는 사랑을 빚진 죄인이라 생각했다. 하지만 그는 다 적기 힘들 정도로 많은 양의 선행을 쌓았다. 또한 '대한예수교 장로회' 통합교단의 대표인물이기도 하며, 해방 후 서북 기독교 세력이 남한으로 재편되는 과정에서 중요한 역할을 담당했다. 또 해방 이후부터 한국 개신교의 양적, 질적 성장에 크게 기여한 종교인이기도 하다.

교육으로 진정한 해방에 이르리라

본래 교사였던 그는 교육의 힘을 무엇보다 강조하였다. 한경직 목사는 전쟁 직후의 삶에서 교육이 얼마나 큰 힘을 발휘할지 내다보고 교육에 힘썼다. 영락교회를 지을 때는 3대 목표 가운데 하나를 교육으로 정하고, 교회 건물을 지을 때 본당 다음으로 교육관을 지었다. 교회와 교육은 결코 분리될 수 없다는 원칙을 갖고 곧바로 주일 학교도 함께 시작했다. 그는 어린이 교육과 장년들을 대상으로 하는 신앙 교육에도 힘썼는데 장년층의 교육열이 대단하여 후에는 학부모회, 학부모 모임을 조직해 가정 내에서도 교육이 될 수 있었다.

한 목사는 전쟁 후 고아를 돌보기 위해 일본 가마쿠라 고아원을 인수하여 영락보린원을 창설하고 월남 청소년의 교육을 위해 대광중·고등학교를 설립하였다. 1952년에는 중학교에 진학하지 못하는 청소년을 위해 성경구락부 모임을 만들었다. 또한 공산주의자들에 의해 폐교되었던 보성여자중·고등학교를 재건하고 후에 기독교아동복지회 이사장을 지내기도 하였다.

선한 사마리아인의 마음으로

한경직 목사의 눈은 더욱 가난한 자, 약하고 소외받는 자, 슬픔을 당한 자들에게로 향했다. 1947년 그는 보린원을 재건하고 피난민을 위해 천막촌을 만들어, 월남한 이들이 남한사회에 정착할 수 있도록 보조해 주었다. 또 한 목사는 피난민 자녀들을 위한 학교를 세웠다. 한국 전쟁이 나자 미망인과 그 자녀를 위해 최초로 부산에 다비다

모자원을 세워 어려운 사정을 보살펴 주었으며, 다음 해에는 의지할 곳 없는 노인들을 위해 영락 경로원을 만들었다.

전쟁이 끝나고 시간이 지났어도 소외된 자들의 삶은 전쟁이었다. 81년에는 철거민 아이들을 돌보기 위한 합실 어린이 집을, 다음에는 저소득층 맞벌이 부부의 아이를 위한 영락 어린이 집을 94년에는 중증 장애인에게도 손을 내밀었다.

이러한 지치지 않는 봉사의 정신은 위대한 결과를 불러왔다. 1992년 종교계의 노벨상으로 불리는 템플턴상을 한경직 목사가 한국인으로서는 최초로 수상하는 영예를 안게 되었다. 이에 그치지 않고 그는 상금 전액을 북한선교를 위해 기증하기도 했다. 이로써 낮은 곳으로 내려와 힘없는 자들에게 손을 내민 위대한 행보가 더욱 유명해지게 되었다.

김수환 추기경 (1922~2009)

권력 앞에서는 용기의 상징,
사람 앞에서는 사랑의 현신

Stephen Kim Soo-hwan

관용, 포용 그리고 용기

'천황 폐하의 생신을 맞이하여 황국신민으로써 소감을 쓰라.' 말
도 안 되는 시험 문제에 어린 김수환은 자신 있게 답안을 썼다. '나는
황국신민이 아니다. 그러므로 아무런 소감이 없다.' 폭탄발언이었
지만 김수환의 나이가 어렸고 공개적인 발언이 아니었으므로 다행
히 큰 처벌은 내려지지 않았다. 하지만 이 일화는 훗날 추기경이 될
김수환의 곧은 성격을 그대로 보여주는 사건이다.

일본 유학 시절, 학생 김수환은 자신을 차별하지 않는 독일인 신
부에게 마음을 열었다. 이 신부는 서강대학교 초대 이사장으로 유명
한 게페르트 신부. 김수환이 천주교 사제가 되는 데에 결정적인 영
향을 미친 인물이다. 이후 학도병으로 끌려갔다가 살아온 김수환은
1951년 주임신부, 성의중·고등학교 교장을 거쳐 1966년에 주교가

된다. 그리고 3년 뒤인 1969년 교황 바오로 6세는 김수환을 추기경으로 서임했다. 한국 최초의 추기경이자 세계 최연소 추기경으로서의 김수환이 탄생한 것이다.

대통령도 하느님 앞에서는 한 명의 인간

1971년 성탄미사에서 김수환 추기경은 '사회의 부조리를 극복하지 못하면 우리나라는 독재 아니면 폭력 혁명이라는 양자택일의 기막힌 운명에 직면할 것이다'라는 발언을 했다. 이는 그가 한국 천주교의 구심점이기에 할 수 있는 말이기도 했지만, 동시에 당시 천주교와 명동성당이 민주화운동의 한 거점임을 상징하는 말이기도 했다. 명동성당은 그 규모와 명성, 그리고 김수환 추기경의 이름과 종교시설이라는 특징으로 인해 시위자들이 경찰을 피해 도망쳐오는 곳이었다. '박종철 고문치사사건' 때 김수환 추기경은 경찰을 성경에 나오는 살인자 카인에 비유했고, 경찰이 시위자를 연행하려는 것을 막았다. 이로 인해 김수환 추기경은 진보인사들에게 많은 지지를 받았었다.

김수환 추기경은 2009년, 향년 88세로 선종하였다. 장례식은 서울대교구장葬이 예정되어 있었다. 하지만 교황 베네딕토 16세는 김수환의 장례를 격상시켜 교황장으로 치렀다. 3일간 40만 명의 시민이 조문했고 전국적인 추모 분위기가 이어졌다. 어찌나 존경을 받았는지, 직접 조문하러 오지 않은 노무현 전 대통령이 언론의 질타를 받아 해명하는 해프닝까지 벌어졌다. 특히 김수환 추기경은 각막 기증

서약을 하고 세상을 떠났는데, 이후 각막을 기증하겠다는 사람들의 문의가 끊이지 않아 장기기증 운동본부는 업무가 크게 증가했다.

한때 김수환 추기경이 이회창 전 총리와 가까이 지낸 것, 북한과 고 노무현 전 대통령을 비판한 것을 불편하게 여긴 진보진영이 친일 파 논란을 일으켰다. 그러나 결과는 김수환 추기경이 깨끗하고 곧은 사람이라는 것만 드러났을 뿐이었다. 실제로 그는 자신을 만나려던 대학생을 신부가 가로막자, 신부를 혼내고 대학생에게 사과할 정도 로 온화하고 털털한 인물이었다. 그가 남긴 '서로 사랑하십시오, 용 서하십시오'라는 유언은 참으로 짧고도 아름다운, 온 인류가 지켜가 야 할 한마디로 남아 있다.

성철 스님 (1912~1993)
산은 산이요, 물은 물이로다
Seong Cheol

수행과 깨달음 그리고 정직함

조계종 종정을 지낸 성철 스님은 한국 불교계의 대표적인 선승이다. 25세의 나이에 출가하여 깨달음을 얻는 것에 전념하여 8년 동안 장좌불와(長坐不臥: 눕지 않고 다리를 포개 앉아 수행하는 것)하고, 10년 동안 동구불출(洞口不出: 암자에서 나가지 않고 오직 수행에만 정진하는 것)을 통해 깨달음을 얻고자 했다. 또한 선과 악, 괴로움과 즐거움 등 양 극단에 집착하지 말라는 중도사상中道思想을 설파하고, 돈오돈수(頓悟頓修: 단번에 깨우치고 단번에 닦는다)를 주창하여 불교 철학계의 논쟁을 만들었으며 이러한 사실들을 통해 불교 대중화에 기여했다.

"산은 산이요, 물은 물이로다." - 성철 스님

성철 스님의 대표적인 법문으로 일반인들에게도 널리 알려져 있다. 이 법문에는 다음과 같은 이야기가 얽혀 있다. 스님은 삼십 년 전 참선하기 전에 산은 산으로, 물은 물로 보았다. 그러다 나중에 선지식을 깨우치고 나서는 산은 산이 아니고 물은 물이 아니라는 생각을 갖게 되었다. 그런데 다시 깨달음을 얻고 나니 옛날과 마찬가지로 산은 다만 산이요, 물은 다만 물로 보인다고 했던 문장에서 따온 것이다. 처음 산은 산으로 물은 물로 보는 것은 도를 닦기 전 일상의 평범한 세계에서 보는 것이고, 다음은 깨달음을 얻은 상태에서 보는 것이다. 마지막은 득도 후에 진일보하여 평범한 세계로 회귀하는 것을 뜻한다.

이러한 경험을 한 번 이룬 자로서 성철 스님은 그간 대한민국 선불교의 수행 전통으로 여겨온 지눌의 돈오점수頓悟漸修에 반대하며 돈오돈수頓悟頓修를 주창했다. 지눌의 돈오점수는 부처가 되는 과정에 깨달음을 얻었다고 하더라도, 원래 습관을 버리기 어려운 것이므로 깨달음을 기반으로 점차 수행해야 한다는 말이다. 반면 성철 스님의 돈오돈수는 말 그대로 깨달음도 수행도 한순간에 이룬다는 뜻이다.

우리는 둘 중 어느 것이 옳은지에 관한 성찰보다는 고려 때부터 이어져 오던 수행방법에 대해 다른 주장과 대안을 가지고 크게 설법하여 논쟁의 여지를 남겼다는 것에 주목해야 할 것이다. 천 년을 이어온 권위를 흔드는 것은 용기가 필요하기도 하지만, 그것은 용기만 가지고 할 수 있는 일도 아니다. 그것은 뚜렷한 신념과 그 신념을 뒷받침할 깨달음이 있어야 한다. 필자는 이 사건을 대한민국 불교의 기틀을 흔들 만한 위대한 도전이라 부르고 싶다.

"참선 잘 하그래이" – 성철 스님

2016년 6월 우정사업본부에서는 현대 한국 인물시리즈 네 번째 우표로 종교인 '조계종 종정 성철 스님과 김수환 추기경'을 소재로 기념우표를 발행하였다. 성철 스님의 우표에는 불기자심佛紀自心을 새겨 넣었는데 이는 스스로의 마음을 속이지 말라는 뜻으로, 스스로에게 엄격하고 정직하게 자신과의 약속을 지키라는 뜻이다. 성철스님은 불자들에게 종종 써주곤 했던 이 사자성어를 누구보다 잘 지키던 분이었다.

성철 스님의 해인사에서의 일상은 새벽 2시에 시작해 밤 10시에 끝났다. 마치 독일의 철학자 칸트처럼 정확하고 규칙적이었다고 한다. 새벽 2시에 일어나 3시에 백팔참회를 했다. 식사는 정해진 시간에 무염식(염분이 들어있지 않은 음식)으로만 했다. 날마다 두 번 산책을 하고 채소밭과 정원수를 가꿨다. 그리고 3,000배를 마친 신도(성철 스님을 만나려면 마음의 때를 벗는 의미에서 3,000배를 해야만 했다)와 공부를 점검받으러 오는 스님들을 접견하는 시간 외에는 참선과 독서로 소일했다. 누더기 두 벌을 50년 동안 기워 입는 검소한 생활을 했다. 그렇게 자신과의 약속을 지키며 깨달음을 지키던 성철 스님은 마지막 가는 길에도 제자들에게 참선을 잘할 것을 당부했다. 지금은 성철 스님의 사리 110과가 남아 불교계의 큰스님이 이루었던 발자취와 그 결과를 돌아볼 수 있다.

법정 스님 (1932~2010)
삶은 소유물이 아니라
순간순간의 있음이다

Bul-jung

법정으로서의 시작

법정 스님은 전라도 해남에서 태어나 목포의 유달산 자락에서 꿈 많은 청소년 시절을 보내면서 자랐다. 스무 살 즈음에 한국전쟁을 겪은 법정 스님은, 6·25전쟁의 소용돌이 속에서 인간 존재에 대해 묻고 또 물으면서 고뇌와 방황의 한 시절을 보냈다. 법정 스님은 스물네 살 때 마침내 입산 출가를 결심하였다. 그는 서울 안국동에 있는 선학원에서 효봉선사를 만나 출가의 결심을 승낙을 받았고 그날로 삭발, 먹물 옷으로 갈아입었다.

이웃은 살아있는 부처이다 – 법정 스님

"나의 이웃이 바로 부처이며 예수님이며 천주님입니다. 이 모두 하나의 뿌리에서 갈라져 나온 여러 가지들이지요. 불교를 배우는 것은 자기 자신을 배우는 것이며, 자기를 배우는 것은 자신을 텅 비우는 일이에요. 그래야 모든 사물과 하나가 될 수 있어요. 개체인 내가 전체로 확산되는 것이지요. 자신을 비울 때 남의 이야기를 들을 수 있고, 비로소 대화가 가능합니다. 오늘날 정치나 경제 등 각 분야에서 서로 마음을 비우지 않고 자기 소리만 하기 때문에 갈등과 문제가 있는 거죠."

불교에서는 모든 사람이 부처나 다름없다고 한다. 누구든지 깨달음을 얻으면 부처로 변해 윤회의 고리를 끊는다고 믿기 때문이다. 이 말에 따르면 세상에 '안 될 사람'이란 없다. 무시해도 좋은 사람, 하찮은 사람도 없다. 오로지 세상에 남는 것은 남을 존중하고 부처가 되기 위해 진취적으로 힘쓰는 일뿐이다.

왕성한 저술활동으로 남긴 교훈

법정 스님의 수상집과 경전번역집은 매우 광범위하게 읽히는 책이다. 1973년 『영혼의 모음』을 첫 출판한 이래 20권가량의 저서와 역서를 낸 법정 스님. 『서 있는 사람들』은 60판 50만 부나 팔린 것을 비롯하여, 지난 18년 동안 2백만 부 이상 팔린 스테디셀러로 기록되고 있다. 30판 20만 부 이상 출판된 책은 『영혼의 모음』, 『무소유』, 『말과 침묵』, 『산방한담』, 『물소리 바람소리』, 『텅 빈 충만』, 『진리의 말씀』 등 7권이나 된다. 법정 스님은 지난 20여 년 동안, 주옥같은 산문집과 가슴 깊은 곳에서 정제해낸 쉽고 평범한 언어들로 불교와 삶의 진리를 속인들에게 일깨워 주었다.

『무소유』만큼은 소유하고 싶다 – 김수환 추기경

법정 스님의 수상집 등은 비신도 독자들에게도 인기를 끌 정도로 많은 사람들의 마음을 울렸다. 김수환 추기경은 『무소유』를 읽고 '이 책이 아무리 무소유를 말해도 이 책만큼은 소유하고 싶다'고 말하여 종교는 다르지만 법정 스님과의 친분을 나타내기도 했다. 또한 법정 스님은 이해인 수녀님의 첫 시집 『민들레의 영토』를 통해 이해인 수녀님과도 편지를 주고받으며 인연을 맺기도 하였다. 법정 스님과 이해인 수녀님은 종교를 넘은 각별한 우정으로 잘 알려져 있다. 또한 그는 길상사의 관음보살상 제작을, 마리아상으로 이름난 조각가인 최종태라는 사람에게 맡겼다. 마리아상을 닮은 관음보살상은 법정 스님이 고 김수환 추기경, 이해인 수녀님 등과 가졌던 교분과 함께 종교화해를 보여주는 상징물이다. 종교 지도자들이 법정 스님처럼 다른 종교와의 화해에 관심을 쏟는다면 우리 사회에서 종교 갈등이 크게 줄어들 수 있으리라고 생각한다.

"영원한 것이 어디 있는가, 모두가 한때일 뿐. 그러나 그 한때를 최선을 다해 최대한으로 살 수 있어야 한다" – 『버리고 떠나기』 中

법정 스님은 '장례식을 하지 마라. 관도 짜지 마라. 평소 입던 무명옷을 입혀라. 내가 살던 강원도 오두막에 대나무로 만든 평상이 있다. 그 위에 내 몸을 올리고 다비해라. 그리고 재는 평소 가꾸던 오두막 뜰의 꽃밭에다 뿌려라'라는 유언을 남겼다. 자신의 이름으로 출판되는 모든 책을 출간하지 말라는 유언을 남긴 채, 2010년 3월 11

일 길상사에서 75세의 나이로 입적했다. 이처럼 그는 '무소유'를 입적하기 바로 전까지도 몸소 실천하였고, 이러한 그의 무소유의 실천은 많은 사람들에게 여운을 주어 의미 있는 가르침으로 남게 되었다. 특히 그의 수필인 『무소유』에서 난초에 관한 법정스님의 일화를 통해 '누구나 이 세상에서 사라질 때는 빈손으로 돌아가기 마련인데, 우리들은 무엇인가에 얽매여 주객이 전도된 삶을 살아간다'는 메시지를 남겨주었다.

[도전 어록 모음]

"젊음이여! 도전하라. 7전 8기의 도전 정신으로."
— 강명희 언론인, 수필가, 칼럼리스트

"문화는 세상을 바꾸는 힘을 가지고 있다."
— 강성재 아시아문화경제진흥원 회장

"남들이 할 수 없는 미지의 세계를 개척하는 도전정신이야말로 우리가 본 받아야 할 긍정의 힘입니다."
— 강신복 민주신문 편집위원

"포기를 포기하라."
— 고혜성 자신감코리아 대표(개그맨)

"두려움이 느껴지지 않는 것이 용기가 아니다. 두려움을 무릅쓰고 달려드는 것이 진짜 용기다. 판소리 장단 열혈투사 판소리 장단 대중화를 위해 용기 있게 한 걸음씩~"
— 김강록 고수(전국팔마고수대회 대상)

"끊임없는 성공과 도전은 개인의 영예를 넘어 우리 사회와 국가발전에 지대한 공로를 하고 있습니다."

"꿈과 이상을 향한 도전이 없다면 새로운 희망과 활력도 생기지 않을 것입니다."

- 김부겸 국회의원(2015. 7. 8 도전한국인 최고기록인증 대회장 환영사 중)

"좋은 과학자가 되고 싶으면 연구에 매진해야 해요. 10번 실험해서 9번 성공하면 굉장히 잘하는 거예요. 실패에서 배우고 다음 단계로 가려면 긍정적인 생각이 꼭 필요합니다."

- 김빛내리 서울대 교수

"4차원으로 가는 식스센스를 민감하게 도전하라."

- 김삼숙 토탈디자이너

"도전이란 최고가 되기보다 최초가 되는 것이다."

- 김순영 국제시낭송가, 국제 시낭송 33개 최고 기록 인증

"예술의 시작은 도전이고 도전하지 않으면 아무것도 탄생하지 않는다."

- 김순영 화가(소나무그림 300호 최대작품 기록)

"문 · 무 · 예로 끝없이 도전합니다. 문: 학문으로 도전합니다. 무: 무예연마로 도전합니다. 예: 예절을 배우며 도전합니다."

- 자정 김승도 세계기네스북 3개 기록인간문화재

"인생은 소풍이다. 인생 여로에서 그대 무엇을 찾았는가?"

– 김아람 화가(뉴테클터치로 새로운 미술 장르에 도전한 최연소 여류화가)

"아름다운 대자연은 아름다운 예술의 어머니였다."

– 김영미 교수(피아노 전문작곡가)

"法古創新. 과거로 돌아가고 싶지 않다. 계속 헤매며 가고 있지만 묵묵히 이
길을 가고 싶다. 새로운 작업은 항상 내 가슴을 뛰게 하니까."

– 김영준 나전 · 옻칠 작가

"인생을 살아가노라면 정의냐? 불의냐를 놓고 고민할 때가 있습니다. 선택과
집중은 한 평생의 삶을 좌우하는 이정표가 됩니다. 심사숙고함만이 후회 없는
인생을 보장합니다."

– 김영진 전 농림부장관, 전 국회의원(5선), 세계한인교류협회기구 상임대표

"꿈을 향해 끊임없이 도전하고, 옳다고 결정하면 즉시 시행에 옮겨라."

– 김용숙 사단법인 전국지역신문협회 중앙회장

"도전은 행복한 인생의 출발이다. 도전은 강한 빛과 같은 에너지이다. 도전은
육체 · 정신 · 영혼의 힐링이다. 도전하면 큰 꿈이 꼭 이루어진다."

– 김용진 세계전뇌학습아카데미 원장

"비파와 수금으로 영성을 리드하라. 천둥번개도 답을 하리라."

– 김우람 국제피아니스트/독일 거주

"시련은 있어도 실패는 없다. 도전정신이 있기 때문이다."
- 김이환 방통위 방송광고균형발전위원회 위원장

"힘들고 어려울 때, 실망하고 좌절할 때 우리를 일으켜 세우는 힘이 있습니다. 괜찮아. 정말 괜찮아. 난 할 수 있어. 다시 시작할 수 있어. 삶은 끝없는 도전입니다."
- 김인수 준장, 제3야전군 인사처장

"완벽은 없다. 희망, 열정, 배움을 채우라. 꿈은 크게 하되, 작은 도전부터 실행이 중요하다."
- 김정길 전) 법무부장관(49대, 53대 2차 역임) 현) 호남미래 포럼 이사장

"꿈은 삶의 원동력이다. 포기하지 않고 노력하면 그 꿈은 어느새 이루어져 있거나, 이루어진다고 확신하게 된다."
- 김정호 충주고용노동지청장

"운동, 음악, 예술 모두는 정직이 낳은 최대 산물이다."
- 김종석 체육인(태권도 7단)

"음악은 장애도 극복하는 위대한 힘이 있다. 열정을 가지고 도전하라."
- 김지희 기타리스트

"도전은 살아있는 자의 권리이며 의무이다."
- 김창수 희망아카데미 대표

"엄마 배 속에서 태어난 것 빼고 나의 전부는 '도전'으로 이룬 것이다."

"나는 오늘도 도전한다. 도전으로 세상을 놀라게 하는 것이 나의 도전이다."
- 김학도 방송인

"CHALLENGE(도전) 도전하는 사람만이 CHANGE(변화) 변화를 가져오고 CHANCE(기회) 새로운 기회를 얻고 CHAMPION(챔피언) 우승자가 되며 CHARM(매력) 매력 있는 사람이 된다."
- 김해성 지구촌사랑나눔 대표

"내가 누구인가를 깨치고 아는 것이야말로 가장 큰 본질적인 도전의 목표일 것이다."
- 김향기 참좋은이들 21 발행인

"천국은 도전하는 자의 최대 선물이다."
- 김현범 지휘자(독일 거주 엣셀피아노 연구원장)

"살아있음이 도전이요, 도전함으로써 살아있음을 느낀다. 새로운 시간이 다가올 때마다 도전은 항상 시작된다."
- 남종현 (주)그래미 회장(807번의 실패 끝에 탄생한 여명 808)

"꿈은 이루어진다. 할 수 있다는 자신감으로 난 지금도 지구 네 바퀴를 도전 중이다."
- 노미경 세계여행전문가(150개국 이상 여행)

"TO do is to be."

"당신이 존재하려거든 지금 당장 무언가를 시도하라. 그리고 남들이 가지 않는 길을 가라."
- 문용조 회장, Pincoworld

"도전이란 바로 지금 내가 하고 있는 것이다. 한국의 음지에 몰려 있는 성 문제를 양지로 끌어올리려는 작업을 하고 있으니까."
- 문지영 성 심리학자

"태극이 무극이지요."
- 민병돈 전 육군사관학교 교장

"땀을 흘리는 만큼 성공의 열쇠가 열린다."
- 박가을 시인

"인간은 누구나 자신이 원하는 만큼은 성공할 수 있다."
- 박광성 총장, 한국방송예술교육진흥원

"겨레의 마음속에 우리 정성 씨앗뿌려 사람 마음 속에 향기로운 꽃 피우면 평화가 따로 없네 만남이 여기 있네. 일어나 걸어라 우리 숙원 남북통일."
- 박경원 한석봉기념사업회 이사장(전 보병제 50사단장/경상북도 지사/강원도 지사)

"대한민국 발전의 원동력이었던 도전과 진취, 긍정의 정신을 되살려야 합니다."(2016. 8. 15, 8·15 광복절 기념식 경축사)

"승패보다 훨씬 중요한 가치인 진정한 도전정신을 국민들에게 생생히 보여줬다."(리우 올림픽 선수단 청와대 오찬)

– 박근혜 대통령

"도전은 끝까지 행동 하는 것이다."

– 박노진 한국GM 쉐보레 동서울대리점 대표(자동차 판매왕)

"그래, 할 수 있다. 할 수 있어. 후우~ 할 수 있다."

– 박상영 리우 올림픽 펜싱 금메달리스트(2016년)

"씨가 흙이 되려 할 때 시안에 갇혀 있는 나무가 생명을 얻는다. 씨가 흙이 되려 하지 않으면 나무는 씨 안에 갇혀 그냥 씨이다."

– 박수정 꽃의 날 제정자

"도전을 하다가 비록 실패를 한다고 하더라도 도전한 만큼 아픈 만큼 성장한다. 도전만이 자신을 지키고 업그레이드 시키는 유일한 살길이다."

"You can. Because you think, you can."

– 박언휘 종합내과 원장

"35년의 화가의 길을 걸어오는 동안 후회는 없다. 돌이켜 보면 매년 도전이었다."

– 박영길 화백(지산 박영길 화백 배 골프대회 국내 최초)

"도전은 사람을 살아 숨 쉬게 하는 삶의 원동력이다. 선한 마음으로 살며, 맑은 기로 사랑하며, 도전하는 삶으로 배우며 나아갈 때 본성을 찾아 매력적인 사람이 되어간다."
- 박영찬 DACL 리더십컨설팅 대표

"도전은 곧 성공으로 가는 첫 발자국입니다. 도전이 없으면 최선도 없고, 성공도 없습니다. 도전이 그 어떤 성공보다 빛나는 이유입니다."
- 박원순 서울시장

"도전은 보물찾기다. 살아 있는 거대한 능력을 찾아낸다."
- 박인옥 (사)한국교육협회 원장

"도전은 끝까지 밀고 나가며 실천에 옮기다 보면 반드시 성공을 음미할 수 있다."
- 박정자(독일 간호사 출신 47년간 독일거주 교포)

"도전이 없으면 더 큰 성공은 없다."
"쓰러질지언정 무릎을 꿇지 않는다."
- 박지성(축구선수)

"끊임없는 도전과 열정이 기적을 만듭니다. 건강한 네트워크를 통해 도전하는 한국인을 끊임없이 발굴하여 '나도 할 수 있다'는 희망의 메시지를 전해주고 싶습니다."
- 박희영 (사)도전한국인운동 협회장

"도전은 하면 되는 거예요. 도전하면 즐거워요. 그러니까 신나게 도전해요."
- 배범준 '사랑하는 첼로와 평화를 연주하는 미소천사'

"Carpe Diem, Vincero~ 현재 성실한 사람은 성공한다."
- 백남선 이화여대 여성암병원 병원장

"도전은 사람의 성장을 위한 가장 중요한 요소입니다. 도전이 있어야 발전과 성공이 있습니다. 내일의 더 멋진 삶을 위해 열정을 가지고 끊임없이 도전합시다."
- 신동일 도전한국인 울산지역 회장

"우리 역사 1만여 년에 도전. 우리 학문 민족삼대경전에 도전. 하느님께 올리는 천부경 · 천무예전."
- 신순선 사단법인 한얼선도문화예술단 단장

"도전은 위기를 기회로 만들고 도전은 꿈을 현실로 만든다."
-안종배 한세대 교수/국제미래학회 미래정책연구원장

"길은 만들어진 것이 아니라 만들어 가는 것이다."
- 안호원 교수/시인/칼럼니스트

"도전은 자존의 표현입니다. 도전의 선택은 진정 살아있는 사람들의 습관입니다."
- 양지원 도전아카데미 원장(메타리더십그룹 대표원장)

"미래를 준비하는 사람은 아름답다."

"오늘에 충실하고 내일을 준비하는 사람, 화목한 가정에서 사회에 봉사하고 미래 비전을 담은 투철한 국가관이 미래의 위대한 대한민국을 만드는 도전입니다."

— 염춘영 사단법인 아태경제연구원 원장/경영학 박사

"앞만 보고 달리십시오. 좌절과 실망은 금물입니다. 흘린 땀만큼 고귀한 결실이 기다리고 있습니다."

— 오문옥 국제문화 예술협회 열린문학 회장/시인 · 시낭송가

"도전하는 삶은 아름답습니다. 여러분도 도전하십시오. 도전 청년 원희룡도 함께하겠습니다."

— 원희룡 제주도지사 2015. 7. 8. 도전한국인 행사 축사中

"도전은 인류에게 가장 가치 있고 아름다운 핵심 주제입니다. 한국의 끊임없는 불굴의 도전이 오늘의 대한민국을 만들었습니다. 그리고 그 도전은 이미 세계 속에 우뚝 솟아 빛나고 있습니다."

— 유성엽 국회의원(국회 교육문화체육관광위원회 위원장)

"실패 없는 도전 없고, 도전 없는 성공 없다."

— 유해수 동해연구소장

"설득이 필요할 때 저는 늘 자신부터 봅니다. 자신에게 설득에 성공할 공식이 있었으니까요."

– 윤보영 대한민국 커피 시인

도전은 생존을 위한 것이 아니라 자신의 가치를 찾기 위한 것이다

– 윤혁진 바리톤/ 네오아르떼 대표

"청춘이란 인생의 기간이 아니고 영원한 청춘, 진정한 도전정신을 의미한다."

– 이경선 시인/시 낭송가

"무모한 도전은 실패의 전주곡이다. 그러나 의미가 있다면 곧 성공의 어머니가 된다."

– 이기영 광야 베를린필 초연, 작곡가

"도전하는 사람은 꿈이 있으나 도전하지 않는 사람은 꿈이 없다. 미래를 꿈꾸는 자여! 도전하라."

– 이길자 (주)힐링 이야기 원장

"익산시민을 비롯하여 전 국민이 판소리 한 대목을 부르고 세계시민이 추임새를 하며 소리판을 즐기는 그날까지 소리판에서 살다 소리판에서 간다. 위대한 사람은 태어나는 것이 아니라 선택과 훈련에 의해서 만들어진다."

– 이다은 소리꾼(최연소 판소리 다섯마당 완창 최고기록 달성)

"좋은 일임을 알면서도 과정이 너무 어려워서 남이 잘 하지 않는 일을 끊임없이 노력하여 성취하는 것."
- 이돈희 아버지날, 노인의 날, 세계어버이날 만든 이

"포기하지 않으면 꿈은 꼭 이루어진다."
- 이동섭 국회의원

"용서는 완벽한 복수다. 용서하는 순간 복수는 끝난다. 잘 된다고 믿는 게 믿음이다."
- 이봉식 나라꽃 무궁화 화보 백화 1호집 발행, 무궁화 국제 사진작가

"오드리 헵번, 장영실, 아문… 그들에게 도전은 하루 세 끼 식사 이상이었다. 그들의 도전으로 인류는 세 배 더 행복하다."
- 이상기 아시안엔 발행인

"우리는 할 수 있습니다. '지성이면 감천이다'라는 말처럼 하고자 하는 도전정신이 하늘에 사무칠 만큼 투철하면 반드시 이루어집니다."
- 이선구 (사)사랑의 쌀 나눔운동본부 이사장/목사

"세상을 놀라게 한 중요한 업적 중 대부분은 희망이 보이지 않는 상황에서도 끊임없이 도전한 사람들이 이룬 것이다. 그래서 살아 숨 쉬는 한 꿈꾸는 걸 멈추지 말아야 한다."
- 이연수 전 시흥시장, 다문화 근로자 복지협회 이사장

"도전 너머 도전에 도전하라. 도전은 반복되는 도전 속에서 자신의 한계를 넘는 도전의 깊이를 만날 수 있다. 진정한 도전자는 도전 속에서 또 다른 도전의 실마리를 찾아내어 자신의 열정을 다한다. 도전 너머 도전에는 반드시 참 열매가 있음을 믿기 때문이다."
- 이정기(철학박사/심리상담 전문가/루터대학교 겸임교수)

"미국 애리조나 사막지역에는 호피 인디언이 산다. 호피 인디언들이 기우제를 지내면 신기하게도 꼭 비가 온다. 마법이나 요령은 없다. 비가 올 때까지 기우제를 지내면 반드시 비가 내린다."
- 이정욱(종이비행기 국가대표, 기네스 세계기록 보유)

"도전은 상처와 노력에서 생기는 것. 상처를 이겨내고 견디며 여기에 자신의 꿈을 향한 끊임없는 열정과 노력으로 도전하라."
- 이주석 중령(육군본부)

"인생은 영원한 도전이다."
- 임덕규 영문월간지 디플로머시 회장(세계 정상 500명 인터뷰)

"망설이지 마라. 네가 망설이는 동안 남들은 이미 강 건너에 서 있다."
"젊은이들이여 도전하라. 너희가 도전해야 나라를 변화시킬 수 있다."
- 임채무 탤런트/가수

"성공의 반대는 실패가 아니라 도전하지 않는 것이다. 생애주기별 평생도전, 나와 국가와 세상을 바꾸는 힘이다."

- 장유리 한국문화예술교육총연합회 이사장

"좌절을 안 했기 때문에 다시 도전하고 도전했기 때문에 지금 이 자리에 있다."

- 장혜진 양궁 금메달리스트

"꺼져가는 성장 동력에 불굴의 투지와 헌신만이 미래의 희망등불을 지펴 나갈 수 있습니다."

- 전상준 해군사관학교 명예교수, 해국 예비역 제독, 벅소리 합창단 단장

"역경을 이겨낸 지속적인 도전은 밝은 미래로 가는 첫걸음입니다. 우리 국민들에게 필요한 것은 도전정신과 정직입니다. Rise Up Korea를 만들어가는 초석이 되어야 합니다."

- 정근모 해비타트 총재(전 과학기술부 장관)

"도전! 어떤 도전도 사람에 대한 진정성 있는 존중과 배려가 동반해야 성공할 수 있습니다."

- 정두근 (사)상호존중과 배려운동본부 총재(예비역 중장)

"도전은 그 자체가 꿈이고 희망입니다. 도전이 없으면 미래도 없습니다. 우리 사회를 밝고 건강하게 하는 도전인들이 대한민국의 영웅이요, 진정한 주인공입니다."

- 정의화 국회의장, 2015. 7. 8 도전한국인 도전페스티벌 축사

"도전이라는 같은 목적지와 같은 방향으로 간다면 행복입니다. 더욱 소중한 것은 도전하는 분들과 동시대에 함께 간다면 행운입니다."

– 조영관 도전한국인운동본부 본부장

"더 나은 내일을 위해 도전하라~ 오늘 이 순간, 몸과 마음을 위해 최선 다하라~"

– 조영춘 월드컵대한민국 박수/웃음건강박수 창시자

"도전은 인생의 어른이며 도전은 삶의 희망이다."

– 조현 대한엔터테인먼트 대표

"도전은 꿈꾸며 살아온 나를 다른 세계로 이끌어주는 힐링 여행이다. 지금도 새로운 도전 여행을 꿈꾼다."

– 지영빈 유네스코 한국위원회 선정 사진작가

"호흡이 없으면 내가 없고 호흡하는 동안 나의 도전은 계속된다."

– 진근재 열린복지재단 홍보대사

"새 불길을 당기는 선구자 되어라. 내일은 또 다시 태양이 솟아오르리니."

– 천혜인 스님/연사/행복만들기 고문

"도전은 인간에게 주어진 위대한 선물이다. 도전으로 이루어낸 값진 기록은 개인과 국가의 발전에 크게 이바지한다."

– 최경주 최고기록인증원 본부장

"이 세상에 위대한 사람은 없다. 단지 평범한 사람들이 일어나 맞서는 위대한 도전이 있을 뿐이다"라는 말을 좋아한다.

- 최창식 서울특별시 중구청장

"인생은 '도전'과 '응전'의 역사이다."

- 아놀드 토인비

"Actors search for rejection. If they don't get it they reject themselves."
배우는 거부당하기 위해 헤맨다. 거부당하지 않으면 스스로를 거부한다

- 찰리 채플린

"나는 젊었을 때 10번 시도하면 9번 실패했다. 그래서 10번씩 시도했다."

- 조지 버나드쇼

"도전하지 않는 삶은 무의미한 인생."

- 헬렌 켈러

"항구에 머물 때 배는 언제나 안전하다. 그러나 그것은 배의 존재 이유가 아니다."

- 존 A 셰드

"위대한 일을 위해서 대단한 도전이 필요하지 않다. 단지 순간순간의 작은 도전이 모여 위대한 일을 이루어간다."

- 모션 코치

"It's lack of faith that makes people afraid of meeting challenges, and I believe in myself."

믿음이 부족하기 때문에 도전하길 두려워하는 바, 나는 스스로를 믿는다.

- 무하마드 알리(복싱 선수)

"인생의 가장 큰 영광은 한 번도 실패하지 않음이 아니라 실패할 때마다 다시 일어서는 데 있습니다."

- 넬슨 만델라(남아공의 첫 흑인 대통령, 노벨 평화상 수상자)

"Do the one thing you think cannot do. Fail at it. Try again. Do better the second time. The only people who never tumble are those who never mount the high wire. This is your moment. Own it."

할 수 없을 것 같은 일을 하라. 실패하라. 그리고 다시 도전하라. 이번에는 더 잘 해보라. 넘어져 본 적이 없는 사람은 단지 위험을 감수해 본 적 없는 사람일 뿐이다. 이제 여러분의 차례이다. 이 순간을 자신의 것으로 만들라.

- 오프라 윈프리

"기초생물학을 연구해 온 사람에게 큰 영광으로 생각한다. 과학은 모두 성공하는 것은 아니지만 도전하는 것이 중요하다는 말을 젊은이들에게 전해주고 싶다."

- 오스미 요시노리 교수(일본) 2016년 노벨생리의학상 수상자

"The greatest risk is the risk of riskless living."

가장 큰 위험은 위험 없는 삶이다.

- 스티븐 코비

"우울증이나 블랙홀은 영원한 감옥은 아니다. 아무리 칠흑같이 어두워도 탈출이 불가능하지는 않다. 절망의 블랙홀에서도 빠져나올 수 있다는 사실에서 위안을 찾으라. 절대 포기하지 말라. 어디엔가 빠져나갈 길이 있다."

- 스티븐 호킹 박사

"There are no great people in this world, only great challenges which ordinary people rise to meet."

세상에 위대한 사람은 없다. 단지 평범한 사람들이 일어나 맞서는 위대한 도전이 있을 뿐이다.

- 윌리엄 프레데릭 홀시

"어둠 속에서도 달빛이란 등대가 비추고 있는 한 아무리 캄캄한 길이라 하더라도 우리는 달릴 수 있다."

- 윤금아(시인/아동문학가)

"한인이 나라 밖에서 흩어져 살고 있는 모습을 '한인 디아스포라'하고 합니다. 오직 도전만이 나와 민족을 위해 꿈을 실현할 수 있는 유일한 길입니다."

- 박상원 총회장(세계한인재단 상임대표)

[참여한 사람들]

〈출판기획자〉

조영관 경영학 박사(도전한국인 본부장)

5년간 도전정신 확산을 위한 도전인 발굴과 시상을 하고 있는 NGO단체 대표, 도전의 날 만든 이(7월 8일, 7전8기 도전정신)

'생존금융경제의 비밀' 등 단행본 15권 출간, 11년간 월간 신용경제 칼럼리스트, 도전한국인 인물인터뷰 400여명 언론홍보, 서울교육대, 경기대 겸임교수 역임, 국무총리 표창, 국방부장관상, 서울시장상, 국회상임위원장상 등 다수, 시인, 사회복지사

〈주요 집필자〉

1. 조은비 서울대학교 독어교육학과
2. 이광재 서울대학교 건설환경공학과
3. 김진일 서울대학교 생명과학부
4. 강윤영 서울대학교 전기정보공학부
5. 진서현 서울대학교 재료공학부
6. 박종석 서울대학교 역사학/정치학
7. 문이삭 서울대학교 화학과
8. 성예연 서울대학교 의류학과
9. 강수진 서울대 전기전자공학부
10. 박초록 서울대 농경제사회학부
11. 민경현 서울대 건설환경공학부

12. Kai Ebert 서울대 교환학생(독일 뮌헨대학교)

13. 김성회 고려대학교 영문과

14. 양유리 고려대학교 불어불문학과

15. 송준하 연세대학교 경영학과

16. 주소민 미국캘리포니아주립대학교 심리학과

17. 김대영 미국 메소디스트 대학교회계학과

18. 이경원 일본 와세다 대학교

19. 조윤석 홍익대학교 도시공학과

20. 이동현 홍익대학교 도시공학과

21. 박지영 루터대학교 상담학과

22. 김용진 루터대학교 상담학과

23. 이혜연 루터대학교 상담학과

24. 양윤성 루터대학교 상담학과

25. 조현희 루터대학교 상담학과

26. 박시예 경기대학교 건축학과

27. 김진호 경기대학교 플랜트건축공학과

28. 김다혜 중앙대학교 국어국문학과

29. 박연제 중앙대학교 국어국문학과

30. 김세협 동국대학교 국어교육과

31. 한동은 단국대학교(죽전) 전기전자공학부

32. 한도훈 건국대학교 생명자원식품공학과

33. 설유진 건국대학교 경제학과

34. 이도근 한경대학교 안전공학과

35. 정은진 영남대학교 경영학과 글로벌차이나

36. 김은혜 명지대학교 사학과

37. 이찬연 한국폴리텍대학교 메카트로닉스공학과

38. 조유림 인제대학교 경영통상학과

39. 진기욱 서울과학기술대학교 기계자동차공학과

40. 최정수 여주대학교 간호학과

41. 한병철 강릉원주대학교 기계자동차공학부

42. 주대환 인천 재능대학교 환경보건학과

43. 조은샘 해성국제컨벤션고등학교

44. 이동현 중앙대부속고등학교

45. 김재연 용인외국어고등학교

46. 소민희 청주중앙여자고등학교

47. 김성환 김포고등학교

48. 김민재 글로벌선진학교

49. 조윤나 글로벌선진학교

50. 이지현 순천여자고등학교

〈도전한국인 선정위원회〉

위원장: 정운찬 전 국무총리

국회의원: 김부겸, 박명재, 박맹우, 염동열, 이동섭, 정운천, 정인화

김이환 방통위 방송광고균형발전위원회 위원장

김진웅 칼빈대학교 이사장

김학수 국제지도자연합 총재(前, UN사무차장)

노화준 서울대학교 명예교수/영남대학교 석좌교수

문일석 브레이크뉴스 대표

박승주 한국시민자원봉사회 이사장

정근모 前, 과학기술부 장관

윤은기 한국협업진흥협회장(前, 중앙공무원교육원 원장)

이만의 로하스코리아포럼 이사장(前 환경부 장관)

이상기 아시안N 발행인(한국기자협회 회장 역임)

이상헌 한국교육심리교육협회 회장

이성웅 광양보건대학총장(前, 광양시장 3선역임)

임덕규 디플로머시회장

정덕환 에덴복지재단 이사장

주대준 前 선린대학교 총장(前, 대통령경호차장 및 카이스트 부총장)

〈심사위원〉(* 가나다 순)

심사위원장: 주형근 한성대학교 교수

김남수 입법정책신문 대표, **김순영** 화백, **김용진** 대한민국최고기록인증원장, **박길홍** 고려대학교 교수, **심현수** 클린콘텐츠국민운동본부 대표, **안동연** 법학박사, **안성진** 성균관대학교 교수, **안종배** 한세대학교 교수, **유석쟁** 재단법인 생명보험사회공헌재단 상임이사, **이기영** 호서대학 교수, **이상도** 대한노인신문사 발행인, **이의공** 법학박사, **이정기** 철학박사/심리상담 전문가/루터대학교 겸임교수, **임청화** 백석대 교수, **장유리** 한국문예총 문교협 이사장, **조동운** 경찰대학 교수, **조영관** 도전한국인본부장(서울교육대 겸임교수 역임), **조형준** 세일회계법인 공인회계사, **조영춘** 박사, **양영종** 한양사이버대학교 교수, **최경주** 산울림오케스트라 기획감독, **한광훈** 사)국제우호협회 이사장, **황선범** 노무법인 산천 대표공인노무사 前)인천북부고용노동지청장), **황영복** 사회복지재단 성결원 대표이사

〈법률자문〉(* 가나다 순)

김기영 변호사(법무법인 율촌), **안동연** 법학박사, **이의공** 법학 박사, **정재곤** 사)한국교회법학회 사무총장(법학박사)

도전한국인 협회 조직도

시상위원회:	명예이사장	자문위원장:
국회의원(10명)	(전 국무총리	임오혁, 김이환,
김이환, 김진웅,		김학수, 노화준,
노화준, 이성웅,	회장 박희영	문일석, 정근모,
이만의, 임덕규, 주대준		윤은기, 이상헌, 정덕환

심사선정 자문위원:	홍보대사(위원)	법률자문/감사	심사위원
김종길 외 20명	최병헌 외 30명	조형준외 6명	주형근 교수외 20명

수석 회장	김우화	김배선	박상태	이홍기	송윤택	황영복

서울회장	부산회장	대구, 경북회장	경기회장	아카데미 대표	전주회장	아카데미 대표	전주회장
신현순	박창식	김흥수	배명직	양지원	김성빈	양지원	김성빈

광주회장	울산회장	전남회장	본부장: 조영관	강원회장	대전/충청회장	당진대표
나명균	신동일	김종원	사무총장: 박인규	김일형	박흥재	주영종

도전아카데미 지역회장단
- 울산아카데미회장 홍성재
- 전주원장 김희락
- 대구경북원장 이승익
- 전남원장 정성문
- 인천원장 주종원
- 제주원장 박호범

사무국장
김순영(조직), 노영주(재무),
이성래(홍보), 김의중(기획)

팀장
김윤우, 홍재준, 성은희

마리아관음을 아시나요

황경식 지음 | 값 15,000원

책 『마리아관음을 아시나요』는 세계의 종교와 문화가 다른 것 같아도 그 안에는 인류를 하나로 묶는 강력한 구심점으로 '모성애'가 있다는 것을 강조한다. 책은 이러한 모성애의 상징으로 서양 기독교의 '성모 마리아', 동양 불교의 '송자 관음보살' 그리고 한국 전통문화 속에 깊이 침잠되어 전해 내려온 '삼신할미 신앙'을 예로 들며 각 종교의 전승과 유래, 모성애적 상징 등 흥미로운 이야기들을 설명한다.

생각의 중심

윤정대 지음 | 값 14,000원

책 『생각의 중심』은 동 시대를 살아가며 보고 듣고 느낄 수 있는 이야기들에 대해 저자의 시각과 생각을 모아 담은 것이다. 2015년 겨울부터 2016년 여름까지 우리 사회에 주요 이슈로 다루어졌던 사건들에 대한 견해들이나 개인적인 경험담 등 다양한 소재들을 활용해 거침없이 글을 풀어내었다. 정치, 법률제도와 같은 사회문제는 물론 존재와 성찰이라는 철학적 사유까지 글쓰기의 깊은 내공으로 독자들에게 즐거움을 선사하고 있다.

일 잘하게 하는 리더는 따로 있다

조미옥 지음 | 값 15,000원

책 『일 잘하게 하는 리더는 따로 있다』는 신뢰를 바탕으로 구성원을 이끌며 일터를 더 좋은 환경으로 만드는 리더십의 모든 것을 담고 있다. 현재 팀문화 컨설팅을 주도하는 'TE PLUS' 대표를 맡고 있는 저자는, 이미 엘테크리더십개발원 연구위원으로 있으면서 기업의 인재 육성에 획을 긋는 '자기 학습' 및 '학습 프로세스' 개념을 독창적으로 만들어 LG전자, 삼성반도체, 삼성인력개발원, 삼성코닝, KT&G, 수자원공사 등 국내 유수 기업에 적용시킨 바 있다.

색향미 - 야생화는 사랑입니다

정연권 지음 | 값 25,000원

책 『색향미 - 야생화는 사랑입니다』는 국내에서 흔히 접할 수 있는 170여 종의 야생화를 사계절로 분류하여 자세하게 소개한다. 정형화된 도감의 형식에서 벗어나 꽃의 애칭을 정하고, 이미지가 응축된 글과 함께 꽃의 용도와 이용법, 꽃말풀이 등을 담아내었다. 귀화한 야생화도 다문화 · 다민족으로 진입한 현 시대상을 따라 함께 포함하고, 풀과 나무에서 피는 야생화와 양치류같이 꽃이 없는 야생화도 아우르며 더 폭넓고 풍성하게 책 내용을 꾸미고 있다.

행복을 부르는 마술피리

김필수 지음 | 값 16,000원

책 『행복을 부르는 마술피리』에는 성공을 거머쥐고 행복을 품에 안기 위해 우리가 반드시 깨달아야 할 소중한 가치들이 빼곡히 담겨 있다. 작은 생각의 전환을 통해 인생 자체를 송두리째 뒤바꾸고 꿈을 성취한 사람들이, 공통적으로 지향하는 삶의 방향성을 짧은 글에 담아 전한다. 이 책은 1년 동안 매일 한 편씩 읽을 수 있도록, 날짜별 365편으로 구성되어 있다.

와인 한 잔에 담긴 세상

김윤우 지음 | 값 15,000원

책 『와인 한 잔에 담긴 세상』은 와인에 대해 절대 연구할 필요도 없고 고민할 필요도 없는 술이라고 강조한다. 그저 편안하게 있는 그대로를 즐기면 되는 음료이자, 하나의 멋진 취미생활이자 직업이 될 수 있는 술이라고 말한다. 저자는 "슬픈 사람을 기쁘게 만드는 신비의 힘, 그것이 바로 와인이다."라고 하며 "와인을 알게 되면서 경험했던, 그래서 풍요로운 인생을 경험했던 와인과 관련된 인생의 경험들을 여행으로, 파티로, 음식으로 풀어낸 일상의 이야기"라고 책에 대해 이야기한다.

아이디어맨이여! 강한 특허로 판을 뒤집어라

정경훈 지음 | 값 15,000원

책은 전문용어를 가능한 한 배제하고 쉬운 용어를 사용하여, 복잡한 특허문제들을 간단하게 풀어나간다. 비전문가들이 좀 더 편안하게 특허에 대해서 이해할 수 있도록 배려했으며, 경영자 또는 특허담당자들도 쉽게 특허를 이해하는 데 도움을 주고 있다. 강한 특허에 주목해야 하는 까닭부터 시작하여, 반드시 알아야 할 특허상식, 그리고 출원 전후의 특허상식과 CEO가 알아야 할 특허상식 등을 다양한 예시와 도표를 통해 제시하여 독자의 이해를 돕는다.

감사합니다

조태임 지음 | 값 15,000원

책 『감사합니다』는 한 여성 CEO가 선택한 나눔과 봉사의 인생길을 통해서 '나'가 아닌, '우리'를 위해서 살아가는 삶의 가치를 제시한다. 저자는 한국부인회 총본부 회장의 위치에 있으면서도 월급을 포함한 경제적 이득을 전혀 취하지 않으며 각종 활동을 주도하고 있다. '한국부인회'는 1963년 설립된 이래 애국계몽, 소비자보호 및 교육, 여성교육 및 권익 신장, 사회문제 해결 등 더 나은 대한민국을 위한 활동을 하고 있는 NGO 성격의 사회단체이다. 저자는 이 책을 통해 어떻게 나눔의 가치를 체득하고 발전시키며 실천하고 있는지 생생하게 보여주고 있다.

즐거운 정직

김석돈 지음 | 값 15,000원

책 『즐거운 정직』은 꿈과 행복을 향해 나아가는 길, 반드시 가슴에 새기고 지향해야 할 가치 '정직'이 우리 삶에 얼마나 중요한지를 다양한 사례와 연구를 통해 제시한다. 정직이라는 가치가 땅에 떨어진 시대, 혼란한 삶을 살아가는 대한민국 국민들에게 가장 필요한 이야기들을 책 한 권에 가득 담아내었다. 수많은 선지자들이 삶을 행복으로 이끌기 위해 반드시 정직하게 살아야 함을 강조했던 까닭을 이 책을 통해 많은 이들이 다시금 곱씹어 보기를 기대해 본다.

눈사람 미역국

이상덕 지음 | 박 훈 그림 | 값 15,000원

책 『눈사람 미역국』은 현재 청송교도소에 수감 중인 저자가 교도소 안에서 겪은 일들을 차분하게 풀어내고 있는 에세이집입니다. 교도소 안에서의 생활, 또 그 하루하루를 통해 느낀 것들을 꼼꼼하게 써 내려 간 이 책을 통해 저자는 저와 비슷한 처지에 놓여 있거나 그보다 더 힘든 일로 좌절한 많은 사람들을 위로하고자 합니다. 아무도 모르게 꽁꽁 감춰두고 싶었을지도 모르는 자신의 삶까지 글을 통해 고스란히 담아낸 이 책에서, 과거를 반성하고 새로운 희망을 품으며 이겨내고자 하는 저자의 굳은 의지를 엿볼 수 있습니다.

성장, '의미'로 실현하라!

유재천 지음 | 값 15,000원

책 『성장, '의미'로 실현하라!』는 기존 자기계발서와는 명확히 구분되는 특징과 장점이 가득하다. Engineering 기법을 적용한 최초의 자기계발서로서, 국내 1호 의미공학자인 저자의 평생 연구가 고스란히 담겨 있다. 그는 이 책을 통해 '의미'라는 추상적 개념이 어떻게 우리 삶에 실용적으로 적용되는지를 다양한 사례와 검증을 통해 제시함은 물론, 앞으로 국내 자기계발서들이 나아가야 할 방향을 명쾌히 설정해주고 있다.

나부터 작은 것부터 지금부터

임상국 지음 | 값 15,000원

이 책은 무언가 새롭게 시작하는 사람에게 꿈과 비전을 주기 위함이다. 많은 사람이 '무엇을 할까? 어떻게 할까?'를 고민할 때 '이렇게 하면 됩니다'라고 자신 있게 들려줄 수 있는 이슈 인물들의 감동적인 이야기를 저자의 경험과 함께 담은 책이다. 가난하다고 꿈조차 가난할 수는 없다. 세상 탓, 남 탓, 환경 탓만 하기엔 시간이 너무 짧고 할 일은 너무 많다. '나부터 작은 것부터 지금부터'의 행함이 나와 여러분이 바라는 진정한 꿈을 이루도록 도울 것이고, 새롭게 변화된 삶으로 꿈 너머 꿈까지 실현하는 행복한 삶을 경험하게 만들 것이다.

오월이 오는 길

위재천 지음 | 값 15,000원

시집 『오월이 오는 길』은 평범한 일상이 놀라운 깨달음으로 다가오는 기쁨을 독자에게 선사한다. 자신의 작품은 물론, 함께 동고동락하는 직원들, 유관단체 임원들 그리고 시 문화를 창출하는 지역민들의 시를 함께 모아 엮었다. 시집은 사계, 불심, 추억, 일상이라는 각각의 주제 아래 시종일관 따스하고 아련한 서정시들의 향연을 이루고 있다. '스르르 잠기는 두 눈 사이로 오는 오월'처럼, 이 시집에 담긴 온기가 독자들의 마음속으로 스며들기를 기대해 본다.

울지 마! 제이

김재원 지음 | 값 15,000원

책 『울지 마! 제이』는 이 시대의 'n포세대'처럼 인생길에서 방황하며 힘겨워하는 모든 '제이'들을 위로하며 삶의 지혜를 담은 메시지를 전해준다. 여기서의 '제이'는 특정한 인물을 지칭하는 단어가 아니다. 바로 나 자신을 돌아보고 다시 앞으로 걸어 나갈 수 있는 원동력이 되는 나의 '자아'다. 그래서 허상에 그치는 이야기가 아니라 바로 나의 이야기, 나 자신에게 들려주고 싶은 위로의 말이 바로 이 책에 녹아 있는 것이다.

휴넷 오풍연 이사의 행복일기

오풍연 지음 | 값 15,000원

책 『휴넷 오풍연 이사의 행복일기』는 저자가 2016년 한 해 동안 새벽마다 꾸준히 썼던 일기를 차곡차곡 모아 펴낸 독특한 형식의 에세이집이다. 남이 일기에 어떤 이야기를 썼는지 궁금해하며 몰래 보는 것처럼, 이 책 또한 꼭 저자의 일기를 들여다보는 느낌이라 한 번 읽기 시작하면 쉽게 책을 놓을 수가 없다. 이런 독특한 개성을 가진 글을, 저자 본인은 '오풍연 문학'이라고 칭하고 있다. 매일 쓰는 몇 줄의 일기도 문학이 될 수 있음을 몸소 보여주는 셈이다.

나는 스캐폴더다

윤영일 지음 | 값 15,000원

책 『나는 스캐폴더다』는 맨손으로 메디슨 자회사 메리디안의 호남총판 대표의 자리까지 올랐던 윤영일 전 대표가 고난과 역경의 시간을 겪고 조선소의 족장맨, 스캐폴더로 자리 잡기까지의 삶과 재기의 기반을 다지기 위해 할 수 있는 모든 역량을 갖가지 분야에 분산 투자하며 노력한 과정을 낱낱이 소개한다. 책에 표현한 저자의 진솔한 마음은 본인이 겪었던 고난과 역경을 이겨내는 과정이 얼마나 힘겨우면서도 성공의 길이 얼마나 절실한 것인지 간접적으로 느낄 수 있게 한다.

Happy Energy books

하루 5분 나를 바꾸는 긍정훈련

행복에너지

권선복

도서출판 행복에너지 대표
대통령직속 지역발전위원회
문화복지 전문위원
새마을문고 서울시 강서구 회장
한국정책학회 운영이사
영상고등학교 운영위원장
아주대학교 공공정책대학원 졸업
충남 논산 출생

'긍정훈련'당신의 삶을 행복으로 인도할
최고의, 최후의 '멘토'

'행복에너지 권선복 대표이사'가 전하는
행복과 긍정의 에너지, 그 삶의 이야기!

국민 한 사람, 한 사람이 모여 큰 뜻을 이루고 그 뜻에 걸맞은 지혜로운 대한민국이 되기 위한 긍정의 위력을 이 책에서 보았습니다. 이 책의 출간이 부디 사회 곳곳 '긍정하는 사람들'을 이끌고 나아가 국민 전체의 앞날에 길잡이가 되어주길 기원합니다.

** 이원종 前 대통령 비서실장/서울시장/충북도지사

'하루 5분 나를 바꾸는 긍정훈련'이라는 부제에서 알 수 있듯 이 책은 귀감이 되는 사례를 전파하여 개인에게만 머무르지 않는, 사회 전체의 시각에 입각한 '새로운 생활에의 초대'입니다. 독자 여러분께서는 긍정으로 무장되어 가는 자신을 발견할 수 있을 것입니다.

** 조영탁 휴넷 대표이사

권선복 지음 | 15,000